Rio de Janeiro e Lisboa: Paisagens Literárias

Universidade Federal Fluminense

Estudos de Literatura Pós-graduação - UFF

Real Gabinete Português de Leituras
Polo de Pesquisas Luso-Brasileiras

IDA ALVES
(org.)

Rio de Janeiro e Lisboa: Paisagens Literárias

EDITORA

FAPERJ
Fundação Carlos Chagas Filho de Amparo à Pesquisa do Estado do Rio de Janeiro

Edição: Adriana Maciel
Produção editorial: Marina Lima
Revisão: Laryssa Fazolo
Projeto gráfico e diagramação: Mari Taboada

DADOS INTERNACIONAIS DE CATALOGAÇÃO
NA PUBLICAÇÃO (CIP) DE ACORDO COM ISBD

A474r

Alves, Ida
Rio de Janeiro e Lisboa: paisagens literárias / Ida Alves. -
Rio de Janeiro : Numa Editora, 2022.

272 p. : il. ; 16cm x 23cm.
Inclui bibliografia e índice.
ISBN: 978-65-87249-74-2

1. Estudos literários. 2. Estudos de paisagem e geografia literária. 3.Culturas de língua portuguesa. 4. Rio de Janeiro. 5. Lisboa I. Título.

2022-2650 CDD 808.07
CDU 82.091

Índice para catálogo sistemático:
1. Estudos literários 808.07
2. Estudos literários 82.091

Elaborado por Odilio Hilario Moreira Junior - CRB-8/9949

EDITORA

contato@numaeditora.com
@numaeditora
numaeditora.com

Sumário

Apresentação

Este livro marca a finalização do projeto *Páginas/Paisagens Luso-Brasileiras em Movimento: Rio de Janeiro e Lisboa*, no âmbito do Programa Cientista do Nosso Estado, da Fundação Carlos Chagas Filho de Amparo à Pesquisa do Estado do Rio de Janeiro (FAPERJ), realizado no período de 2018 a 2021, com prorrogação até 2022, em decorrência da pandemia e seus efeitos nos diversos setores de nosso cotidiano. Mas, antes de apresentar os estudos ora publicados, desejamos fazer um breve histórico do percurso feito para que o leitor compreenda melhor o escopo de nosso trabalho e seus resultados.

Um percurso longo

Há alguns anos que pesquisamos as figurações da paisagem nas literaturas de língua portuguesa e, por isso, criamos em 2008 o Grupo de Pesquisa, certificado pelo CNPq, *Estudos de Paisagem nas Literaturas de Língua portuguesa*, cujo site pode ser acessado em http://gtestudosdepaisagem.uff.br/. Essa experiência de pesquisa envolvendo docentes e orientandos de diferentes Universidades brasileiras, além de colaboradores estrangeiros, possibilitou que apresentássemos à FAPERJ, quando houve o lançamento de chamada para Cientista do Nosso Estado (CNE), edital de 2017, uma proposta derivada para examinar a tópica da paisagem considerando somente duas cidades bastante importantes no eixo luso-brasileiro: Rio de Janeiro e Lisboa. Felizmente, houve a aprovação desse projeto para execução em 36 meses, de setembro de 2018 a agosto de 2021.

Desde 2016 desenvolvíamos um projeto maior intitulado *Páginas Paisagens Luso-Brasileiras em Movimento* em parceria com o Real Gabinete Português de Leitura, instituição centenária, de perfil marcadamente luso-brasileiro, sediada no Rio de Janeiro, com espaço virtual consolidado na Internet (http://www.realgabinete.com.br/) e com rico acervo que forneceu a totalidade da bibliografia literária e a maior parte da bibliografia teórico-crítica necessária às nossas pesquisas. Esse projeto já contava com uma base on line – http://www.paginasmovimento.com.br/ – (construída com apoio anterior da Fundação Calouste Gulbenkian, Lisboa), alimentada continuamente por estudos que tratam da paisagem em textos literários brasileiros e portugueses (prosa e poesia), a partir do entrecruzamento de fios de interpretação e análise que focalizam questões literárias, históricas e turísticas em torno das paisagens (natural e urbana) do Brasil e Portugal, na sua primeira fase de elaboração (no futuro, também integraremos paisagens dos países africanos de língua portuguesa). Consideramos então muito oportuno o edital da FAPERJ para podermos, durante 36 meses, nos dedicar às cidades do Rio de Janeiro e Lisboa, cidades literárias de grande importância para compreensão e memória das relações luso-brasileiras, especialmente a partir do século XIX.

O projeto maior e permanente desenvolve-se com abordagem multidisciplinar para melhor compreensão das culturas de língua portuguesa. Visamos, com sua execução e divulgação, extrapolar o espaço universitário para alcançar o ensino fundamental e médio (alunos e professores) brasileiro, português e africano de língua portuguesa, por meio de atividades didático-pedagógicas planejadas e divulgadas on-line ou presencialmente, em espaços escolares públicos selecionados, para despertar o interesse pelas questões abordadas, o prazer de leitura e a percepção mais visual das literaturas de língua portuguesa.

A constituição dessa base de dados sobre a literatura portuguesa e a brasileira, ao permitir consulta de usuários oriundos de diferentes espaços, brasileiros ou não, possibilita uma forma diversa de conhecer e divulgar tais literaturas sem barreiras geográficas e com uma perspectiva de análise que privilegia a paisagem como operador de imaginários: basta lembrar do mar, em

Portugal; do sertão, das praias e das florestas, a "tropicalidade", no Brasil. Seu desenvolvimento de forma intensiva representa uma metodologia original de trabalho reflexivo e lúdico na área de estudos de literaturas de língua portuguesa, com sede (Instituto de Letras da UFF) associada, por convênio de pesquisa, a uma das das mais importantes bibliotecas de cultura luso-brasileira no mundo, incentivando práticas de leitura e de pesquisa com reverberação na educação literária em todos os níveis. Além disso, essa base de dados com perfil interdisciplinar, de alimentação contínua, possibilita, a partir do texto literário, abordagens históricas, geográficas e turísticas, ou seja, um tratamento dialogante sempre produtivo.

Para execução desse plano de trabalho, contamos com uma equipe de pesquisadores atuantes em Universidades Públicas situadas no Estado do Rio de Janeiro, membros integrantes do Polo de Pesquisas Luso-Brasileiras – PPLB, sediado no Real Gabinete Português de Leitura. A coordenação do projeto é sediada na Universidade Federal Fluminense, que mantém Convênio de Cooperação Científica, por meio de seu Instituto de Letras e do Programa de Pós-Graduação em Estudos de Literatura, com o Real Gabinete Português de Leitura, cujo acervo é fundamental para a realização plena de nossas propostas. Pelo próprio perfil interdisciplinar e interinstitucional do projeto maior e do projeto específico apresentado à FAPERJ, aliou-se ao Instituto de Letras da UFF a Faculdade de Turismo e seu Programa de Pós-Graduação em Turismo da UFF, os Institutos de Letras e de História da Universidade do Estado do Rio de Janeiro e a Faculdade de Letras da Universidade Federal do Rio de Janeiro, com Programas de Pós-Graduação sedimentados, que ofereceram apoios aos docentes e discentes integrantes da equipe efetiva, para execução de algumas atividades de divulgação de resultados e publicações.

Em decorrência dessas linhas de trabalho, desenvolvemos, ao longo dos 36 meses previstos, a partir de textos literários selecionados do século XIX (segunda metade) ao XXI (duas primeiras décadas), o estudo das experiências do espaço citadino carioca e lisboeta, demonstrando configurações múltiplas da subjetividade, decorrentes do exercício do olhar sobre o espaço circundante. A baliza inicial, século XIX (segunda metade), foi escolhida por considerarmos um momento bastante importante de transformação urbana, no

Brasil e em Portugal. As cidades do Rio de Janeiro e de Lisboa tornam-se, na percepção de importantes escritores da época, paisagens fundamentais de sua produção, como podemos apontar, como exemplo evidente, o longo poema de Cesário Verde, "O sentimento dum ocidental".

Esse longo período literário demarcado em nosso projeto CNE-FAPERJ encontrou sua razão de ser para termos também uma visão historiográfica de transformações urbanas que narrativas e poemas vão descrevendo e problematizando. Escolhemos obras específicas para a análise crítica da paisagem e criação de "páginas" de leitura *on line* de escritores que apresentassem as seguintes marcas: 1- são nomes consagrados no âmbito da crítica literária portuguesa e brasileira com forte ou mediana circulação editorial. Mas também possibilitamos a revisão de cânone no tratamento de obras de pouca ou rara circulação que se mostraram relevantes para esse projeto; 2- apresentam uma escrita em que as questões que nos prendem a atenção (paisagem, espacialidade, natureza, experiência citadina, cultura luso-brasileira) são problematizadas e se tornam matéria para uma subjetividade (ou subjetividades) em deslocamento (modos de transporte, olhares interdisciplinares, percepções múltiplas dos lugares). Por isso o título do projeto apresentado e aprovado pela FAPERJ, *Páginas / Paisagens Luso-Brasileiras em Movimento: Rio de Janeiro e Lisboa*, desejando integrar o movimento das páginas pela leitura com o movimento das imagens e do saber graças às novas ferramentas tecnológicas de que ora dispomos e que facilitam o estabelecimento de redes mundiais de pesquisa e de divulgação dos resultados..

Na plataforma já existente para difusão da pesquisa e seus resultados, o leitor poderá encontrar uma coletânea de autores e textos literários portugueses e brasileiros selecionados à volta do eixo paisagem considerando as cidades Rio de Janeiro e Lisboa; na consulta desses textos, poderá, se desejar, ativar hiperlinks com anotações, informações, relações intertextuais e intersemióticas, diálogos interdisciplinares sobretudo com as áreas de História, Geografia Cultural e Turismo Cultural; encontrará ainda (esse item está sendo desenvolvido) propostas de utilização didática do banco de dados. Enfatizamos a importância dos hiperlinks, pois são eles que movimentam o texto visitado pelo leitor, possibilitando diálogos intertextuais, relações imagéticas, informações diversas, comentários que ampliam a leitura e acesso a outros materiais que agregam maior conhecimento sobre os textos lidos.

Como previa o edital FAPERJ, realizamos atividades presenciais em escolas do ensino fundamental e médio, em período pré-pandêmico, mas também atividades em ambiente virtuais para professores da Rede Municipal de Educação do Rio de Janeiro, para demonstrar o funcionamento desse banco de dados e sua aplicabilidade na realidade da escola, com a formulação de práticas de ensino literário e de leitura crítica e estética, reconhecimento da questão paisagística e das relações luso-brasileiras no encontro dos dois espaços geográficos literariamente abordados: Rio de Janeiro e Lisboa.

A visualidade em torno de espaços naturais e construídos recorrente em obras literárias configura problemas culturais determinados: seja a relação entre a materialidade do espaço físico e a subjetividade da percepção; seja o diálogo constante entre literatura e outras artes questionadoras do espaço e da paisagem, como a pintura, o cinema e a fotografia; seja pela relação entre literatura, cultura e turismo, proporcionando uma compreensão mais viva e diversificada da habitação do mundo. Além disso, essa relação paisagística possibilita o encontro de diferentes textualidades que transitam nas literaturas brasileira e portuguesa, levando a análise sobre o texto literário a se expandir para a reflexão histórica e para a apreensão turística cultural.

A base de dados que recebeu progressivamente os resultados da pesquisa valoriza os pares palavra e imagem, leitura e experiência dos espaços, além de permitir que três domínios de conhecimento dialoguem entre si: letras (ler as cidades), história (memória das cidades) e turismo (experiências de espaços urbanos e naturais). Encontram-se aí textos sobre o Rio de Janeiro e Lisboa, com linguagem cuidadosamente elaborada para atingir diferentes leitores. Cada texto completo a que chamamos "página" é fartamente ilustrado com imagens paisagísticas que provoquem a atenção do leitor e a melhor compreensão do que se lê.

Ao longo da execução do projeto, também reservamos tempo e esforço para a produção de estudos com maior complexidade sobre as paisagens do Rio de Janeiro e Lisboa em obras literárias brasileiras e portuguesa. Tais estudos de autoria de pesquisadores envolvidos diretamente com o projeto ou por ele convidados para colaboração possibilitaram a publicação de uma série de livros (3 volumes, 2020 e 2021) intitulada *Paisagens em movimento: Rio de Janeiro & Lisboa, cidades literárias*, editada pela Contra Capa, Rio de Janeiro, com apoio FAPERJ.

Este livro

Neste último livro produzido no âmbito do projeto FAPERJ, reúnem-se estudos de pesquisadores que formaram a equipe permanente. São docentes e orientandos que se dedicaram a realizar as metas propostas de pesquisa e integram o Polo de Pesquisas Luso-Brasileiras, do Real Gabinete Português de Leitura. Assim, esta publicação encerra a execução do projeto, demonstrando as pesquisas realizadas e o diálogo muito produtivo entre docentes de Universidades diferentes que participaram muito ativamente do projeto, incluindo orientações de trabalhos resultantes dos estudos específicos sobre *Rio de Janeiro & Lisboa, cidades literárias.*

Em "Parques, praças, praias e monumentos naturais: a transformação e valorização da paisagem do Rio antigo para o turismo", Marcello Tomé, professor de Turismo da UFF, historiciza a transformação urbana sofrida pela Rio de Janeiro ao longo do século XX para tornar-se uma cidade turística apreciada. No segundo estudo "Como elas viram o Brasil: Branca de Gonta Colaço, Maria da Cunha, Virgínia Quaresma e Beatriz Delgado", Eduardo da Cruz, professor de literatura portuguesa da UERJ, recupera três escritoras portuguesas hoje esquecidas, mas que, ao início do século XX, tinham assinalável reconhecimento de público. Em suas obras, o pesquisador encontra figurações do Rio de Janeiro, que elas visitaram em diferentes momentos. O terceiro estudo trata de Lima Barreto e o Rio de Janeiro suburbano que o escritor de vida malograda tão intimamente conheceu e imortalizou em obras literárias de viva habilidade descritiva e narrativa. Esse estudo é de autoria da professora da UFF, Elisabete Gonçalves de Souza, doutora em História da Educação, em parceria com a mestranda em Geografia na mesma Universidade, Letícia de Souza Blanco. Esta atuou como pesquisadora júnior, voluntária, no Polo de Pesquisas Luso-Brasileiras do RGPL, propondo atividades didáticas sobre as "páginas" elaboradas, no cruzamento entre literatura e geografia. A seguir, temos o ensaio de uma das mais importantes estudiosas da obra de Lima Barreto, Professora Carmem Lúcia Negreiros (UERJ). No entanto, desta vez, ela integra o livro com um estudo sobre o Rio de Janeiro da *Belle Époque* e os escritores que produziram visões dessa cidade em modernização, especialmente João do Rio e suas crônicas sobre as ruas cariocas.

Em relação a Lisboa, seguem, em ordem temporal dos escritores examinados, quatro estudos. Viviane da Silva Vasconcelos, professora de literatura portuguesa da UERJ em parceria com o doutorando Oscar José de Paula Neto (UFF), discutem a Lisboa figurada pelo olhar do poeta, a seu tempo, muito polêmico, António Botto. Descrevendo espaços lisboetas e os muitos personagens comuns, pobres e à margem da sociedade que ali transitam, o estudo mostra outra faceta da obra desse poeta tão considerado por Fernando Pessoa e tão discutido por sua escrita homoerótica no seu principal título, *Canções*. Já Mônica Genelhu Fagundes, professora de literatura portuguesa da UFRJ, observa a Lisboa do poeta Eugénio de Andrade, metamorfoseada em ninfa: "De fato, representar Lisboa como Ninfa é perturbar todo um saber estabelecido sobre a cidade, é redescobri-la como meio fluido, de fluxos e refluxos de tempo, memória, desejo e luto." O estudo seguinte examina a obra *Tocata para dois clarins*, do reverenciado escritor português Mário Cláudio. Nessa obra, a Lisboa que surge é a cidade em tempo da ditadura Salazarista e seu discurso de exaltação nacionalista. Como explica a autora,

> O romance inicia-se no ano de 1936 e acompanha a trajetória de dois jovens portugueses, António e Maria, desde o namoro até o casamento, privilegiando a viagem de núpcias do casal a Lisboa, onde visitam a Exposição do Mundo Português de 1940. Os capítulos dão conta, alternadamente, da sensibilidade e da experiência de uma e de outra personagem, de perto acompanhadas pela presença *física* e *discursiva* de um regime com que são obrigados a conviver.

José Cândido de Oliveira Martins, Professor da Universidade Católica de Braga, Portugal, contribui com um estudo sobre José Saramago, cujo centenário de nascimento é comemorado neste ano de 2022. Na obra de Saramago, Lisboa está muito presente, sobretudo no livro examinado, *O ano da morte de Ricardo Reis*. Acompanhando o heterônimo pessoano que retorna a Lisboa para despedir-se de Pessoa, falecido, vemos como a cidade será ressignificada ao olhar de Ricardo Reis, esse poeta clássico perdido numa Lisboa dos anos 30, com a guerra aproximando-se e os regimes ditatoriais se afirmando no mundo. Como indica o autor, seguimos pelas ruas de "uma cidade amplamente descrita, mas sobretudo assumidamente re-inventada por dois olhares que se complementam – do narrador e de Reis". Igualmente Elisabeth Fernandes Martini, doutora em Literatura Comparada pela UERJ e professora de língua portuguesa, pela Secretaria Municipal de Educação do Rio de Janeiro, em coautoria com sua orientanda, bolsista da Fundação Calouste Gulbenkian, Lisboa, no âmbito do Polo de Pesquisas Luso-Brasileiras, Jessica Alcântara de Vasconcelos, tratam da narrativa *Os memoráveis,* de Lídia Jorge, essa escritora incontornável do século XX português. Nessa obra em que Lisboa é a paisagem política fundamental para "deposição do regime ditatorial, em 25 de abril de 1974", cruzam-se em suas ruas e monumentos memórias do regime e da revolução.

De volta ao Rio de Janeiro mais contemporâneo, Viviane Vasconcelos, professora já referida anteriormente, contribui com um outro estudo sobre *Páginas sem glória*, de Sérgio Sant'Ana, relacionando a cidade carioca e o futebol. Na Lisboa contemporânea, Flavio Garcia, Professor da UERJ com sua orientanda Luciana Morais da Silva tratam de uma obra insólita de Mário de Carvalho, *A inaudita guerra da Avenida Gago Coutinho e outras histórias* (1983). Ao destacar uma das histórias, os autores mostram a Lisboa de tempos diversos que se cruzam de forma ao mesmo tempo fantástica e engraçada. Esse estudo, aliás, tem sua versão mais simples, *on line*, em nosso *Páginas Paisagens Luso-Brasileiras em Movimento*, com imagens que ajudam a ver as paisagens lisboetas entrecruzadas. O capítulo seguinte é o estudo de Júlia Garcia Santos em coautoria com a Professora da UERJ, Andreia Alves Monteiro de Castro. Júlia Garcia Santos foi também bolsista da Fundação Calouste Gulbenkian no PPLB. Para o estudo, escolheram examinar a Lisboa desejada e encontrada em *Estive em Lisboa e lembrei de você,* de Luis Ruffato, narrativa publicada em

2009. Cidade desejada e imaginada como salvação para um pobre brasileiro fracassado que resolve tentar a vida nesse outro espaço de língua portuguesa, mas a cidade encontrada é dura, mesmo hostil, mostrando a distância entre culturas e a difícil experiência de estar à margem nessa outra paisagem que fala português.

Na parte final do livro, temos estudos sobre poesia.

Renata Ferreira de Oliveira, igualmente bolsista da Fundação Calouste Gulbenkian, no PPLB, e doutoranda em Literatura Comparada (UFF), demonstra, na poética de Angela Melim, a visualidade recorrente de paisagens do Rio de Janeiro e os processos de subjetivação. Tamara Amaral e Eduardo da Cruz, este Professor da UERJ, examinam uma obra da poeta contemporânea, Golgona Anghel, romena de nascimento mas radicada há anos em Portugal, para enfatizar como a cidade de Lisboa é figurada em sua poesia, indicando-se suas camadas sociais e questões a partir de um ponto de vista bastante crítico. Por fim, o último estudo figura Lisboa com suas paisagens em mudança nas poéticas de dois poetas contemporâneos, Ana Marques Gastão e Pedro Mexia. De autoria da mestranda da UFF, Julieny Souza, em parceria com Ida Alves, professora da UFF e coordenadora dos projetos citados, o texto procura mostrar a variação dos pontos de vista sobre Lisboa, suas memórias, seus problemas, suas tensões. Como é dito na conclusão do estudo, tais poéticas

> figuram Lisboa como uma geografia exterior e, sobretudo, interior. Exteriormente, é metonímia do mundo globalizado, aparentemente sem fronteiras no espaço virtual, e cada vez mais marcado pelo interesse comercial e consumista, que vai progressivamente diluindo as marcas de memória, de experiências e de afetos vividos na relação concreta com as ruas e com os espaços que formam a cidade de cada um. A cidade contemporânea, perdendo seus limites, esvazia-se mesmo de histórias, encontros e de sentidos. É trânsito, é aceleração, é expansão, é desatenção e não pertencimento. Suas poéticas figuram assim uma Lisboa singular, que tem existência viva naqueles que realmente a habitam. Suas poéticas provocam um outro modo de ver a cidade que é nossa e a perceber como, no movimento acelerado da vida contemporânea, nos esquecemos dela, ausentes de nós e esquecidos das palavras que a figuram no tempo e no espaço.

Esta coletânea, portanto, apresenta um modo variado de apresentar o Rio de Janeiro e Lisboa como cidades literárias, cidades referenciais que os escritores e poetas figuram e refiguram, unindo suas paisagens aos sujeitos que as habitam ou percorrem.

Agradecemos o apoio inestimável das Instituições parceiras e sobretudo à FAPERJ, relativamente ao processo nº E-26/202.851/2018.

Que o leitor siga com muito interesse estas nossas paisagens e visite também o projeto on line *Páginas Paisagens Luso-Brasileiras em Movimento*, no site do Real Gabinete Português de Leitura.

Julho de 2022

IDA ALVES
Organizadora

MARCELLO TOMÉ[1]

Parques, praças, praias e monumentos naturais: a transformação e valorização da paisagem do Rio antigo para o turismo

Introdução

Até o final do século XIX e início do século XX, a cidade do Rio de Janeiro não era considerada turisticamente atrativa – consequência das limitações estéticas de suas edificações, escassez de monumentos e ausência de vias modernas, terminais de passageiros, meios de hospedagem adequados etc. Vale destacar que as praias e o predomínio de elementos naturais em sua paisagem não eram considerados atrativos, pois a existência de florestas exuberantes, rios com leitos naturais, manguezais e áreas alagadiças demonstravam atraso, indicando a falta de condições de superar a natureza e extirpá-la da paisagem urbana por meio de recursos financeiros e acesso à tecnologia. O Rio de Janeiro, até os primeiros anos do século XX, era considerada uma cidade atrasada, feia, insalubre e, consequentemente, pouco atrativa para o fazer turístico.

Quando se pensava em transformar a paisagem do Rio de Janeiro, visando a torná-la uma cidade bela e moderna, digna de ser retratada em cartões-postais que circulariam pelo mundo, mostrando o progresso e os encantos da

1. Professor do Departamento de Turismo da Universidade Federal Fluminens – Programa de Pós-graduação em Turismo-UFF; e-mail: marcellotome@id.uff.br

capital brasileira, pensavam em fazer do Rio de Janeiro uma Paris, ou, como destacavam no passado, transformar o Rio de Janeiro na "Paris dos Trópicos". Portanto, não pensavam no Rio de Janeiro como uma cidade que deveria se desenvolver a partir das suas próprias características, e sim copiada de um modelo bem-sucedido: Paris.

Transformações da paisagem urbana carioca, ocorridas ao longo dos primeiros anos do século XX propiciaram ampliar a atratividade da cidade, valorizando sua paisagem natural, associada e elementos culturais, destacando atrativos, como parques, praças, praias e complexos de esporte e lazer.

Preparando um cenário para o turismo

Não se acreditava que o brasileiro poderia criar na sua capital um espaço atrativo com características próprias, aliás, chegavam a afirmar que o povo brasileiro "seria capaz apenas de copiar e imitar, sendo incapaz de criar e inventar" (ROMERO,1897 apud LESSA, 2000, p. 264). Era comum o pensamento de que o povo brasileiro era limitado e apresentava certa incapacidade, pelo grau de mestiçagem, expressando uma ideia profundamente preconceituosa, racista, determinista e elitista. *"A idéia do branqueamento antes da Primeira Guerra, era hegemônica"* (LESSA, 2000, p. 264). Até na justificativa da reforma urbana no Rio de Janeiro, discursada pelo presidente Rodrigues Alves, está clara a visão de que o povo que vivia no Rio de Janeiro era, de certa forma, inferior, pois ele afirmou ser necessária a imigração de europeus para o Rio de Janeiro, pois só assim a cidade poderia progredir (DEL BRENNA, 1985).

Mas aos poucos essa ideia foi sendo repudiada, sendo inclusive o povo carioca exaltado como exemplo do povo brasileiro e atração à parte da cidade. Este estereótipo carioca teria sido concebido após a Primeira Guerra Mundial, sendo caracterizado como alguém que viveria junto à cultura do samba, sendo uma figura amável, sem estresse, meio malandro, sempre de bom humor e com certa sensualidade.

O estereótipo desse carioca imaginário está presente inclusive em filmes, como é o caso de *Voando para o Rio* (EUA, Thorton Freeland, 1933). Neste filme a imagem do Rio de Janeiro foi consolidada no cinema estrangeiro, mostrando a paisagem do Rio como um elegante balneário voltado para o turismo internacional, com seu povo doce, amigável e prestativo, impregnado de musicalidade. Destaca-se no filme o Jóquei Clube, o Theatro Municipal, o Pão de Açúcar e as praias como principais atrativos de uma cidade que parecia feita para o lazer. No filme *Alô, amigos* (EUA, Walt Disney, 1943), o gênio da animação mostra imagens que pareciam tiradas dos cartões-postais da cidade, demonstrando a clara intenção de mostrar a paisagem e as belezas do Rio de Janeiro. Nesse cenário aparece também o personagem Zé Carioca, que incorpora a ideia do carioca caricato. Era um papagaio malandro, simpático, profundo conhecedor do samba e até de cachaça, que vivia num lugar alegre, cuja paisagem destacava as belas praias e o colorido da natureza, exportando a ideia da tropicalidade brasileira mundo afora. Além de ser sucesso de público, *Alô, Amigos* também agradou às autoridades americanas, pois o filme da Disney colaborava com a Política da Boa Vizinhança, lançada na década de 1930 pelo presidente americano Franklin Roosevelt, visando a manter os vínculos latino-americanos alinhados com os Estados Unidos, afastando a região das influências comunista e fascista, usando a cultura como um dos principais meios para manter a influência americana. O órgão encomendou a Walt Disney, que trabalhou como um embaixador não oficial da Política da Boa Vizinhança, personagens que conquistassem a simpatia da América Latina e Zé Carioca foi um deles.

Foi também a partir da década de 1940 que Carmen Miranda se tornou uma espécie de embaixadora do Brasil no exterior, ciceroneando os espectadores em filmes, como *Uma noite no Rio* (EUA, Irving Cummings, 1941), mostrando a paisagem e atrativos da cidade e consolidando o Rio de Janeiro como um importante centro no circuito internacional de turismo da modernidade, valorizado pelos seus monumentos urbanos e naturais, seus hotéis de luxo e cassinos, que mais tarde seriam proibidos e fechados.

Importante parcela da conscientização dos atrativos turísticos cariocas para o Brasil e para o mundo deve-se ao "Touring Club do Brasil", que foi fundado com a denominação de Sociedade Brasileira de Turismo (SBT), como uma das importantes ações que se sucederam às comemorações do Centenário da Independência do Brasil. A intenção da sua criação era divulgar os recursos turísticos do país e criar uma mentalidade turística interna no Brasil, buscando reverter o quadro turístico da época, quando as classes sociais privilegiadas brasileiras viajavam para a Europa, o que chamavam de "monomania de Europa" dominante junto às elites brasileiras. Tinha, portanto, a SBT intenção de divulgar os atrativos turísticos brasileiros para os brasileiros e, é claro, entre os atrativos divulgados, destacavam-se os do Rio de Janeiro. Em 1926, a Sociedade Brasileira de Turismo filiou-se aos organismos internacionais de turismo, passando a ser denominada "Touring Club do Brasil", divulgando o Brasil no exterior através de revistas e da participação nas grandes exposições internacionais. Essa é considerada a primeira instituição de turismo não apenas do Rio de Janeiro, organizando excursões pelo Brasil, tendo inclusive fomentado os cruzeiros marítimos pelo país, a partir de 1932, criando para isso a estrutura necessária nos portos. Na Estação Marítima do Porto do Rio de Janeiro, o Touring criou o *Bureau* de Informações em 1929, tendo sido essa a primeira instalação no Brasil, para a recepção de turistas. Em 1930, arrendou a Estação Marítima que se encontrava praticamente abandonada, instalando ali sua sede e fazendo dela seu ponto de recepção dos turistas internacionais, que chegavam à cidade nos luxuosos cruzeiros da década de 1930. Situação bem diferente da encontrada pelos turistas europeus que chegaram no Porto do Rio de Janeiro, em 27 de junho de 1907, a bordo do navio a vapor Byron, em uma excursão organizada pela agência de turismo "Cook and Son", sendo esse considerado o primeiro episódio marcante de turismo no Rio de Janeiro. Alguns vão mais longe e atestam ser este o início do turismo moderno na cidade, pois tudo indica ter sido o primeiro grupo de turistas a desembarcar no Rio de Janeiro participando de uma excursão voltada ao lazer e de forma organizada. De qualquer forma, esse grupo encontrou um Rio de Janeiro muito diferente do que encontraria cinco anos antes, quando iniciava a administração Pereira Passos, determinante para a transformação da paisagem da urbe carioca.

Os Parques Urbanos

Durante as décadas que sucederam a primeira metade do século XX, muita coisa mudou, e para melhor, tornando o Rio de Janeiro uma cidade turística, com elevado grau de atrações que misturavam natureza e monumentos, semblante paisagístico presente na Modernidade.

Os parques urbanos cariocas eram importantes áreas de atração da cidade, motivadas pela paisagem natural. Essas áreas verdes permitiam a interação com a população, de forma diferente da proporcionada pelas praças, que eram espaços populares, destinados ao convívio social, à troca e ao comércio, onde predominavam a espontaneidade e a liberdade. Os parques começaram por estabelecer uma relação mais formal e disciplinada com os usuários, sejam eles moradores ou turistas, através da contemplação da natureza, que passava a ser valorizada junto ao turismo moderno, da primeira metade do século XX, com a valorização do lazer ao ar livre. Os parques então passaram a ter uma relação mais interativa com seus usuários.

Jardim Botânico

Um dos exemplos de parque urbano importante para o turismo moderno na cidade foi o Jardim Botânico do Rio de Janeiro (JBRJ), criado em 13 de junho de 1808, com o objetivo de aclimatar espécies vegetais, sobretudo especiarias vindas das Índias Orientais, sendo denominado inicialmente como Jardim de Aclimação pelo então Príncipe Regente D. João. Encantado com a exuberância da natureza das terras de Rodrigo de Freitas, D. João instalou ali o Jardim, que em 11 de outubro do mesmo ano passou a ser considerado o "Real Horto".

As primeiras plantas foram trazidas do Jardim Gabrielle, nas Ilhas Maurício, por Luiz de Abreu Vieira e Silva, que as ofereceu a D. João. Entre elas, estava a *Palma Mater*, uma palmeira da espécie *Roystonea oleracea* que foi plantada pelas mãos do próprio D. João no Jardim, ficando conhecida, a partir de então, como palmeira-real ou imperial. A *Palma Mater* se localizava em área de destaque no Jardim Botânico, tornando-se uma das atrações do lugar, que, a partir de 1822, junto à independência do país, passou a receber visitantes. A *Palma Mater* floresceu pela primeira vez em 1829, mas para garantir o monopólio da espécie no país, seus frutos eram queimados. No entanto, à noite, os escravos subiam na árvore e colhiam seus frutos, vendendo-os na clandestinidade, o que propiciou a essa espécie ser encontrada em vários lugares do Brasil, formando nas antigas propriedades rurais os "Val de Palmas".

A *Palma Mater* foi uma das atrações principais do Jardim Botânico do Rio de Janeiro até 1972, quando um raio fulminou a palmeira, que possuía então 38,7 metros de altura e mais de 150 anos. Em seu lugar foi plantado outro exemplar da mesma espécie, denominado simbolicamente de *Palma Filia*.[2]

Durante a primeira metade do século XX, não eram apenas as riquezas da sua história natural, como a exuberante flora nacional e exótica ali presente, que mais atraía os turistas, e sim a alameda de palmeiras de uma beleza realmente notável e que se destacava junto à paisagem (BIARD, 1945). Entre os visitantes ilustres que apreciaram o Jardim Botânico nas primeiras décadas do século XX, encontram-se registradas figuras como a Rainha Elisabeth II do Reino Unido e o cientista Albert Einstein, autor da Teoria da Relatividade. Einstein visitou o Jardim Botânico em 1925, na companhia do então diretor, Sr. Pacheco Leão, e demonstrou verdadeira adoração pelo local, chegando a abraçar e beijar um jequitibá, ao saber das suas propriedades terapêuticas.

Einstein deixou a seguinte mensagem no livro de visitas do JBRJ:

> A visita ao Jardim Botânico do Rio de Janeiro na agradável e amável companhia do Professor Pacheco Leão significa para mim um dos maiores acontecimentos que tive mediante impressões visuais (externas). Quero aqui mais uma vez expressar meus profundos agradecimentos (Livro de Visitas do JBRJ, 1925).[3]

---

2. Informações obtidas junto à visita guiada ao Jardim Botânico do Rio de Janeiro.
3. Mensagem copiada do Livro de Visitas do Jardim Botânico do Rio de Janeiro, disponibilizado no JBRJ.

Quinta da Boa Vista

A Quinta da Boa Vista é outro parque que se destaca na paisagem carioca e de relevância para o turismo no início do século XX. Era então um parque com belos jardins em estilo inglês, com lagos, pontes e imponente edificação, que era o antigo Palácio Imperial e que, tempos depois, tornou-se o Museu Nacional, parcialmente destruído em 2018, motivado por um incêndio causado por problemas elétricos. Atualmente há o BioParque do Rio, antigo zoológico da cidade do Rio de Janeiro. A área da Quinta pertenceu originalmente a Elias Antônio Lopes, um bem-sucedido comerciante português, que assim chamava essa propriedade porque lembrava as "Quintas" de Portugal, sua terra natal. Além disso, o prédio estava construído sobre uma pequena colina, de onde era possível descortinar-se uma "boa vista", avistando-se parte da encantadora Baía de Guanabara com a Serra dos Órgãos ao fundo e, do outro lado, o Maciço da Tijuca com seus belos rochedos, montes e florestas. Portanto, foi a semelhança com as quintas portuguesas e a paisagem proporcionada pela propriedade que a fez ficar conhecida como "Quinta da Boa Vista".

Passeio Público

O Passeio Público foi outro importante atrativo para o turismo no Rio Antigo. Seu projeto inicial foi concebido e executado por mestre Valentim e foi implantado no sítio da antiga Lagoa do Boqueirão da Ajuda, aterrada no século XVIII, visando a melhorias de salubridade.

Mestre Valentim projetou o Passeio Público em estilo francês, com ruas em linhas retas, formando desenhos geométricos de vários tamanhos. As duas ruas principais formavam uma cruz, com uma grande praça no centro. O jardim era protegido por um muro alto com janelas e grades de ferro. Na entrada havia dois pilares de pedra que firmavam um grande e bonito portão. No interior foram instalados bancos e mesas para uso dos visitantes e no fundo do jardim quatro escadas de pedra o ligavam ao mirante, que possuía cerca de dez metros de largura, com piso em mármore policromado. Próximos ao

seu parapeito foram construídos sofás em alvenaria, revestidos de azulejos de inspiração mourisca. O mirante era cercado por uma balaustrada de bronze e possuía iluminação especial, com lampiões a óleo de peixe. Além da beleza da própria construção, o mirante debruçava-se sobre a Baía de Guanabara, proporcionando uma vista esplendorosa. "Deste belvedere se gozava a mais bela vista da barra" (SANTOS, 1943, p. 76). O Passeio Público é considerado um dos primeiros atrativos turísticos do Rio de Janeiro, criado para ter como uma das suas funções a visita de estrangeiros e moradores, que contemplavam seus espelhos d'água com as pontes imitando troncos e galhos, os jardins, o belvedere, e seus monumentos, inclusive o teatro que logo foi demolido.
Assim comentou Machado de Assis sobre o Passeio Público daquela época:

> Nos primeiros tempos do Passeio Público, o povo corria para ele, e o nome de Belas Noites, dado à Rua das Marrecas, vinha de serem as noites de luar as escolhidas para as passeatas. Sabeis disso; sabeis também que o povo levava a guitarra, a viola, a cantiga e provavelmente o namoro (ASSIS, 1895 apud TRIGO, 2001, p. 37).

Jockey Club

O Jockey Club Brasileiro (JCB) figura entre os principais destaques da paisagem turística do Rio de Janeiro no início do século XX. Na verdade, a corrida de cavalos, desde o século XIX, já era considerada atraente aos olhos da sociedade, tanto que, em 16 de julho de 1868, foi fundado o "Jockey Club", por importantes nomes da sociedade da época, como o Conde de Herzberg, o Major Suckow e os senhores Costa Ferraz e Henrique Possolo (FARIA, 1875).

O crescimento da entidade e dos interessados em assistir às corridas fez com que se procurasse uma nova área para as corridas. Em 1919, foi escolhida uma área à beira da Lagoa Rodrigo de Freitas, próxima ao Jardim Botânico, como a ideal para a construção do Complexo do Jockey Club. Com isso, a antiga área que era utilizada para as corridas de cavalo e demais provas de hipismo, onde se encontra atualmente o Estádio Mário Filho (Maracanã), foi trocada pelo terreno da Lagoa, inaugurando, em 11 de julho de 1926, o Hipódromo Brasileiro, conhecido como Hipódromo da Gávea.

O Derby Club, fundado no dia 6 de março de 1885, tendo como presidente o Dr. Paulo de Frontin, chegou a rivalizar com o Jockey, mas foi fundido a este, formando o Jockey Club Brasileiro em 1932, tendo como presidente o Dr. Lineu de Paula Machado.

No dia 6 de agosto de 1933, foi realizado o Primeiro Grande Prêmio Brasil, com a presença de milhares de espectadores, uma festa descrita como refinada, onde estava presente a nata da sociedade carioca. Essa festa aconteceu nos anos seguintes, integrando-se aos grandes eventos festivos do calendário da cidade e atraindo espectadores do Brasil inteiro, que para o Rio se dirigiam, não apenas para assistir a uma corrida de cavalos, mas para participar de um importante evento valorizado na Europa e que se tornava cada vez mais atraente aos olhos dos brasileiros. Vale destacar que o próprio complexo do JCB, que é um conjunto monumental, muito atraía os que ao Rio de Janeiro se dirigiam, tornando-se valoroso atrativo turístico e expressão da transformação da paisagem carioca.

Monumentos Naturais

O Rio de Janeiro é uma cidade repleta de monumentos naturais, ou seja, elementos de elevada relevância paisagística, predominantemente naturais, tendo agregado elementos introduzidos pelos seres humanos. Durante os primeiros anos do século XX, muitos elementos naturais foram turistificados, conforme pode ser verificado a seguir.

O Pão de Açúcar

Mantendo a atratividade por meio de elementos de predomínio natural, destacam-se na paisagem da urbe carioca, na primeira metade do século XX, o Pão de Açúcar e o Corcovado.

O Pão de Açúcar já era uma referência do Rio de Janeiro, tanto que antigos viajantes que na cidade estiveram, mesmo sem tê-lo visto antes, o reconheciam ao adentrar a Baía de Guanabara pela descrição em livros ou relatos de antigos viajantes. "A rocha que mais se destaca é certamente o Pão de Açúcar, que mostra sua forma grotesca logo à entrada da baía" (CONSTATT, 1975, p. 205).

O Pão de Açúcar passa a adquirir importância ainda maior para a cidade a partir da Exposição Nacional de 1908, em comemoração ao centenário da abertura dos portos às nações amigas, pois durante a Exposição, realizada na Praia Vermelha, muitos visitantes, inclusive estrangeiros, ficaram deslumbrados com o Pão de Açúcar, demonstrando grande interesse em visitar seu cume, o que até então era tarefa muito difícil. Atento aos desejos dos visitantes, o engenheiro Augusto Ferreira Ramos pensou em uma forma de levar as pessoas ao alto do morro, idealizando um caminho aéreo suspenso por cabos de aço alcançando o Pão de Açúcar.

No ano seguinte, elaborou um projeto prevendo três linhas de teleférico: a primeira partindo da Praia Vermelha ao Morro da Urca; a segunda partindo do Morro da Urca para o Pão de Açúcar; e a terceira linha partindo também do Morro da Urca ao Morro da Babilônia, trecho este que nunca foi concretizado. Esse projeto foi submetido ao prefeito Serzedelo Correia que o aprovou em 9 de maio de 1909. Com a autorização para realização do seu projeto, juntou-se ao engenheiro e industrial Manuel Antônio Galvão e ao Comendador Fredolino Cardoso, conseguindo investidores para concretizar o ousado empreendimento (MACHADO, 2008).

Em 1911, abriu a Companhia Caminho Aéreo Pão de Açúcar, com um capital inicial de 360 contos e realizou uma concorrência para definir a firma responsável pela implantação dos equipamentos, o que era uma tarefa difícil, pois existiam apenas dois teleféricos em condições semelhantes no mundo. No final foi escolhida a firma alemã J. Pohlig, que ainda em 1911 iniciou os trabalhos na área (MACHADO, 2008).

No dia 27 de outubro de 1912, foi inaugurada a primeira etapa do projeto, ligando a Praia Vermelha ao Morro da Urca. O sucesso foi imediato. Cabiam apenas 15 pessoas por viagem, tendo viajado, naquele dia, 577 pessoas, fazendo, no primeiro, mais de 40 viagens de ida e volta com os bondes lotados

(J.C., 28/10/1912).[4] A segunda etapa do projeto foi inaugurada em 18 de janeiro de 1913, sendo transportados nesse dia 449 pessoas. O custo para a implantação do projeto do caminho aéreo na época foi superior a dois milhões de contos de réis. Utilizou toneladas de materiais que foram transportados pelos operários em perigosas escaladas, numa operação ousada para a engenharia da época.

Estava finalizada a obra de um dos mais importantes cartões-postais da cidade e um dos símbolos do Rio de Janeiro, que, a partir de então, passou a ser visita obrigatória de todo turista que estivesse na cidade, sendo, sem dúvida, um dos maiores atrativos do Rio de Janeiro nos primeiros anos do século XX e continua a ser um dos elementos paisagísticos mais relevantes da cidade.

O Corcovado e o Cristo Redentor

O Corcovado tem também uma antiga relação com o turismo na cidade. Não chegou a ser no passado o símbolo inconfundível que o Pão de Açúcar era, mas desde cedo chamou a atenção dos moradores e visitantes da cidade, pela possibilidade de lá de cima avistar-se as belezas que o Rio de Janeiro e a Guanabara proporcionavam, tanto que o primeiro nome do morro, dado pelos portugueses, foi "Pináculo da Tentação", isso no século XVI (MACHADO, 2008).

Foi pensando na bela paisagem a ser proporcionada aos visitantes no alto do morro do Corcovado que, na segunda metade do século XIX, Pereira Passos, que no início do século XX seria prefeito do Rio de Janeiro, pediu autorização para construir a Estrada de Ferro do Corcovado, para levar passageiros ao Alto do Corcovado, com a intenção quase que exclusiva de apreciar uma das mais belas paisagens urbanas do mundo, que dali se podia avistar. Sendo essa a primeira estrada turística do Brasil, comprovando também o interesse que Pereira Passos tinha pelo turismo.

4. Leitura da edição do *Jornal do Commercio*, datado de 28/10/1912, em microfilme na Biblioteca Nacional.

Era constante o movimento de visitantes e turistas no Alto do Corcovado, que até meados da década de 1920, possuía apenas um mirante, não havendo ainda a estátua do Cristo Redentor.

Desde o século XIX, havia o desejo de se construir uma estátua no local. Em 1859 o padre Pedro Maria Boss visitou o Rio de Janeiro e, ao subir no Alto do Corcovado, ficou deslumbrado com a bela paisagem e pediu recursos à Princesa Isabel para erguer ali um monumento religioso, de acordo com a moral católica do Estado monárquico que era o Brasil. Mas a Princesa não achou que aquele momento seria possível gasto tão significativo e não concordou com a ideia (MACHADO, 2008).

Em 1921, a ideia da construção da estátua no Alto do Corcovado voltou à tona, visando a fazer parte das comemorações do centenário da independência e firmar a causa do catolicismo no país. A intenção inicial era fazer um monumento em bronze, representando Jesus Cristo abençoando o Rio de Janeiro e o Brasil. Mas logo começaram as dúvidas em relação ao local da construção, concorrendo além do Alto do Corcovado, o Pão de Açúcar e o Morro de Santo Antonio. Entre os três, acabou sendo escolhido o que representaria o maior dos pedestais: o Corcovado, com cerca de 710 metros de altitude.

A pedra fundamental da construção do monumento foi lançada junto às comemorações do centenário da independência, em 4 de abril de 1922, tendo início suas obras apenas em 1926. Um concurso escolheu o engenheiro Heitor da Silva Costa como responsável pelo projeto de construção do monumento. Este foi buscar na Europa o arquiteto Paul Landowsky para desenvolver o projeto. Somente em 1927 foi aprovada a maquete do modelo inicial do projeto. No entanto, no ano seguinte, uma comissão de especialistas decidiu substituir a armação metálica por uma estrutura de concreto armado, e escolhendo para revestir a estátua a pedra-sabão, pois mesmo sendo um material fraco, é resistente ao tempo, não deformando nem rachando com as variações de temperatura.

Então, em 12 de outubro de 1931, finalmente foi inaugurada a Estátua do Cristo Redentor, no alto do Morro do Corcovado. Para os festejos, o jornalista Assis Chateubriand convidou o cientista italiano Guglielmo Marconi, que do seu iate Electra, fundeado na Baía de Nápoles, na Itália, emitiria um sinal que seria captado por uma estação receptora instalada em Dorchester, na Inglaterra, e retransmitido para uma antena instalada em Jacarepaguá no Rio de Janeiro, de onde seriam acesas as luzes que passariam a iluminar a estátua do Cristo Redentor. A expectativa de acender as luzes por comandos instalados do outro lado do Atlântico chamou a atenção do mundo inteiro e com isso o monumento do Cristo Redentor tornou-se rapidamente famoso (MACHADO, 2008).

A estátua do Cristo Redentor no Alto do Corcovado, com seus 30 metros, somados aos oito de sua base, totalizando 38 metros de altura, faz do Cristo uma das maiores estátuas do mundo. Para chegar até ela, os turistas, na primeira metade do século XX, tinham que seguir pela estrada ou pelo caminho férreo e então subir os 220 degraus em direção à estátua, para deslumbrar não apenas o magistral monumento que é a estátua de Nosso Senhor Jesus Cristo, mas também a beleza da paisagem da Baía de Guanabara rodeada em parte pela maravilhosa Cidade do Rio de Janeiro, verdadeiro monumento nacional.

Rio de Janeiro, praia, sol e mar

No final do século XIX e início do XX, os banhos de mar não eram vistos como forma de lazer, e sim exaltados pelas propriedades terapêuticas. A exposição ao sol era considerada extremamente danosa à saúde, além disso, as classes privilegiadas não desejavam bronzear-se, pois a cor da pele ficaria próxima à cor do povo, que tanta força fazia a elite para se distinguir. Surge então um problema, pois como se banhar nas águas do mar e não se expor ao sol?

Tornou-se comum então os banhos do mar ao amanhecer, mas sem pessoas esticadas na areia, somente permanecendo o tempo julgado necessário para receber as benesses dessa estranha prática.

Copacabana, princesinha do mar...

Em 1886, as praias cariocas teriam recebido sua primeira banhista: Sarah Bernhardt. A atriz francesa tinha vindo ao Rio de Janeiro a bordo do vapor *Coto-*

paxi para estrelar no Teatro São Pedro os espetáculos *Froufrou* e a *Dama das Camélias*. Ao desembarcar no Cais Pharoux, encontrou uma multidão de pelo menos três mil pessoas esperando-a, demonstrando a admiração que essa atriz exercia no Rio de Janeiro. Dias depois ela escandalizou o Rio de Janeiro ao se deslocar para a então longínqua Copacabana para, em trajes de banho, passar horas contemplando o horizonte e mais tarde cometer outro sacrilégio: mergulhar após às sete horas da manhã, fato inconcebível na época. Ao escrever uma carta para o amigo R. Pouchon, a atriz justifica-se, dizendo ter ido à praia porque "o país é extraordinário, o clima é terrível, o calor extremo e a umidade medonha" (GOLD; FIZDALE, 1994).

Aos poucos, principalmente ao longo dos primeiros anos do século XX, as coisas foram mudando, passando a crescer o número de pessoas que tinham prazer em ir à praia, de desfrutar a água salgada, de repousar e brincar na areia, tornando a praia um lugar para o lazer. Dentre as praias do Rio de Janeiro, a que mais fez sucesso na modernidade, sem dúvida, foi Copacabana.

O aumento no número de banhistas em Copacabana e outras praias do Rio está relacionado também à construção do Túnel Velho, ligando Botafogo a Copacabana. Como já foi visto, os acessos ao bairro eram difíceis e somente com o túnel e os bondes as coisas começaram a mudar. Assim que os bondes foram inaugurados para Copacabana, a Companhia Ferro-Carril Jardim Botânico realizou na praia trinta dias de festa, para chamar a atenção do povo do Rio em direção àquele arrabalde.

Copacabana aos poucos foi se tornando um mito, dirigindo-se para lá multidões para morar, além de grandes grupos que até lá se deslocavam constantemente para usufruir momentos diferentes.

Com a construção da Avenida Beira-Mar e do Túnel Novo, o fluxo de pessoas para Copacabana cresceu, tendo, no final da administração Pereira Passos, outra importante obra que afeta Copacabana: a construção da Avenida Atlântica, considerada uma das mais belas avenidas do Brasil.

A partir de então, Copacabana passou a ser moda e a ditar a moda no Rio. Antes mesmo da Avenida Atlântica há um fato interessante que mostra o poder de Copacabana. Um barbeiro inglês, em 1902, foi barbear um cliente que morava em Copacabana, depois resolveu dar um mergulho e levou com ele o material de trabalho. Lá chegando, sem ter no que se sentar, nem sequer um jornal, que era o que a maioria usava para esse fim, estendeu a toalha na areia e deitou-se confortavelmente sobre ela. Logo copiaram esse gesto casual e prático, e, sem saber, o Sr. Green inventara a toalha de praia (BOECHAT, 1998).

O banho de mar, no entanto, continuava sendo um tabu, tanto que, em 1917, o prefeito Amaro Cavalcanti assinou um decreto estabelecendo os horários e normas para o banho de mar nas praias. Durante o verão, os banhos de mar ficavam restritos a dois períodos diários: das 5 às 8 horas e das 17 às 19 horas, com uma hora adicional aos domingos e feriados. Os banhistas ficavam obrigados a apresentar-se com vestuário apropriado, guardando a necessária decência e postura, sendo expressamente proibidos quaisquer ruídos e gritarias na praia ou no mar. Quem desobedecesse a qualquer um dos oito decretos teria que pagar multa de 20 mil réis ou ficar preso cinco dias na cadeia (BOECHAT, 1998).

Em 1920, o presidente da República Epitácio Pessoa decidiu dar visibilidade ao Brasil no exterior, para isso contraiu um empréstimo e decidiu patrocinar a vinda de celebridades ao Brasil, e daquilo que essas celebridades mais gostassem no país, seria então feita propaganda lá fora. Em setembro de 1920, teve início a série de visitas com uma excursão de Alberto I e Elisabete, Rei e Rainha da Bélgica, que ao Rio de Janeiro chegaram após mais de duas semanas de viagem no encouraçado São Paulo, especialmente enviado à Europa para buscá-los. O casal, cercado de toda mordomia, passou 24 dias percorrendo lugares pitorescos de Minas, São Paulo e Rio de Janeiro, e aqui no Rio eles tomaram demorados banhos em Copacabana, sendo tudo isso registrado pelos jornalistas europeus que faziam a cobertura da visita dos nobres belgas. Com isso as reportagens destes destacavam a beleza de Copacabana, fazendo quase uma propaganda da bela e mais famosa praia do Rio de Janeiro (BOECHAT, 1998).

Atrás de projeção internacional para o Brasil, foi também Epitácio Pessoa que decidiu sobre a realização da Exposição de 1922, comemorando o centenário da independência do Brasil. Para isso, Copacabana não poderia ficar de fora, sendo considerada fundamental para que os visitantes vislumbrassem aquilo que o Rio tinha de mais bonito. Era necessário que Copacabana tivesse um hotel à sua altura, capaz de consagrar-se pela sofisticação dos serviços e pelo esplendor da localização, um hotel sem igual na América do Sul.

Epitácio Pessoa resolveu oferecer o projeto do hotel em Copacabana a Octavio Guinle, que era dono do melhor hotel do Rio na época, o Palace, e também arrendatário do Hotel Esplanada, o melhor de São Paulo. Guinle aceitou a proposta, mas por considerar difícil manter o hotel em Copacabana, pediu autorização para fazer também um cassino, concordando inicialmente o presidente Epitácio Pessoa, mas o governo acabaria não cumprindo de imediato a palavra.

Octavio Guinle então comprou uma quadra inteira na Praia de Copacabana e passou a vender títulos resgatáveis da Companhia de Hotéis Palace para fazer capital para a construção. Foi contratado o arquiteto francês Joseph Gire, que projetou o hotel inspirado na fachada dos hotéis Carlton e Negresco da *Cote d'Azur*. A obra foi iniciada com rapidez, porém durou mais do que o previsto inicialmente, não ficando pronto a tempo de ser utilizado pelos representantes de governos presentes na Exposição. A construção exigiu procedimentos de engenharia complexos para a realidade brasileira e, mesmo com utilização de materiais e até mão de obra vindos do exterior, o Hotel Copacabana Palace só foi inaugurado em 1º de setembro de 1923, não hospedando, portanto, os visitantes da Exposição Internacional de 1922,[5] porém tornou-se não apenas uma casa de hospedagem, mas um ambiente sofisticado de lazer e diversão.

O Baile de Inauguração do Hotel Copacabana Palace já mostrava a sua importância, comparecendo as principais figuras da República e da sociedade, sendo o assunto da noite a dançarina francesa Mistinguett, que era destaque da companhia da Madame Resimi, que apresentava o espetáculo *Ça-gazé* no Teatro Lírico do Rio de Janeiro. A dançarina tinha sido contratada para a noite de estreia como principal atração, mas teve que voltar atrás porque os empresários dela não liberaram sua apresentação. Mesmo assim ela compareceu ao baile como convidada, aliás, esse que foi o primeiro grande baile de Copacabana estava completamente lotado, tendo sido vendido todos os convites

5. Como o Copacabana Palace não ficou pronto para hospedar os ilustres visitantes da Exposição Internacional de 1922, coube essa tarefa ao Hotel Glória, este o primeiro grande hotel de luxo do Rio de Janeiro, pois foi inaugurado um ano antes do Copacabana Palace. O Hotel Glória também nasceu a pedido do presidente Epitácio Pessoa, com execução da família Rocha Miranda, sendo o Hotel Glória o primeiro prédio de concreto armado do Brasil.

mesmo depois do cancelamento do show de Mistinguett, comparecendo além da elite carioca, muitos turistas: "Nossa alta sociedade lançará hoje, através dos ventos e dos mundos por intermédio dos turistas que por ali passarem, o que a América do Sul possui de mais grandioso e luxuoso na architectura moderna" (J.C., 14/08/1923).[6]

Ao hospedar figuras ilustres, como Albert Einstein e Alberto Santos Dumont, o Copacabana Palace atraía multidões para Copacabana, que aproveitavam para tomar banho de mar e bronzear-se. Essa prática foi se estendendo às outras praias do Rio de Janeiro, principalmente às oceânicas, pois as obras de construção da Avenida Beira-Mar praticamente aniquilaram o cordão arenoso presente naquela parte do litoral da Baía de Guanabara, restando como principal opção, além de Copacabana, as praias do Leme, Ipanema, Leblon e Gávea, atual Praia de São Conrado. A procura pelas praias tornava-se tão grande que foi necessária a ampliação dos serviços de assistência pública iniciados por Pereira Passos para o salvamento de banhistas, originando postos fixos de salvamento construídos ao longo da orla, originando os famosos "postos" da orla do Rio de Janeiro, que servem hoje de referência à cidade.

Aquele estranho modismo europeu de tomar banho de mar passou a ser, em pouco tempo, um dos maiores atrativos da cidade, o que não poderia ser diferente, pois o Rio de Janeiro possuía belíssimas praias, ótimas para o banho de mar e exposição ao sol, lazer que passa a ser marca registrada da cidade, tendo como sua principal praia, nos primeiros anos do século XX, a "princesinha do mar"... Copacabana.

Considerações Finais

A Cidade do Rio de Janeiro, até o início do século XX, possuía uma imagem pouco atrativa turisticamente, pois seu espaço urbano apresentava muitos pro-

6. Leitura da edição do *Jornal do Commercio*, datado de 14/08/1923, em microfilme na Biblioteca Nacional.

blemas que imprimiam à cidade uma baixa atratividade diante da matriz social daquele momento. Poucos viajantes deslocavam-se para o Rio de Janeiro, principalmente por não possuir e apresentar paisagem atrativa, não possuindo espaços de uso público de predomínio natural, direcionadas ao lazer e ao turismo; não possuir edificações e monumentos de beleza cênica destacada e pela falta de estrutura adequada para receber a população flutuante, tais como hotéis, restaurantes e meios de transporte, resultando em um fluxo turístico receptivo pouco significativo para a referida cidade no período destacado.

Com as intervenções urbanas realizadas nas primeiras décadas do século XX, criando parques e praças, viabilizando o uso das praias para o turismo e lazer, além de criar atrativos como o Jockey Club do Rio de Janeiro; o Caminho Aéreo do Pão de Açúcar e a estátua do Cristo Redentor, no alto do morro do Corcovado, a paisagem urbana da cidade do Rio de Janeiro tornou-se mais atrativa, fomentando o turismo direcionado à Cidade Maravilhosa.

Referências

BIARD, François-Auguste. *Dois anos no Brasil.* Tradução de Mario Sette. São Paulo: Companhia Editora Nacional, 1945.

BOECHAT, Ricardo. *Copacabana Palace, um hotel e sua história.* Rio de Janeiro: Melhoramentos, 1998.

CONSTATT, Emil Arthur Oskar. *Brasil* – Terra e gente (1871). Tradução de Eduardo de Lima Castro. Rio de Janeiro: Conquista, 1975.

DEL BRENNA, Giovanna Rosso (org.). *O Rio de Janeiro de Pereira Passos:* Uma cidade em questão II. Rio de Janeiro: Index, 1985.

REVISTA DA SOCIEDADE JOCKEY-CLUB (RJ). Typographia Americana: Rio de Janeiro, 1875.

GOLD, Arthur; FIZDALE, Robert. *A divina Sarah.* São Paulo. Companhia das Letras, 1994.

LESSA, Carlos. *O Rio de todos os Brasis* [Uma reflexão em busca da auto-estima]. Rio de Janeiro: Record, 2000.

MACHADO, M. *A Modernidade no Rio de Janeiro*: a construção de um cenário para o turismo. Rio de Janeiro: Secretaria Municipal das Culturas/PCRJ, 2008. (Coleção Biblioteca Carioca; v. 51).

SANTOS, Luiz Gonçalves (Padre Perereca). *Memórias para servir à história do Reino do Brasil*. Rio de Janeiro: Zeelio Valverde, 1943.

TRIGO, L. *O Viajante Imóvel* – Machado de Assis e o Rio de Janeiro de seu tempo. Rio de Janeiro: Record, 2001.

EDUARDO DA CRUZ[1]

Como elas viram o Brasil: Branca de Gonta Colaço, Maria da Cunha, Virgínia Quaresma e Beatriz Delgado

Nas primeiras décadas do século passado, o Brasil foi visitado por vários escritores e escritoras portugueses. O principal destino era o Rio de Janeiro, então capital federal de uma jovem república. Essa cidade, que passava por transformações urbanísticas, era o centro político e cultural do país. Além disso, desde a independência, era o principal destino dos emigrantes que saíam de Portugal em busca de melhores condições de vida e de oportunidades, em sua maioria oriundos de aldeias das Beiras, do Minho e de Trás-os-Montes. Por todos esses aspectos, mereceu a atenção desses literatos, que atravessavam o Atlântico para difundir suas obras, realizar conferências, estabelecer contatos, ampliando suas redes de sociabilidade, ou mesmo para residir na ex-colônia.

É possível destacar casos como o do romancista Carlos Malheiro Dias – que vivera no Brasil no final do século XIX, quando publicou o romance *A Mulata*, e se estabeleceu novamente no Rio de Janeiro após a Proclamação da República em Portugal, por ser monarquista –, ou como o do jovem Antônio Ferro que, al-

1. Professor de Literatura Portuguesa na UERJ – Universidade do Estado do Rio de Janeiro; doutor em Estudos de Literatura pela UFF (2013); bolsista de produtividade PQ2 do CNPq; realizando estágio de pós-doutorado como pesquisador colaborador na FFLCH (USP); líder do grupo Pesquisas Literárias Luso-Brasileiras, do Real Gabinete Português de Leitura; coordenador do projeto "Escritoras portuguesas na imprensa periódica do Brasil: laços transatlânticos de ação (1890-1930)" (CNPq 405146/2018-3).

guns anos após figurar como editor da revista *Orpheu*, viaja, em 1922, para representar sua peça *Mar Alto* e realizar conferências como "A idade do jazz-band" em cidades brasileiras. Além desses dois, muitos outros, hoje mais ou menos ignorados pela academia ou pela historiografia literária, mas que também agitavam o diálogo cultural luso-brasileiro, passaram pelo Brasil, como residentes, mesmo que por poucos anos, ou apenas em curtas visitas, tais como Abel Botelho, Júlio Dantas, Rui Chianca, Gastão de Bettencourt, Tomás Ribeiro Colaço etc.

Com as escritoras não foi muito diferente. Também elas, favorecidas pelas gerações anteriores – que ousaram escrever e publicar, apesar dos entraves sociais que requeriam que as mulheres fossem modestas e voltadas para o ambiente doméstico – e pelas lutas feministas em prol de mais direitos para as mulheres, seguiam um caminho de profissionalização no campo das letras. Para isso, o público brasileiro era importante, por se constituir um mercado consumidor maior e interessado nas produções que vinham de Portugal. Inclusive, outras conjunturas sociais e de trabalho eram buscadas por essas mulheres de letras ao viajarem para a América do Sul. Por isso, a visão sobre o Brasil que essas escritoras têm em comum é a de um país de oportunidades. Torna-se importante em seus projetos de profissionalização a viagem, tanto para a divulgação quanto para ganhos pela própria viagem. É o que se pode ver, por exemplo, a partir de um trecho de uma carta de Olga Morais Sarmento a Teófilo Braga escrita a 20 out. 1912 no Rio de Janeiro. Ela começa por indicar que pretende escrever, quando regressar, sobre sua viagem à Argentina, ao Uruguai e ao Brasil e conta: "O acolhimento, em todas as terras por onde passei e fiz conferências, foi carinhoso."[2] Depois, lamenta o risco que correu por ter contraído febre amarela em Pernambuco, mas comemora: "O resultado financeiro tem sido bom. Conto, livre de todas as despesas, levar uns *cinco contos de réis* – o que já não é mau numa *tournée* de seis meses."[3] São várias as que passaram pelo Rio de Janeiro nas três primeiras décadas do século XX, por períodos diferentes e com atividades diversas: Ana de Castro Osório (1872-1935);[4]

2. Optei por atualizar a ortografia desta e de outras citações para melhor aproximar esses textos dos leitores atuais e para uniformizar a ortografia das diferentes autoras.

3. PT/MPR/ATB/Cx183/012. Disponível em: https://www.arquivo.museu.presidencia.pt/details?id=18302.

4. Viveu em São Paulo entre 1911 e 1914, acompanhando o marido, o poeta Paulino de Oliveira, cônsul de Portugal nessa cidade, com um deslocamento a Portugal no primeiro semestre de

Beatriz Delgado (1900-1993);[5] Branca de Gonta Colaço (1880-1945);[6] Emília de Sousa Costa (1877-1959);[7] Fernanda de Castro (1900-1994);[8] Irene de Vasconcellos (1896-?);[9] Margarida Victor Lorjó Tavares (1858-?);[10] Maria da Cunha (1862-1917);[11] Maria O'Neill (1873-1932);[12] Olga Morais Sarmento (1881-1948);[13] Virgínia Quaresma (1882-1973).[14]

1913. Retornou ao Brasil em 1922, envolvida com as comemorações do centenário da independência, para uma série de conferências, voltando para Portugal em 1923. Especificamente sobre o Brasil, publicou o romance *Mundo Novo* (1927), sobre uma feminista que vai viver em São Paulo, o livro para crianças, *Viagens aventurosas de Felício e Felizarda ao Brasil* (1923), e reuniu suas conferências no volume que intitulou *A grande aliança* (1924).

5. Saiu de Portugal para a França e, de lá, para o Rio, com seu segundo marido, em 1927. No Brasil, publicou um de seus livros de poesias, colaborou na imprensa periódica (principalmente na *Revista da Semana*), atuou e declamou poemas. Casou-se novamente em São Paulo em 1956. Não se sabe ainda quando regressou a Portugal, onde faleceu em 1993.

6. Esteve no Brasil em 1908 acompanhando o marido, o arquiteto e artista plástico Jorge Colaço, durante a Exposição Nacional do Rio de Janeiro. Anunciou também a venda do seu livro de versos, *Matinas* (1907), divulgando-o pela recitação de seus poemas em diversos eventos sociais.

7. Passou pelo Rio em 1914, chegando acompanhada de Virgínia Quaresma, mas sem divulgação de sua estada na cidade. Oficialmente, desloca-se pela primeira vez junto ao marido, Alberto Sousa Costa, em 1923, para visitar empreendimentos escolares e realizar conferências. Foi também correspondente e colaboradora em jornais brasileiros. Publicou, posteriormente, *Como eu vi o Brasil* (1925).

8. Casada por procuração com Antônio Ferro, viajou ao Brasil em 1922 e passou a acompanhar o marido em conferências, declamando seus poemas. Tornou-se musa de Tarsila do Amaral e Anita Malfatti e amiga de poetas brasileiros, como Cecília Meireles. Em 1925, acompanhou, também com o esposo, a digressão de uma tuna.

9. Realizou uma digressão pelo Brasil em 1922, participou da exposição do centenário e proferiu conferências.

10. Acompanhou ao Brasil o marido, o jornalista José Bernardo Camilo Lorjó Tavares.

11. Mudou-se para o Rio de Janeiro em 1912, acompanhando Virgínia Quaresma. Trabalharam as duas no jornal *A Época*. Espalhou seus poemas por alguns periódicos brasileiros. Realizou conferências na capital federal e em algumas cidades de São Paulo, onde também teria trabalhado como educadora e faleceu a 1º de janeiro de 1917.

12. Visitou o país pelo menos duas vezes, em 1930 e em 1932, quando adoeceu e acabou por falecer em alto-mar a caminho de Portugal. No Brasil, realizou conferências sobre literatura, poesia, feminismo e espiritismo.

13. Fez duas digressões pela América do Sul, em 1911 e 1912, para conferências. Visitou Recife, Salvador, Rio de Janeiro, São Paulo, Santos, Buenos Aires e Montevidéu. Publicou sua conferência sobre o Brasil, *La patrie brésilienne* (1912).

14. Trabalhou n'*A Época*, no *Correio da Manhã* e no *Jornal de Santos* durante o tempo em que viveu no Rio, entre 1912 e 1915. Retornou, como assessora de imprensa de Portugal, na

No entanto, são praticamente ignoradas hoje em dia as obras de muitas dessas escritoras, apesar do reconhecimento que algumas tiveram em vida. É lícito dizer que foram todas obliteradas pelo reconhecimento póstumo de Florbela Espanca. No caso dos escritores, a situação também não é muito distinta, dado o peso de Fernando Pessoa no cânone desse período. Logo, são ainda menos conhecidas as impressões que essas autoras deixaram sobre o Rio de Janeiro e o Brasil, sejam elas representações literárias ou não. Uma das razões talvez esteja no fato de poucas delas terem escrito livros sobre o que viram. Apenas Ana de Castro Osório[15], Emília de Sousa Costa e Olga de Morais Sarmento o fizeram. Fernanda de Castro acabou por também publicar, em livro, suas impressões sobre a cidade, em suas memórias, mas já no fim da vida. Isso pode justificar que apenas as duas primeiras figurem na coletânea preparada por Jacinto do Prado Coelho, *O Rio de Janeiro na literatura portuguesa* (1965). Contudo, ao pesquisar, na imprensa periódica do Brasil, a presença de produções de autoria das escritoras selecionadas, foi possível localizar a imagem que construíram. São textos de Branca de Gonta Colaço, Maria da Cunha, Virgínia Quaresma e Beatriz Delgado, mesmo que breves, dispersos e de gêneros variados. Por isso, analisarei, a partir desse resgate em periódicos brasileiros, o que elas viam e como viam, seguindo a ordem cronológica de suas viagens ao Rio de Janeiro.

Branca de Gonta Colaço

Apesar de ser hoje uma poetisa desconhecida do grande público e mesmo de boa parte dos pesquisadores de literatura portuguesa, Branca de Gonta

---

exposição do centenário da independência, em agosto de 1922, participou também do Congresso para o Progresso das Mulheres, organizado por Bertha Lutz, em dezembro, e voltou a Lisboa em março de 1923. Em 1933, passa a residir mais uma vez no Rio, acompanhada de Maria Luísa Silva Passos, para trabalharem na organização da "Semana Portuguesa", e só regressa a Portugal nos anos 1960, após o falecimento desta última companheira.

15. Sobre o Brasil na obra de Ana de Castro Osório, apresentei comunicação no XXVII Congresso Internacional da ABRAPLIP, em Belém-PA, em 2019. O texto proveniente dessa apresentação está aguardando a devida publicação.

Colaço era um nome de destaque no campo literário luso-brasileiro nas primeiras décadas do século XX. Conhecida inicialmente como filha do poeta Tomás Ribeiro, que havia sido embaixador no Brasil em 1893, ela conquistou reconhecimento com a publicação de seu primeiro livro, *Matinas*, em 1907. A este seguiu-se uma série de outras publicações de seus poemas, além de peças de teatro, conferências, traduções, as memórias da Marquesa de Rio Maior, um livro sobre a Linha de Cascais em parceria com Maria Archer, a edição da correspondência de seu pai com Camilo Castelo Branco e colaborações na imprensa periódica. Contudo era ainda uma jovem poetisa, com apenas um livro publicado, quando desembarcou no Rio de Janeiro acompanhando o marido Jorge Colaço, em 1908 (Fig. 1 e 2). Isso não a impediu de figurar em diversos eventos sociais, culturais e turísticos na cidade, acompanhando membros destacados da colônia portuguesa ou escritoras brasileiras, como sua correspondente e amiga íntima, Maroquinha Jacobina Rabello, e Júlia Lopes de Almeida.

Figura 1 – Jorge Colaço e Branca de Gonta Colaço nas festas à armada portuguesa, na Escola Naval, Rio de Janeiro. Fonte: *Fon Fon!* a. 2, n. 20, 22 ago. 1908, p. 5

Figura 2 – "Um casal de artistas" – Jorge Colaço e Branca de Gonta.
Fonte: *Fon Fon!* a. 2, n. 20, 22 ago. 1908, p. 7

Durante sua estada na capital brasileira, escreveu dois poemas sobre o Rio de Janeiro, publicados no jornal *O País* com as datas de composição, depois recolhidos, com alterações de pontuação, estrofação e mesmo de alguns versos, em seu livro *Canções do Meio-Dia* (1912): "Apontamentos", datado de 5 de julho de 1908; e "Adeus!...", de 20 de outubro do mesmo ano.

Estão bem presentes nesses textos a luz e as cores da natureza que envolve a cidade, uma paisagem descrita como mágica, maravilhosa. "Apontamentos" começa acompanhando o caminho do bonde, subindo do Largo do França até o alto da Floresta da Tijuca, passando pelo Sumaré, como indica a nota. À chegada, uma "visão deslumbrante" que faz com que o sujeito se esqueça de tudo e de si, ali isolado. Nas alturas, em silêncio, perto do céu, o eu lírico vislumbra a cidade e a baía, que tenta descrever com uma série de metáforas superlativas como se de um conto de fadas se tratasse, indicando o deslumbramento dessa poetisa com o que se avistava da montanha, que quase impossibilita sua descrição, interrompida pela pausa indicada pela linha pontilhada.

Apontamentos
(No livro de impressões dos visitantes da linha que vai do França
à Tijuca pelo Sumaré)

Por um monte arborizado
que se ergue a prumo na altura,
como um jorro de verdura
que a terra atirasse ao ar...
pelo flanco alcantilado
desse monte umbroso e lindo
vai-se subindo, subindo,
até nas nuvens tocar!

E ante a visão deslumbrante
dessa altura apercebida,
fica-se a gente esquecida
do que quis... do que perdeu...
do mundo vário e distante!...
Há um frescor da altitude
um silêncio, uma quietude,
que é o antegozo do céu!

O espelho azul da baía,
em suas águas bonançosas
reflete as ilhas graciosas
que se remiram gentis!
E a terra, ao fulgor do dia
é uma verde imensidade
onde as casas da cidade
formam legiões... de rubis!...

Quem pode dizer do monte
do céu, do mar, do arvoredo

os tons ou o mágico enredo
dos largos traços geniais?!...

....

Entre as brumas do horizonte,
as montanhas pitorescas,
lembram asas gigantescas
de andorinhas colossais... (COLAÇO, 1908a, p. 1).[16]

O soneto "Adeus" procura estabelecer laços sentimentais entre os entes queridos que a poetisa havia deixado em Portugal e os que então ficavam no Brasil. A ideia de aproximação e distanciamento entre os dois países pode ser notada já no primeiro quarteto, dedicado à cidade: "Rio que és mar sereno e transparente/ dum janeiro que maio invejaria,/ afasto-me de ti tão tristemente/ quão prazenteira te avistei um dia!..." (COLAÇO, 1908b, p. 1). A separação apresenta-se no nome da cidade, fracionado em dois versos, ao mesmo tempo em que ocorre a comparação com sua terra natal. O janeiro, do topônimo, é relacionado ao calor e à alegria das festas tradicionais de maio em Portugal. E o Rio, mais uma vez visto superlativamente, é mar, espaço fundamental da cultura portuguesa.

Mais tarde, em 1921, a convite de João Lage, Branca de Gonta inicia uma série de crônicas enviadas também para esse jornal com o título de "Cartas a Maroquinha", em tom coloquial, comentando e indagando sobre o movimento cultural brasileiro. A primeira, publicada em 27 de junho, começa justamente por rememorar sua estada no Brasil e os passeios que fez, com destaque para a capital. A cidade e seus arredores surgem novamente carregados de cores captadas pelo olhar da autora. Esse ambiente, apresentado de modo quase onírico, é atravessado pelas relações sociais que estabeleceu, como apontei no início da descrição de sua viagem.

---

16. Optei por apresentar o poema na íntegra, porque a publicação brasileira na imprensa, a primeira, é diferente da que se perpetuou no livro, reproduzida também na coletânea *Estrada da Luz* (2017).

> Faz hoje treze anos que cheguei ao Rio.
> Escolhi propositadamente esta data para começar.
>
> Foi ao sol-posto; lembras-te? Os píncaros altíssimos das montanhas desenhavam-se nas labaredas rubras do poente.
>
> Eu nunca vira maravilha igual; e nunca mais na minha alma se apagou o deslumbramento que nesse pôr do sol amanheceu!
>
> [...]
>
> Desembarcamos; e, ao contrário do que em geral sucede, o sonho começou... na realização!
>
> Creio que já não existe a linha de bondes que ia do França à Tijuca pelo Sumaré.
>
> Foi o meu primeiro passeio; o início da série de encantamentos que fez dos cinco meses que passei contigo, uma fonte de entusiasmo para toda a minha vida.
>
> Seguidamente, subi ao Corcovado; almocei nas Paineiras; visitei a Gávea, o Leme, a Praia Vermelha.
>
> Fui a toda a parte; vi tudo; falei com todos (COLAÇO, 1921, p. 4).

Em seguida, nomeia uma série de lugares que visitou em São Paulo e no Rio de Janeiro, presentes que ganhou, eventos que participou e volta à natureza, com suas florestas, nascentes e cascatas. Quase a terminar o relato sobre o Rio de Janeiro, destacando o que via de Paquetá e descendo de Santa Teresa, mais uma descrição impressionista carregada de cores numa composição que associa ao maravilhoso:

> – Uma vez, na tua "Ilha Encantada", ao fundo da baía, a luz da tarde tornou-se toda azul, não sei por que milagre da natureza.
>
> Azul o ar, azul a praia, azuis as árvores e as rochas.
>
> E assim anoiteceu; como se caminhássemos pelo firmamento...
>
> E quanta vez, ao sol-posto, descendo de Santa Teresa, não vi o ambiente todo encarnado, rubro, como se na atmosfera se tivessem diluído todos os rubis dos tesouros das fadas do Brasil!... (COLAÇO, 1921, p. 4).

Destaca-se, sobretudo, na lembrança que ela faz dessa paisagem, a presença constante de Maroquinha Rabello, destinatária dessas "cartas": "As paisagens que evoco têm sempre no primeiro plano o contorno gracioso do teu vulto; e as belezas da tua terra completam-se no teu espírito, onde todos os horizontes se alongam, poetizados" (COLAÇO, 1921, p. 4). As relações sociais que estabeleceu ou reforçou estão presentes na paisagem, tanto ao se despedir em 1908 quanto ao rememorar a viagem, em 1921.

Maria da Cunha

A poetisa Maria da Cunha passou mais tempo no Rio de Janeiro. Ela chegou no dia 16 de setembro de 1912, no paquete Arlanza, em companhia de Virgínia Quaresma, embarcadas em Cherburgo, após passagem por Paris. Ela voltou a Portugal por um curto período, entre agosto e dezembro de 1913, retornando ao Rio com sua filha Maria Madalena, de 11 anos. A partir de 1914, começou a proferir conferências sobre canção e arte europeias, no Rio e em São Paulo, onde faleceu no dia 1º de janeiro de 1917. Apesar de ter publicado no Brasil alguns poemas inéditos, que deveriam integrar seu planejado e inacabado *Livro da Noite*, eles não tratam especificamente da vida urbana. Contudo, durante seu período trabalhando no jornal carioca *A Época*, entre 1912 e 1914, no qual era editora da página cultural e cronista, publicou, de modo esparso, alguns apontamentos sobre a cidade que a acolheu.

Sua primeira crônica, "O calendário aqui e além-atlântico", de 13 de outubro de 1912, trata justamente da diferença entre as estações do ano nos dois hemisférios. A cronista ressalta as sensações diferentes proporcionadas pela primavera e pelo outono e destaca sua primeira visão do Rio de Janeiro, pela chegada do navio. Curiosamente, a descrição que faz lembra o olhar de Branca de Gonta, com o mesmo céu transparente, a valorização da natureza e o destaque para o colorido da paisagem. Enquanto Branca associava o lugar ao fantástico, Maria da Cunha o liga ao mítico e ao divino:

> Cheguei à formosíssima baía do Rio de Janeiro por uma noite de bruma, através da qual a cidade iluminada tinha o aspecto feérico duma renda imensa bordada de luz.

> Não desembarquei nessa noite; queria admirar de bordo, à luz do dia, o panorama da cidade, de que tinha ouvido maravilhas.
>
> Logo de manhã, subi ao convés do *Arlanza*, e não foi admiração nem espanto o que experimentei; – foi um verdadeiro deslumbramento; a realidade excedia em muito quanto a imaginação fantasiara.
>
> Ficaram-me os olhos presos na gloriosa e larga serenidade destes céus, na transparência deste ar tão lavado e macio que nele viriam de bom grado habitar os deuses imortais...
>
> Desenrolava-se na minha frente o espetáculo incomparável da cidade, acordando à beira da água, toda resplandecente de graças na luz doirada e fina da manhã, com a sua casaria branca entre jardins, com os seus bosques de palmeiras ramalhando no azul, as suas extensas florestas robustecidas por muitos sóis, e as suas montanhas verdejantes parecendo ofertar ao céu a grande alma expansiva da vegetação.
>
> [...]
>
> Cá embaixo, as águas da baía rebrilhavam lisas e sossegadas, e as gaivotas iam batendo o voo cadenciado e branco pelas ribas inundadas de luz.
>
> Era primavera, desabrochando e cantando em todo o seu esplendor, e parecia-me que toda essa paisagem encantada se incorporava no meu ser, para uma renovação, um ressurgimento de alentos e de vida (CUNHA, 1912a, p. 1).

Estranhamente, no entanto, quase um mês após sua chegada, Maria da Cunha ainda não tinha visto gente pobre, mendigos, esfomeados, pedintes. É que a crônica continua retornando para a paisagem portuguesa, que, apesar de poética, tem "filhos com fome, que vão caminhando, esmolando, rotos, descalços e miseráveis", enquanto, no Rio, "não há famintos nem esfarrapados; todos têm o seu quinhão de repouso e de fartura na festa perpétua da natureza!" (CUNHA, 1912a, p. 1).

Todavia, o Rio de Janeiro vai ganhar contornos mais humanos em algumas de suas crônicas posteriores. O olhar de cronista mudará seu ponto de observação para dentro da cidade. As cores continuam marcando a paisagem, mas com uma perspectiva mais urbana, percebendo as passantes na multidão, tal como um *flâneur* baudelairiano:

> Predominam, evidentemente, as lindas e custosas "toilettes" femininas; o elemento masculino limita-se, na maior parte, a estacionar em grupos, assistindo ao desfilar do cortejo garrido e gentil: observa e comenta.
>
> Também eu assisto casualmente ao contínuo perpassar da graciosa onda humana; também disfarçadamente observo e comento.
>
> Faz calor; o termômetro marca pelo menos vinte e seis graus à sombra; certamente por isso as encantadoras mocinhas do Rio aparecem hoje – como a ideal amada do poeta florentino – todas vestidas de branco, dando aos olhos e ao espírito uma impressão agradável de mocidade e de frescura, lembrando talvez uma revoada de pombas que houvesse descido a passear entre nós a graça leve e airosa das suas asas, ou um prado de altas açucenas baloiçando-se no ar caricioso da tarde… (CUNHA, 1912b, p. 1).

Em seguida, buscando mais ar, mais luz e horizontes mais vastos, a cronista continua seu passeio pela cidade até a orla. Aí, a paisagem continua branca: "o meu espírito vai seguindo atento brancuras das nuvens que se desfiam pelo céu e brancuras de espuma que se esvaem na praia, casas humildes branquejando nas encostas e cruzes e pedras tumulares branquejando no cemitério" (CUNHA, 1912b, p. 1). Tudo se enche do mesmo branco das roupas das mocinhas cariocas. Apenas à noite, a cronista retorna, com "o peito inundado de luz" e "a alma toda vibrante das harmonias do dia", de tal modo que ela continua a ver o branco: "por toda a escuridão perpassam, faíscam e palpitam as brancas visões da tarde, como um cortejo de pensamentos bons" (CUNHA, 1912b, p. 1). Depois, uma digressão sobre a relação entre as cores e a música, em busca do som, do ritmo da cor que não esquece, mostrando o impacto que a visão das passantes vestidas de branco em meio à multidão causara em seu ser. Tal como os homens, ela "observa e comenta" essas moças. Tal como no poema de Baudelaire, a imagem da passante, no Rio multiplicadas, marcou a poetisa-cronista de forma que não saía de seu íntimo, revelando um desejo homoerótico discreto.

A sensualidade das mulheres brasileiras é um dos aspectos que Maria da Cunha destaca em uma de suas "Cartas para Longe", breves epístolas para uma amiga em Portugal nas quais comenta sobre sua vida no Brasil. Essa mostra que, já no início do século XX, o carnaval era um período longo e divertido no Rio de Janeiro: "Seja o Carnaval em fevereiro ou em março, principia aqui, invariavelmente, a 31 de dezembro, atingindo nas últimas vinte e quatro horas as raias do delírio" (CUNHA, 1914, p. 1). E mesmo a chegada da Quaresma não era triste, "talvez, porque o não consentem o sol escaldante, o perfume sensual das angélicas perpetuamente em flor, os olhos resplandecentes e a graça petulante das formosas brasileiras" (CUNHA, 1914, p. 1). Por isso, animada pelo calor, pelo perfume sensual e, mais uma vez, pelas formosas brasileiras, a cronista pulou o carnaval já plenamente ambientada à vida carioca: "diverti-me esta semana como uma autêntica brasileira, perfeitamente identificada com este meio em que me sinto bem, respirando com prazer a atmosfera de vida intensa e de sincero entusiasmo em que pairava, como um perfume de âmbar, capitoso e sutil, um tanto louco, como a alegria que nos sobe à cabeça quando há calor, flores e muita luz" (CUNHA, 1914, p. 1).

Percebe-se, portanto, como a cronista vai se ambientando na cidade. À chegada, sua visão é de estrangeira deslumbrada com suas cores. Aos poucos, seguindo um processo de observação enquanto caminha pela cidade, em produção contemporânea à de João do Rio, vê os moradores e diverte-se como eles. Não é possível negar como essa atuação profissional – uma senhora caminhando sozinha pelas ruas – e sua observação dos corpos femininos problematizam o sistema de gêneros.

Virgínia Quaresma

Dentre as mulheres de letras portuguesas que passaram pelo Rio de Janeiro nas primeiras décadas do século XX, Virgínia Quaresma[17] é um caso singular. Ela já havia abdicado de ser reconhecida como escritora antes de seguir para o Brasil. Apesar de ter proferido algumas conferências, algo comum a suas con-

17. Sobre Virgínia Quaresma no Brasil, seu trabalho na imprensa e sobre essa relação entre a profissão e o feminismo, ver o artigo escrito a quatro mãos com Andreia de Castro na *Convergência Lusíada*: "'O primeiro 'repórter' feminino do Rio de Janeiro': Virgínia Quaresma no Brasil".

temporâneas, a carreira de Virgínia está relacionada à imprensa. Foi diretora, redatora e colaboradora de jornais, mas foi sobretudo repórter. É desse modo que é contratada pela *Época* em 1912. Inclusive, por atuar de modo distinto de outras mulheres de imprensa, andando nas ruas atrás de notícias e escrevendo seus textos na redação dos jornais, enquanto as demais escreviam de casa suas colaborações, não produz poemas, folhetins ou crônicas, mas entrevistas e reportagens. Além disso, como os homens que compunham o corpo de redatores dos jornais não costumavam assinar seus textos, ela também deixou de o fazer, o que impede a localização de tudo o que escreveu. No entanto, em algumas entrevistas que concedeu, indicou algumas matérias de sua lavra, pela repercussão que tiveram ou pelo pioneirismo do que ela fazia. Assim localizadas, é possível perceber que suas reportagens e entrevistas muitas vezes seguem estilos narrativos próximos de gêneros estritamente literários como os folhetins de sensação e peças teatrais, com a descrição do ambiente em que se passam as ações ou onde decorrem os diálogos. Muitas vezes, o trajeto até o local do acontecimento figura também no texto, aproximando-o da narrativa de ficção, localizando o leitor e funcionando como marca de sua atividade de repórter de rua, como se pode ver no trajeto que empreende até a casa do general Pinheiro Machado, o primeiro entrevistado em sua estada na capital:

> Vou iniciar hoje no Rio as minhas campanhas de reportagem. São 2 horas da tarde e o caminho que tenho a percorrer é deveras convidativo. O declive que, entre vultos verdejantes de fetos e palmeiras graciosamente alinhadas, conduz ao morro da Graça é tudo o que se pode imaginar de mais deslumbrador, principalmente neste dia luminoso de primavera em que a terra parece desentranhar-se por toda a parte em eflúvios de vida. Lá no topo, perdida entre mantos de verduras, dominando uma paisagem soberba que arranca ao *touriste* mais prevenido uma exclamação de surpresa e de entusiasmo, ergue-se uma construção muito moderna e elegante, em forma de *chalet*, pintada em tons alegres (QUARESMA, 1912a, p. 1).

É digno de nota o trabalho realizado na descrição, de modo a apresentar o seu olhar maravilhado sobre a paisagem verdejante do morro da Graça, que deslumbraria mesmo o turista mais prevenido, ao mesmo tempo em que procura se apresentar já habituada a ela, pois a percorre para desempenhar sua atividade profissional. Dessa forma, apesar de também ressaltar a natureza exuberante do Rio de Janeiro do início do século XX, tal como Branca de Gonta e Maria da Cunha, Virgínia Quaresma insere-se como residente e profissional desde o primeiro momento. Todavia, ela se apresenta encantada com a paisagem da travessia da baía para Niterói, onde foi entrevistar Nilo Peçanha. Nota-se a importância das cores ao pintar suas impressões. E a distância que separa as duas cidades, que distingue a de sua residência e trabalho daquela visitada pela primeira vez, é textualmente marcada pelas reticências que abrem o texto:

> ...Lá, do outro lado da baía, vai-se desenrolando, na tela prateada-escura da noite, aos clarões rubros de uma lua de fogo, a cidade de Niterói, ondulante, graciosa e alumiada como um imenso veludo negro bordado a lantejoilas. E durante os breves momentos em que a barca, veloz e airosa, como uma gôndola de Veneza, corta a distância que vai de aqui até ali, eu fico com os olhos presos nesse espetáculo feérico, que mãos nenhumas de artista seriam capazes de reproduzir com aquela mesma integridade de linhas, com aquela riqueza de tintas, com a mesma orgia de luz, com todas aquelas harmonias, enfim, das quais resultam verdadeiras maravilhas com que se endeusa a Natureza triunfante (QUARESMA, 1912b, p. 1).

Inclusive, a visão de Niterói a partir do Rio é recuperada mais tarde, quando vivia em Lisboa, como um dos impactos de sua estada no Brasil. Em uma entrevista concedida para seu antigo jornal, *A Época*, não precisava mais se apresentar como repórter ambientada ao local:

> – O que penso do Rio de Janeiro? Eu lhe digo, meu amigo. Acabara de visitar Paris, Londres, e algumas cidades alemãs, quando entrei na capital carioca – e, apesar disso, o meu deslumbramento foi absoluto. Há, sobretudo, uma coisa no Rio que desorganiza o mais fleumático dos "touristes": é quando atravessamos "boulevards" ladeados de maravilhas de mármore, coruscantes de luz e cuja beleza não tem rival – e bruscamente nos perdemos em plena floresta, em que as ramarias das árvores se entrelaçam em túneis que dão à paisagem tons duma primitividade

> de delícia... E é assim que, depois de passarmos a Avenida Rio Branco, ao pé da qual o Boulevard dos Italianos empalidece em majestade e luxo – se nos depara Niterói, à simples distância duma passeata de barco. Oh Niterói! – os poentes de Niterói! Se um pintor de gênio conseguisse transportar para a tela todos os tons, todas as "nuances" de cor que se disfrutam nos poentes de Niterói, seria talvez acusado de mil inverossimilhanças... (QUARESMA apud FERREIRA, 1918, p. 5).

No entanto, como repórter profissional, Virgínia Quaresma, tal como apontei acima, constrói na narrativa o lugar onde decorre a notícia que vai narrar de modo a ambientar seus leitores para prepará-los para o que apresenta. É o que ocorre na cobertura do caso de João Barata Ribeiro, que, com dois comparsas, teria roubado de um paquete o dinheiro que iria para a administração do estado de Pernambuco. Ele foi surpreendido quando tentava enterrar a fortuna nas matas do Andaraí. O dinheiro, apreendido pela polícia, desapareceu. Virgínia aproveitou o 1º de abril para fazer uma "reportagem blague", na qual a repórter teria surpreendido Ribeiro fugindo da cadeia enquanto ela preparava um artigo sobre cemitérios. Quaresma contratou um ator de teatro de revista que se assemelhava ao ladrão e se fez fotografar com ele, simulando que o entrevistava durante a fuga. E o modo como ela constrói o cenário dessa ação reforça a ideia de que as instituições brasileiras são sérias apenas pela forma como se apresentam, de fachada, não na totalidade. Vejamos a descrição que ela faz da cadeia de detenção:

> Como se sabe, a Casa de Detenção, onde se achava internado Barata, esperando o dia do julgamento, tem a fachada principal voltada para a rua Frei Caneca. A vigilância deste lado é aparatosamente exercida e os estrangeiros, que nos visitem, não terão relutância alguma em afirmar que a nossa autoridade é cautelosa, inexcedivelmente cautelosa mesmo, levando o seu zelo até à manutenção de tudo aquilo que por ali se ostenta de galhardo e de reluzente. Mas não passa de aparências, infelizmente... Os fundos da Detenção dão para um morro florido de vegetação exuberante que domina, do lado oriental, a cidade. A declividade suave do morro – tão fácil deve ser a sua ascensão ou a sua descensão – tem como sopé o cemitério de Catumbi, vulgarmente chamado assim, ou de S. Francisco de Paula, nome que tomou a irmandade que o mandou construir (QUARESMA, 1913, p. 2).

Reforça-se a ideia de que as instituições oficiais funcionam apenas pela ostentação pública, não por sua constituição e passado, como Virgínia apresenta ao compor uma das falas do falso ladrão fugitivo: "– Decerto. Lembrei-me de que pelos fundos da Detenção, voltados para o morro, cujo declive desce até ao cemitério, já se haviam evadido vários detidos." (QUARESMA, 1913, p. 2).

Ao comparar esses trechos, percebe-se que ela também se deslumbrava com as belezas naturais da cidade e de seu entorno, como assume na entrevista concedida mais tarde, em Portugal. Contudo, ao se apresentar como repórter, precisa diminuir a descrição maravilhada e posicionar-se como brasileira – não à toa a referência aos estrangeiros, na notícia do Barata Ribeiro.

Beatriz Delgado

A poetisa, atriz e cronista Beatriz Delgado (Fig. 3) causou furor nas redações dos jornais cariocas quando chegou ao Rio de Janeiro, a 6 de março de 1927. Como ela mesma anunciava, havia chegado sem cartas de recomendação e apenas trazia exemplares de seus últimos livros de poesia, que alcançaram sucesso em Portugal: *Meus vícios* (duas edições em 1926) e *Sinfonia pagã* (lançado em 1925, vendeu dois mil exemplares em 20 dias e já estava na quarta edição – a quinta foi publicada no Rio de Janeiro).

Benjamim Costallat narra a entrada da portuguesa na redação do *Jornal do Brasil* associando-a à "Dondoca" da marchinha do carnaval daquele ano – "agitada, redonda de formas, saiazinha curta, e pernoca à mostra" – e alertava: "nos seus versos, essa Dondoca portuguesa confessa constantemente que tem vontade de morder, e que é um vulcão aceso" (COSTALLAT, 1927, p. 5).

Na cidade, além de suas conferências, que foram sucesso de público, colaborou com o próprio *Jornal do Brasil* e outros periódicos brasileiros, sobretudo com a *Revista da Semana*, por alguns anos, na qual publicava crônicas sobre comportamento feminino, defendendo o que considerava uma mulher moderna, de saias curtas, cabelos à *garçonne*, e que dançava o *charleston* e o *black-bottom*, entre outras modas dos "loucos anos 20". Esse movimenta o desejo da revista de atingir novos e mais variados públicos, na esteira do que

Figura 3 – Beatriz Delgado.
Fonte: *Para Todos*, n. 434. 9 abr. 1927, p. 19

defende Marialva Barbosa para os periódicos dessa época: "Os jornais publicam [...] uma gama variável de assuntos, com a preocupação maior de atingir universo significativo, vasto e heterogêneo" (2007, p. 48). Nesses textos, raramente havia um país ou uma cidade específicos, dado o caráter cosmopolita das ideias que ele defendia.

No entanto, como algumas vezes ela associava as mulheres a elementos da natureza, é possível perceber algumas de suas impressões locais além da crítica aos empregados das lojas da capital: "entra a gente para fazer compras, e, em lugar da solicitude dos empregados, encontra má vontade... Queremos comprar-lhes e eles quase nos dão pancada... Não é um caso curioso?" (*O Jornal*, a. IX, n. 2546, 27 mar. 1927, p. 13). Tal comparação não é inédita na obra de Beatriz Delgado. Na crônica "Orquídeas", que já recolhera no livro *Setas de ponta de ouro* (1925), ela faz justamente isso. No Rio de Janeiro, ela adaptou essa crônica inserindo alguns parágrafos sobre as brasileiras: "Na sua beleza aristocrática, na perversidade da sua graça, as orquídeas podem ser comparadas a algumas mulheres. [...] O Brasil é a cidade das orquídeas. Nas florestas brasileiras encontram o seu cantinho de Paraíso e de ostentação: aparecem-nos debruçadas, altivamente, nas árvores grandiosas e deslumbram-nos os olhos com os seus matizes variados" (DELGADO, 1927, p. 12).

Em outro momento, Beatriz Delgado correlaciona as mulheres às praias, paisagem tão carioca, de modo que falar de uma era descrever a outra. E Delgado o faz com o mesmo pendor sensual que marcou suas poesias, suas conferências, e até suas visitas às redações dos jornais.

> Durante alguns meses, as praias estiveram entregues à sensualidade penetrante das vagas e ao furor diabólico do mar. Foram acariciadas e batidas. [...]
>
> Femininas como as mulheres, as praias insinuaram nas almas das damas a ânsia de encantar o mar e de o vencer com a graça e o fluido dos seus corpos formosos. E, para melhor o cativarem, imaginaram o *maillot* de seda macia e, colante que, tapando as formas, as desenha, também, com mais volúpia (DELGADO, 1928, p. 12).

E sob o calor abrasador do verão carioca, sem fugir ao tema do comportamento feminino, a escritora dos textos sensuais pensa em partir, título de sua crônica, porque o céu era outro, com nova cor:

> O céu apareceu todo vermelho. Uma toalha rubra escondeu a limpidez calma e azul do firmamento. As pedras queimam; a água que espalharam pelas ruas foi logo absorvida pelo sol. Que dia quente e aborrecido!
>
> É esta a pior época para a beleza feminina. O pó d'arroz é uma armadura frágil contra a transpiração dos rostos. Quase todas as mulheres lembram uns Pierrots enfarinhados. Cada dama é vestida por uma teia sutil, tecida pelas mãos habilidosas das fadas da elegância. O calor asfixiante e a seminudez das deusas modernas cria uma atmosfera pesada e sensual que obriga a imaginação a perder-se nas delícias duma viagem de repouso (DELGADO, 1930, p. 10).

Após refletir sobre possíveis destinos, como montanhas nevadas, a travessia atlântica e o Oriente, volta a focar no Brasil:

> Mas será só nessas terras longínquas que se encontra alguma coisa de novo? Não o creio. O Brasil, com suas florestas abençoadas, com seus rios estranhos, com toda essa variedade infinita de animais e de frutos, de árvores e de costumes, não é um dos países mais interessantes para uma viagem de recreio? Não uma dessas viagens mundanas e banais que obrigam as mulheres a transportar uma bagagem enorme de vestidos e de chapéus, mas uma dessas deliciosas travessias, cheias de surpresas e de deslumbramentos, cheias de simplicidade e de boemia, e que perfumam para sempre o nosso espírito como a lembrança de uma flor nova e bela (DELGADO, 1930, p. 10-11).

A visão de Beatriz Delgado sobre o Brasil é a da volúpia da natureza, associada à sensualidade dos corpos e dos comportamentos, sobretudo os femininos. O Rio de Janeiro, com suas praias, orquídeas e mulheres, era repleto de surpresas que seduziam. Esse tom erótico que Delgado aplicava à sua atividade literária, aliado às referências cosmopolitas em voga, como o ritmo do *black-bottom* e as danças, e a representação do corpo feminino, aproximam-na de um modernismo que o Rio de Janeiro vivia nos anos 1920.

Algumas considerações

Como apontei inicialmente, as viagens dessas escritoras portuguesas ao Brasil, seja para residir ou para visitas mais curtas, sozinhas ou acompanhadas, foram importantes profissionalmente para elas. Inclusive, essa motivação era constantemente declarada para os órgãos de imprensa. Em alguns casos, como os de Ana de Castro Osório, Emília de Sousa Costa e Olga Morais Sarmento, as viagens transformaram-se em tema ou motivo para publicações de livros, uma outra forma de ganho a partir da experiência brasileira.

Algumas escritoras portuguesas acabaram por publicar na imprensa brasileira, mesmo que de modo disperso em meio a outros textos, como viram o Brasil, em especial o Rio de Janeiro. Aqui, destaquei alguns exemplos de Branca de Gonta Colaço, Maria da Cunha, Virgínia Quaresma e Beatriz Delgado, seguindo a ordem cronológica de suas viagens. Esse conjunto de poemas e trechos de crônicas e de reportagens revela o deslumbramento dessas escritoras perante a paisagem natural da cidade. O colorido é marca constante e bem destacado, principalmente nas poetisas Branca de Gonta e Maria da Cunha. E alguns textos apontam também um olhar sobre o lado urbano da cidade, suas casas, divertimentos como o carnaval e as pessoas que a habitam, especialmente as cariocas. Assim, ao se libertarem do ambiente doméstico e ao trocarem a posição de objeto, "ser vista", para a de sujeito, "ver", essas escritoras passaram a exercer uma "masculinidade feminina"[18] (HALBERSTAM, 2018), questionando as formas hegemônicas de gênero.

Destaca-se, também, como esses textos evidenciam os interesses pessoais e profissionais dessas escritoras. A paisagem recuperada por Branca de Gonta é atravessada por pessoas que conheceu e encontrou, com ênfase na amiga Maroquinha Rabello. Maria da Cunha procura se posicionar como já ambientada na cidade pouco tempo após sua chegada. Virgínia Quaresma utiliza a paisagem para enfatizar que era repórter de rua. E a poetisa Beatriz Delgado, que marcou sua produção poética pela sensualidade, valoriza justamente esse aspecto da paisagem brasileira e de suas mulheres. Essas quatro escritoras têm olhares distintos sobre o Rio de Janeiro, apesar da proximidade temporal de suas produções e de serem todas escritoras portuguesas, contribuindo, assim, para apresentarem uma distinção em relação às suas contemporâneas.

Referências

BARBOSA, Marialva. *História cultural da imprensa*: Brasil, 1900-2000. Rio de Janeiro: Mauad X, 2007.

COELHO, Jacinto do Prado (Org.) *O Rio de Janeiro na literatura portuguesa*. Lisboa: Edição da Comissão Nacional das Comemorações do IV Centenário do Rio de Janeiro, 1965.

18. "Female masculinity is a term that describes simultaneously na evolving role; the shiftin surface of girlhood and womanhood; a porous limit of gender variance; na alternative edge to manhood, and a historical trajectory that extends back beyond modern sexual and gender definitions. [...] Female masculinity continues to apply pressure to hegemonic forms and even as it representes a seemingly old-fashioned form of queer identification, it may also hold the seeds of future genders." (HALBERSTAM, 2018, p. xxi).

COLAÇO, Branca de Gonta. "Apontamentos". *O Paiz,* a. XXIV, n. 8690. Rio de Janeiro: 20 jul. 1908a.

COLAÇO, Branca de Gonta. "Adeus!...". *O Paiz,* a. XXV, n. 8784. Rio de Janeiro: 21 out. 1908b.

COLAÇO, Branca de Gonta. "Cartas a Maróquinha I". *O Paiz,* a. XXXVII, n. 13399. Rio de Janeiro: 27 jun. 1921.

COLAÇO, Branca de Gonta. *Estrada da Luz*: obra poética e iconográfica de Branca de Gonta Colaço. Introdução, notas, cronologia, seleção, organização e coordenação: Anabela de Campos Salgueiro e Inês da Conceição do Carmo Borges. Coimbra: Palimage, 2017.

COSTALLAT, Bejamin. "Dondoca". *Jornal do Brasil,* n. 59. Rio de Janeiro: 10 mar. 1927.

CUNHA, Maria da. "O calendário aqui e àlêm Atlântico". *A Epoca,* a. I, n. 75. Rio de Janeiro: 13 out. 1912a.

CUNHA, Maria da. "Modulações do branco". *A Epoca,* a. I, n. 75. Rio de Janeiro: 24 out. 1912b.

CUNHA, Maria da. "Cartas para longe". *A Epoca,* a. III, n. 579. Rio de Janeiro: 1 mar. 1914.

DA CRUZ, Eduardo; CASTRO, Andreia. "O primeiro 'repórter' feminino do Rio de Janeiro": Virgínia Quaresma no Brasil. *Convergência Lusíada,* v. 32, n. 46, p. 386-432, 9 out. 2021. Disponível em: https://doi.org/10.37508/rcl.2021.n46a466. Acesso em: 14 jan. 2022.

DELGADO, Beatriz. *Setas de ponta de ouro*. Lisboa: Publicitas, 1925.

DELGADO, Beatriz. "As orchideas brasileiras". *Correio da Manhã,* n. 10018. Rio de Janeiro: 11 set. 1927.

DELGADO, Beatriz. "A Alleluia das Praias". *Revista da Semana,* a. XXIX, n. 48. Rio de Janeiro: 27 out. 1928.

HALBERSTAM, J. *Female masculinity* – Twentieth anniversary edition with a new preface. Durham and London: Duke University Press, [1998] 2018.

QUARESMA, Virgínia. "A actual situação politica. Fala sobre o assumpto o general Pinheiro Machado". *A Epoca,* a. I, n. 60. Rio de Janeiro: 28 set. 1912a.

QUARESMA, Virgínia. "Reportagens politicas. Tem a palavra o senador Nilo Peçanha...". *A Epoca,* a. I, n. 98. Rio de Janeiro: 5 nov. 1912b.

QUARESMA, Virgínia. "João Barata Ribeiro evade-se da Casa de Detenção – Ao transpor o muro do cemiterio do Catumby, é surpreendido por um repórter d'A Epoca". *A Epoca,* a. II, n. 245. Rio de Janeiro: 1 abr. 1913.

QUARESMA, Virgínia apud FERREIRA, Reynaldo. "Tem a palavra Virgínia Quaresma: A paisagem brazileira – A politica do Brazil – O jornalismo moderno – O caso do Barata Ribeiro". *A Epoca,* a. VII, n. 2283. Rio de Janeiro: 15 out. 1918.

S. A. "Festas á Armanda Portugueza". *Fon Fon!,* a. 2, n. 20. Rio de Janeiro: 22 ago. 1908.

S. A. "Um casal de artistas". *Fon Fon!,* a. 2, n. 20. Rio de Janeiro: 22 ago. 1908.

S. A. "Beatriz Delgado". *Para Todos,* n. 434. Rio de Janeiro: 9 abr. 1927.

S. A. "Uma poetisa portuguesa no Rio. Suas primeiras impressões sobre o Brasil. Porque, na sua opinião, está em crise o theatro portuguez". *O Jornal,* a. IX, n. 2546. Rio de Janeiro: 27 mar. 1927.

LETÍCIA DE SOUZA BLANCO[1]
ELISABETE GONÇALVES DE SOUZA[2]

Paisagens de um Rio de Janeiro suburbano sob o olhar de Lima Barreto

Introdução

Por meio da literatura, podemos nos aprofundar nos estudos sobre o espaço e a sociedade, conhecendo suas nuances sob o ponto de vista daqueles que vivem ou viveram naquele lugar. Como pontuam Medeiros e Medeiros (2020, p. 3), "Compreender o espaço na narrativa literária significa um duplo caminho, que engloba a apreensão física desse espaço no texto e os significados que essa forma espacial acarreta". Assim, os textos literários consolidam-se como importantes meios de compreensão do espaço e de sua paisagem na medida em que oportunizam a exposição não somente da estrutura física, mas também das relações sociais e humanas ali estabelecidas; as pessoas, suas vivências e sentimentos, detalhes de um lugar que se revela ao outro sob o olhar do narrador.

O narrador com quem dialogamos neste artigo é Afonso Henriques de Lima Barreto, homem negro, escritor e jornalista. Morador por quase 20 anos

1. Mestranda em Geografia na Universidade Federal Fluminense (UFF). Bolsista voluntária de iniciação científica do Real Gabinete Português de Leitura, sob orientação da Profa. Ida Alves (UFF /PPLB).
2. Professora do Departamento de Ciência da Informação (GCI) da Universidade Federal Fluminense (UFF). Doutora em História da Educação. Pesquisadora do PPGCI: linha: Informação, cultura e sociedade.

do subúrbio de Todos os Santos, localizado na Zona Norte da cidade do Rio de Janeiro, Lima Barreto ambientou grande parte de suas obras nessa região, explorando, por meio de sua narrativa e de seus personagens, seu cotidiano, seus costumes, o abandono e a pobreza (MEDEIROS; MEDEIROS, 2020). A longa experiência nesse espaço possibilitou que o autor registrasse em sua narrativa mudanças significativas de sua paisagem e do modo de vida de seus moradores com o decorrer do tempo, sendo considerado um referencial nos estudos sobre os subúrbios cariocas.

Apesar de se dedicar, na maioria das vezes, a narrar o cotidiano dos subúrbios, Lima Barreto conhecia muito bem a região central da cidade do Rio de Janeiro, onde trabalhava como amanuense na Secretaria de Guerra, sendo essa região também um dos temas de sua literatura. Era no caminho entre a casa e o trabalho, no trem, que o escritor observava as paisagens que se desenhavam e mudavam ao longo da trajetória (SCHWARCZ, 2017). Esse olhar privilegiado permitiu que o autor, em muitas de suas obras, fizesse um comparativo entre o centro e a periferia (o subúrbio) onde residia. Dessa maneira, o descaso do poder público perante o subúrbio; a desigualdade social; a pobreza e as diferenças sociais foram temas presentes e recorrentes em suas obras.

Segundo Silva (2014), ao se aproximar da literatura, a geografia busca compreender o sentido do espaço urbano para o indivíduo ou os grupos sociais e a sua dimensão imaginária, ou seja, como veem, sentem e vivem a cidade. Como narrador, Lima Barreto nos dá a oportunidade de conhecer a cidade do Rio de Janeiro sob diversas vozes e olhares. Assume-se, assim, ser a dimensão espacial da literatura uma representação do espaço, e o texto literário, o portador de seus significados, cujo contexto simbólico está atrelado ao olhar do autor e à dinâmica da paisagem que o cerca.

O objetivo deste artigo é descrever e analisar a paisagem suburbana carioca, do final do século XIX e início do XX, a partir da literatura de Lima Barreto. Como metodologia foi utilizada a pesquisa exploratória baseada em revisão de literatura, na qual foram coletados artigos em bases de pesquisa como Capes e Scielo que tivessem como temas: literatura, espaço, paisagem, subúrbio e Lima Barreto. Além desse levantamento bibliográfico, também buscamos nas obras de Lima Barreto relatos em que o subúrbio carioca, seus moradores e costumes são descritos pelo autor a fim de melhor compreender esta formação socioespacial, suas mudanças e sua paisagem.

O subúrbio carioca: o processo de formação

> "Subúrbio propriamente dito é uma longa faixa de terra que se alonga, desde o Rocha ou S. Francisco Xavier, até Sapopemba, tendo para eixo a linha férrea da Central."
> (Lima Barreto, *Clara dos Anjos*)

A formação do subúrbio no Rio de Janeiro foi marcada por quatro principais eventos: o crescimento urbano acelerado da cidade do Rio; a movimentação de indústrias para além da região central em busca de maiores vantagens para a produção; a construção das estradas de ferro e a reforma urbana do então prefeito Pereira Passos. Ao longo desta seção, explicaremos cada uma dessas eventualidades.

Como destaca Medeiros e Medeiros (2020, p. 4), "O acelerado desenvolvimento das zonas suburbanas tem início com a implantação dos sistemas de transporte coletivo na cidade". No final do século XIX, é inaugurado o primeiro trecho da Estrada de Ferro Dom Pedro II (Central do Brasil) (Figura 1). A linha férrea atraiu habitantes da região central da cidade, onde se concentravam os cortiços, em sua maioria habitados por trabalhadores que necessitavam residir próximo às fábricas. Dessa maneira, a população que tinha condições financeiras de sair do centro, aproveitando a construção da ferrovia, foi para o subúrbio em busca de uma melhor qualidade de vida. O crescimento urbano dessa região acompanhou a linha férrea, que passou a ter em seu entorno centros comerciais que possibilitaram seu desenvolvimento econômico.

Além da Estrada de Ferro Dom Pedro II, outras linhas férreas foram inauguradas no período, possibilitando a ocupação mais intensa do subúrbio. Foram elas: a Ferrovia Leopoldina e a Linha Auxiliar, que originaram uma série de bairros no seu entorno (MAIA; CHAO, 2016).

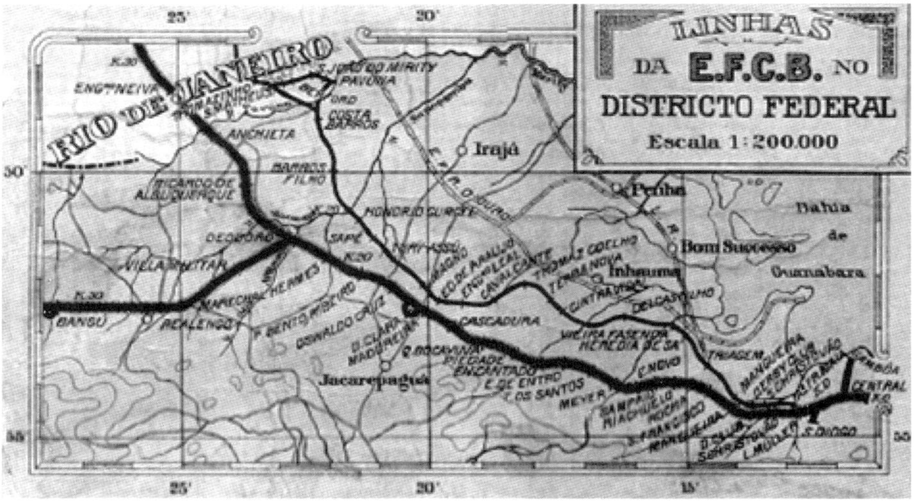

Figura 1 – Detalhes das linhas da Estrada de Ferro Central do Brasil.
Fonte: [Estrada de Ferro Central do Brasil] (1919 *apud* Schwarcz, 2017)

Lima Barreto, como um típico suburbano, atravessava a via férrea Pedro II cotidianamente para ir do bairro de Todos os Santos para o Centro da cidade, onde trabalhava e realizava outras atividades. Além desse trajeto, fazia outros, circulava por outras vias e, como um *flâneur,* tudo observava. Em seu texto, ele deixa claro a centralidade do trem na vida dos moradores do subúrbio.

> Na vida dos subúrbios, a estação da estrada de ferro representa um grande papel: é o centro, é o eixo dessa vida. Antigamente, quando ainda não havia por aquelas bandas jardins e cinemas, era o lugar predileto para os passeios domingueiros das meninas casadouras da localidade e dos rapazes que querem casar, com vontade ou sem ela. Hoje mesmo, a gare suburbana não perdeu de todo essa feição de ponto de recreio, de encontro e conversa [...] (BARRETO, 2004, p. 439).

No trecho acima, é nítido o destaque para os trens. É no trem que os moradores do subúrbio se relacionam, encontram-se e onde se divertem. Assim, tanto para o autor como para a maioria dos suburbanos, o trem podia ser considerado o "eixo"; o "centro".

Além dos comércios que se desenvolveram ao longo das linhas férreas, as atividades industriais, antes concentradas na área central da cidade, também se expandiram para os bairros suburbanos buscando vantagens locais, como o menor custo de produção. Isso atraiu operários e trabalhadores da região central que passaram a se deslocar para o subúrbio em busca de empregos e meios de sobrevivência (MATTOSO, 2018).

Essa forma de ocupação fez com que os subúrbios, até o início do século XX, fossem vistos como as áreas que não correspondiam à região central da cidade, sendo descritos como uma região residencial e industrial com seus limites constituídos "[...] entre a Serra do Engenho Novo, o Morro do Telégrafo (na Mangueira) e o Morro do Retiro (em Realengo)" (SCHWARCZ, 2017, p. 126). Ao longo do tempo, o preço do valor do lote no subúrbio foi reduzindo, atraindo mais pessoas para a região. Isso fez com que o subúrbio ganhasse uma configuração marcada pela desigualdade, em que alguns bairros tinham mais infraestrutura, como Jacarepaguá, Méier, Tijuca e Gamboa e outros eram menos equipados, como Cascadura.

Além disso, no final do século XIX, há um notável crescimento populacional da região central da cidade. Devido a isso, nesse período o subúrbio consolida-se como um vetor de expansão urbana (MATTOSO, 2018). Outro fator que contribuiu para a formação do subúrbio foi a reforma do prefeito Pereira Passos, que, inspirado nas cidades europeias, demoliu cortiços e imóveis antigos onde os mais pobres e trabalhadores residiam, expulsando-os para longe da região central. Eles encontraram espaço nos bairros dos subúrbios, afastados dos centros, que terminaram por abrigar a classe operária e os menos favorecidos. O trem permitiu que os trabalhadores morassem longe dos seus locais de trabalho – diferentemente do que tínhamos antes –, restringindo-os a estes espaços e controlando sua circulação na cidade. Assim, houve uma mudança substancial: os pobres que não tinham condições financeiras para se deslocar com um transporte privado como o carro, recorreram ao transporte coletivo como o trem (MAIA; CHAO, 2016, p. 156). À medida que a "Reforma Passos" avançava nos bairros mais próximos do Centro, como Catete, Catumbi, Gávea e Botafogo, "o termo subúrbio era desvinculado do linguajar de seus habitantes", passando a ser usado para definir os bairros que cresciam ao longo da linha férrea.

Assim como mencionam Maia e Chao (2016), com o avanço da reforma urbanística de Pereira Passos, a palavra subúrbio, que antes era direcionada a todas as áreas que eram afastadas geograficamente da região central da cidade – como era o caso do bairro Barra da Tijuca –, passa a ganhar um sentido mais pejorativo. Logo, o termo subúrbio passou a ser direcionado aos bairros onde residiam pessoas com menores condições financeiras, atravessadas pelas questões da pobreza e da desigualdade. Dessa forma, o subúrbio carioca em especial perde seu aspecto geográfico e ganha um aspecto social, no qual é a condição de classe que determina o que é subúrbio e até onde ele vai.

Para avançarmos em nossa análise sobre o subúrbio carioca, iremos primeiramente discutir o conceito de paisagem, foco deste artigo, e em seguida discutiremos o olhar de Lima Barreto sobre a paisagem suburbana que atravessou seu cotidiano por duas décadas.

A noção de paisagem

Nos estudos da geografia, a paisagem "se apresenta enquanto um acúmulo de marcas que demonstram todo um modo de vida citadino, testemunhando momentos da história da construção de seu espaço urbano" (AZEVEDO; ABRANCHES JUNIOR, 2015, p. 80). A paisagem, assim, torna-se um importante conceito por meio do qual podemos conhecer a dinâmica socioespacial de um determinado contexto histórico.

Santos (1997) chama-nos a atenção ao fato de que os elementos da paisagem não são fixos, e que cada vez que a sociedade passa por um processo de mudança (econômica, social e política) o espaço e a paisagem "se transformam para se adaptar às novas necessidades da sociedade." (p. 37). Para Santos (1988), a paisagem resulta do "casamento do espaço com a sociedade", e acrescenta: "[o] espaço contém o movimento. Por isso, paisagem e espaço são um par dialético. Complementam-se e se opõem" (SANTOS, 1988, p. 25).

A paisagem chega ao sujeito por meio dos sentidos: são as cores, os odores, os movimentos e os sons. Por conta disso, o autor pontua que não existe uma paisagem, mas sim várias. A construção de diferentes paisagens vai depender do sujeito, na medida em que a apreensão através dos sentidos é "um processo seletivo" (SANTOS, 1988, p. 22). E acrescenta: "Uma paisagem é uma escrita sobre a outra, é um conjunto de objetos que têm idades diferentes, é uma herança de muitos diferentes momentos. Se juntos se mantêm elementos de idades diferentes, eles vão responder diferentemente às demandas sociais [...]" (SANTOS, 1988, p. 23). Portanto, para o autor, a paisagem é uma herança de tempos diferentes, sendo que os elementos desses tempos, de forma conjunta, atendem às demandas sociais presentes em dado momento. Partindo dessa concepção, entende-se que a paisagem está sujeita a mudanças, sendo "[...] um resultado de adições e subtrações sucessivas [...] uma espécie de marca da história do trabalho, das técnicas" que se materializam no visual do espaço (SANTOS, 1988, p. 24).

Seguindo a mesma linha de pensamento de Santos (1988), Lisboa (2020, p. 7) pontua que a paisagem compreende tudo que podemos "[...] perceber e apreender da realidade de determinado espaço geográfico ou parte dele, está diretamente relacionado à sensibilidade humana". A visão que predomina é a de representação da realidade, que pode ser feita por meio de uma fotografia, uma pintura ou um texto; contudo, observa que "[...] outros sentidos também podem participar da identificação da paisagem, introduzindo-se informações como sons e odores na descrição da paisagem" (LISBOA, 2020, p. 27), recursos esses que Lima Barreto soube muito bem explorar em sua obra.

Besse (2014) corrobora essa análise ao dizer que objetivamente a paisagem não existe. Ela é relativa ao que os homens pensam e produzem sobre ela. O autor a define como um véu que "[...] o ser humano coloca entre ele mesmo e o mundo, produzindo, com essa operação, a paisagem propriamente dita" (BESSE, 2014, p. 12-13).

Assim, notamos que a paisagem não é só aquilo que vemos: é também a forma como percebemos e sentimos o espaço que nos cerca. Ela é construída pelos significados, pelas percepções e pelos sentidos, e pode ter diferentes interpretações a depender do sujeito que a vislumbra. Na medida em que entendemos que cada sujeito é forjado em uma circunstância sócio-histórica específica que influencia a sua forma de interpretação, podemos dizer que a paisagem carrega a subjetividade daquele que a aprecia e expressa a forma como esse sujeito vê o espaço e a sociedade que o cerca.

Em sua literatura, Lima Barreto narra as diferentes nuances da paisagem suburbana. Nela o subúrbio carioca desponta como tema, personagem, palco e cenário. É objeto sobre o qual se projeta uma paisagem recortada por desejos, sonhos, projetos de vidas e ambições, mas também duramente marcada pela pobreza, pelo racismo, pela falta de infraestrutura, saneamento e moradia, entre outras questões sociais. De todos os sentidos, o olhar é o que move o entendimento do espaço que Lima nos apresenta.

A paisagem suburbana sob o olhar de lima barreto

O sentido do espaço geográfico na literatura exige que tenhamos domínio dos significados daquela formação espacial na construção da narrativa, visto que a forma como pertencemos a um determinado lugar implica na forma como o representamos e/ou interpretamos. Sendo assim, o espaço na literatura é um "[...] dispositivo que liga sujeitos [autor e leitor], palavra e mundo por meio do olhar" (ALVES, 2013, p. 184).

Na cidade-texto de Lima Barreto, a linha do trem é o eixo de sua narrativa. Nesse cenário, um lugar destaca-se: a estação ferroviária. Na crônica "A Estação", o autor descreve a importância das vias férreas para o desenvolvimento dos subúrbios e a centralidade da Estação não só na mobilidade de seus moradores, mas também nas relações sociais e econômicas dos subúrbios, sendo descrita pelo autor como lugar predileto para os passeios domingueiros, onde nos entornos se aglomeravam as principais casas de comércio, como "[...] os armazéns de comestíveis mais sortidos, os armarinhos, as farmácias, ou açougues e – é preciso não esquecer – a característica e inolvidável quitanda" (BARRETO, 2004, p. 439).

Lima Barreto descreve o traçado suburbano tendo como referência a linha férrea, sendo ela a definidora da malha das ruas e do posicionamento das edificações. Um traço que não é integralmente retilíneo, "[...] um misto de regularidade e irregularidade na estrutura do miolo dos bairros e, sobretudo, nas bordas dos subúrbios" (MEDEIROS; MEDEIROS, 2020, p. 5).

No romance *Triste Fim de Policarpo Quaresma*, o autor retrata com precisão o posicionamento das edificações e o arruamento dos subúrbios cariocas, destacando as irregularidades do traçado e os "azares das construções" irregulares.

> Nada mais irregular, mais caprichoso, mais sem plano qualquer, pode ser imaginado. As casas surgiram como se fossem semeadas ao vento e, conforme as casas, as ruas se fizeram. Há algumas delas que começam largas como *boulevards* e acabam estreitas que nem vielas; dão voltas, circuitos inúteis e parecem fugir ao alinhamento reto com um ódio tenaz e sagrado. Às vezes se sucedem na mesma direção com uma frequência irritante, outras se afastam, e deixam de permeio um longo intervalo coeso e fechado de casas. Num trecho, há casas amontoadas umas sobre outras numa angústia de espaço desoladora, logo adiante um vasto campo abre ao nosso olhar uma ampla perspectiva. Marcham assim ao acaso as edificações e conseguintemente o arruamento (BARRETO, 2018a, p. 285).

Para além das edificações irregulares, esse cenário é recortado pela segregação social que marca as diferentes regiões da cidade. No final do século XIX, os subúrbios eram habitados em sua maioria por proletários, mas uma pequena fração da burguesia, atraída pelos baixos valores dos lotes, passou também a ocupar a região. Compravam porções de terrenos e construíam boas casas, principalmente na Freguesia do Engenho Novo e arredores. Lima Barreto nota essa contradição quando observa que, ao lado das casas humildes de paredes frontais, com uma porta e janela, de repente surge uma casa burguesa: "[...] Dessas de compoteiras na cimalha rendilhada, a se erguer sobre um porão alto com mezzaninos gradeados [...]" (BARRETO, 2018a, p. 285-86).

Segundo Lilian Schwarcz (2017), a linha do trem na obra de Lima Barreto era o elemento que demarcava as diferenças sociais entre o centro e a periferia, os subúrbios; seus trajetos delimitavam as diferenças de classe, raça, gênero e região, "[...] um traçado geográfico, simbólico e identitário que demarca projetos de inclusão e de exclusão social" (SCHARCZ, 2017, p. 123).

Não havia um subúrbio, mas vários. A parada do trem vai diferenciando os subúrbios "melhores" daqueles considerados "piores". Os "melhores" eram aqueles servidos pelas estações onde os trens "diretos" paravam sempre, como as do Engenho de Dentro e de Cascadura. Já os "piores" eram servidos daquelas estações onde o trem não fazia escala, onde o maquinista se detinha por pouco tempo a aguardar o embarque e o desembarque dos passageiros (SCHWARCZ, 2017).

Na crônica "Os Outros", Lima Barreto narra essa disputa entre os bairros suburbanos, sendo a dinâmica da Estação um nivelador do prestígio social do bairro.

> [...] mania dos suburbanos é discutir o merecimento deste subúrbio em face daquele. Um morador do Riachuelo não pode admitir que se o confunda com um do Encantado e muito menos com qualquer do Engenho de Dentro. Os habitantes de Todos os Santos julgam a sua estação excelente por ser pacata e sossegada, mas os do Méier acusam os de Todos os Santos de irem para o seu bairro tirar-lhe o sossego (BARRETO, 1915, *online*).

Sobre a Estação de Todos os Santos, frequentada por Lima, Schwarcz nos traz o seguinte relato:

> [...] era das mais modestas; só tinha a seu favor o fato de ser uma das mais antigas. Fora inaugurada nos idos de 1868 e ainda nos anos 1870 não passava de uma parada rápida. Apenas anos depois, e quando Lima não estava mais vivo para contar, é que se tornou uma estação, no sentido tradicional do termo, contando com bilheteria e alpendre. Mas antes disso, ela guardava sonolenta sua mesma estrutura inicial. [...] O fato de a população ter que atravessar os trilhos a pé representava com certeza um grande risco, mas também levava a uma espécie de desclassificação dentre as estações. E esse era o caso de Todos os Santos que nasceu pequena (SCHWARCZ, 2017, p. 133).

Na descrição da paisagem suburbana, Lima Barreto não perde de vista a desigualdade social expressa pelas condições deploráveis das moradias de boa parte da população, como também os costumes, o modo de vida dos moradores da região. Em *Triste fim de Policarpo Quaresma*, o autor narra o movimento das ruas onde "damas elegantes, com sedas e brocados" caminham evitando que "a lama ou o pó lhes empanem o brilho do vestido". A seguir, descreve como os diferentes grupos sociais se movimentam nesse espaço onde "[...] há operários de tamanco; há mulheres de chita; e assim pela tarde quando essa gente volta do trabalho ou do passeio, a mescla se faz numa mesma rua, num quarteirão, e quase o mais bem posto não é que entra na melhor casa" (BARRETO, 2011, p. 190).

Ao narrar o cotidiano dos moradores e suas profissões, Lima traz à tona mais elementos que revelam desigualdades sociais. Ao relacionar a pobreza das habitações com as ocupações de seus moradores, permite-nos conhecer a dinâmica da demografia dos subúrbios, e assim a apresenta aos leitores: são operários, serventes de repartições públicas, contínuos de escritórios, mas há também, "[...] velhas fabricantes de rendas de bilros, compradores de garrafas vazias, castradores de gatos, cães e galos, mandingueiros, catadores de ervas medicinais, enfim, uma variedade de profissões miseráveis que as nossas pequenas e grandes burguesias não podem adivinhar" (BARRETO, 2011, p. 192).

Além da condição social, a suburbanização era fortemente caracterizada pela cor da pele de seus habitantes. Conforme Medeiros e Medeiros (2020, p. 8), "classe social e cor conformam sistemas distintos de dominação que, associados, reforçam e alicerçam uma estrutura elitista de poder". Em um trecho do romance *Clara dos Anjos*, Lima Barreto fala do sentimento de inferioridade que perpassava a alma suburbana ao narrar a chegada do jovem Cassi Jones ao Centro da cidade "no meio da multidão que jorrava das portas da Central" e a sensação de estranheza que o rapaz sentiu ao pisar naquele lugar.

> [...] A sua sensação era que estava numa cidade estranha. No subúrbio tinha os seus ódios e os seus amores; no subúrbio tinha os seus companheiros, e a sua fama de violeiro percorria todo ele, e, em qualquer parte, era apontado; no subúrbio, enfim, ele tinha personalidade, era bem Cassi Jones de Azevedo; mas, ali, sobretudo do Campo de Sant'Ana para baixo, o que era ele? Não era nada. Onde acabavam os trilhos da Central, acabava a sua fama e o seu valimento; a sua fanfarronice evaporava-se, e representava-se a si mesmo como esmagado por aqueles "caras" todos, que nem o olhavam [...] (BARRETO, 2017, não paginado).

Sobre a relação entre espaço e classe e seus reflexos na paisagem urbana, podemos dizer que a reforma do início do século XX realizada por Pereira Passos foi mais que uma questão de ordenamento espacial: foi um ato político. Tal compreensão ganha respaldo em Medeiros e Medeiros (2020, p. 5), ao afirmarem que o lugar no qual a organização social acontece, seja ela com fim "[...] integrador ou segregador, inclusivo ou excludente, estará orientado de acordo com a aspiração à redistribuição da qualidade de vida ou com a perpetuação da exclusão e do domínio dos poderes". Para Lefebvre (2001, p. 25), a suburbanização é um modo de alienar o trabalhador da vida citadina, que, afastado da cidade, acaba perdendo "o sentido da obra", deixando "esfumar em sua consciência a capacidade criadora".

Na crônica "Bailes e divertimentos suburbanos", Lima Barreto reflete sobre a vida suburbana que "não se diverte mais", onde a rotina dos deslocamentos entre casa e trabalho afasta o trabalhador dos divertimentos urbanos, reduzindo o seu tempo de lazer e levando-o a embriagar-se para esquecer das adversidades. Por isso, ao iniciar o parágrafo, Lima é categórico ao afirmar que "O subúrbio não se diverte mais"; e segue:

> [...] a vida é cara e as apreensões muitas, não permitindo prazeres simples e suaves, doces diversões familiares, equilibradas e plácidas. Precisa-se de ruído, de zambumba, de cansaço, para esquecer, para espançar as trevas que em torno da nossa vida, mais densas se fazem, dia para dia, acompanhando "pari-passu" as suntuosidades republicanas (BARRETO, 2004, p. 504).

Nessa crônica, Lima também faz uma crítica à influência norte-americana na cultura popular suburbana que "não mais se diverte inocentemente". Um subúrbio que, segundo Lima:

> [...] se atordoa e se embriaga não só com o álcool, com a lascívia das danças novas que o esnobismo foi buscar no arsenal da hipocrisia norte-americana. Para as dificuldades materiais de sua precária existência, criou esse seu paraíso artificial, em cujas delícias transitórias mergulha, inebria-se minutos, para esperar, durante horas, dias e meses, um aumentozinho de vencimentos [...] (BARRETO, 2004, p. 504).

A relação dos sujeitos com a segregação urbana é uma questão que ganha destaque na obra, assim como a questão dos costumes, já que na cena suburbana de então a herança da cultura rural ainda se fazia presente, como levar a pé o caixão até o cemitério, conforme o autor nos relata na crônica "Enterros de Inhaúma".

> [...] Certamente há de ser impressão particular minha não encontrar no cemitério municipal de Inhaúma aquele ar de recolhimento, de resignada tristeza, de imponderável poesia do Além, que encontro nos outros. Acho-o feio, sem compunção com um ar momo de repartição pública; mas se o cemitério me parece assim, e não me interessa, os enterros que lá vão ter, todos eles, aguçam sempre a minha atenção quando os vejo passar, pobres ou não, a pé ou em coche automóvel. A pobreza da maioria dos habitantes dos subúrbios ainda mantém neles esse costume rural de levar a pé, carregados a braços, os mortos queridos (BARRETO, 2004, p. 504).

Em *Clara dos Anjos*, temos outra narração de um enterro no Cemitério de Inhaúma, em que Lima destaca alguns costumes dos moradores e o descaso do poder público com aquela parte da cidade, o que dificultava inclusive o acesso ao cemitério:

> [...] Os enterros da gente mais pobre são feitos a pé, e é fácil imaginar como chegam, os que carregam o morto, no campo-santo municipal. Quem passa por aqueles caminhos, quase sempre topa com um. Os de "anjos" são carregados por moças e os destas também pelas da sua idade. Não há, para elas, nenhuma toilette especial. Levam a mesma que para os bailes e mafuás; e lá vão de rosa, de azul-celeste, de branco, carregando a pobre amiga, debaixo de um sol inclemente, e respirando uma poeira de sufocar; quando chove, ou choveu recentemente, carregam o caixão aos saltos, para evitar atoleiros e poças d'água (BARRETO, 2017, não paginado).

O descaso do poder público com o saneamento e arruamento dos bairros do subúrbio, predominantemente ocupado por trabalhadores que necessitavam da via férrea para cruzar os inúmeros bairros até chegar à região central da cidade, também é narrado com detalhe pelo autor nas páginas seguintes do romance. Nota-se que Lima prefere descrevê-lo mesclando aspectos culturais e espaciais.

> Mais ou menos é assim o subúrbio, na sua pobreza e no abandono em que os poderes públicos o deixam. Pelas primeiras horas da manhã, de todas aquelas bibocas, alforjas, trilhos, morros, travessas, grotas, ruas, sai gente, que se encaminha para a estação mais próxima; alguns, morando mais longe, em Inhaúma, em Caxambi, em Jacarepaguá, perdem amor a alguns níqueis e tomam bondes que chegam cheios às estações. Esse movimento dura até às dez horas da manhã e há toda uma população de certo ponto da cidade no número dos que nele tomam parte. São operários, pequenos empregados, militares de todas as patentes, inferiores de milícias prestantes, funcionários públicos e gente que, apesar de honesta, vive de pequenas transações, do dia a dia, em que ganham penosamente alguns mil-réis (BARRETO, 2017, não paginado).

Na literatura de Lima Barreto, a suburbanização é um elemento de segregação, o que faz com que o morador do subúrbio carregue consigo o estereótipo da pobreza e da falta de educação. Mas além da condição social, a suburbanização era fortemente caracterizada pela cor da pele de seus habitantes (MEDEIROS; MEDEIROS, 2020). Seus personagens, como Escrivão Isaías Caminha e Clara dos Anjos, viveram situações em que o racismo estrutural aflorava. No romance *Recordações do Escrivão Isaías Caminha*, o autor descreve a reação de Isaías ao saber que é suspeito do crime de roubo. No romance, o inspetor Raposo chama Isaías de "mulatinho".

> Não tenho pejo em confessar hoje que quando me ouvi tratado assim, as lágrimas me vieram aos olhos. Eu saíra do colégio, vivera sempre num ambiente artificial de consideração, de respeito, de atenções comigo; a minha sensibilidade, portanto, estava cultivada e tinha uma delicadeza extrema que se ajuntava ao meu orgulho de inteligente e estudioso, para me dar não sei que exaltada representação de mim mesmo, espécie de homem diferente do que era na realidade, ente superior e digno a quem um epíteto daqueles feria como uma bofetada [...] (BARRETO, 2018b, v. 1, p. 68).

Tal como Isaías, a personagem Clara do romance *Clara dos Anjos* também vivia em um "ambiente artificial", numa casa no subúrbio, protegida pelos pais. Lima descreve Clara da seguinte forma: "A única filha do carteiro, fora criada com o recato e os mimos que, na sua condição, talvez lhe fossem prejudiciais" (BARRETO, 2017, não paginado). A superproteção dos pais fez de Clara uma moça ingênua, o que a impediu de perceber que estava sendo seduzida por Cassi Jones, violeiro convidado para tocar na festa de aniversário da moça.

Nessa parte da narrativa, Lima deixa sublimado que realizar um "bom casamento" era um dos caminhos buscados pelas moças pobres dos subúrbios – uma estratégia de mobilidade social –, mas a ingenuidade de Clara não a fez perceber que Cassi Jones não era um "bom partido".

> [...] [o] coração das pobres moças daquelas paragens, nas quais a pobreza, a estreiteza de inteligência e a reduzida instrução concentram a esperança de felicidade num Amor, num grande e eterno Amor, na Paixão correspondida. Sem ser psicólogo nem coisa parecida, inconscientemente, Cassi Jones sabia aproveitar o terreno propício desse mórbido estado d'alma de suas vítimas, para consumar os seus horripilantes e covardes crimes; e, quase sempre, o violão e a modinha eram seus cúmplices (BARRETO, 2017, não paginado).

O envolvimento com Cassi Jones fez com que Clara perdesse sua honra perante a sociedade suburbana, já que o rapaz a "deflorou" e fugiu. Esse fato colocava Clara dentre os "infelizes" que habitam os subúrbios, uma vez que, na concepção do narrador, como uma moça "[...] vinda de um seio familiar composto por um carteiro e uma dona de casa, Clara não estava entre as famílias mais prestigiadas do subúrbio carioca. Então, estar entres os infelizes do subúrbio não era tão novidade assim para ela" (SANTOS, 2019, p. 4227).

Conforme nos chama a atenção Santos (2019), ao definir o subúrbio como "refúgio dos infelizes" (BARRETO, 2017), Lima demonstra, por meio de suas narrativas, "[...] como as histórias dos personagens que moram no subúrbio [são] parte indissociável da produção e reprodução de tal espaço" (SANTOS, 2019, p. 2428).

O conceito de subúrbio carioca refletido em sua literatura é completamente diferente do sentido original do termo surgido na Europa e nos EUA, segundo o qual é definido como um espaço geográfico "situado à margem, nas bordas, na periferia, localizado extramuros da cidade" ou como "um espaço produzido junto à cidade e tão antigo quanto ela, mas que, por sua localização geográfica, tipo e forma de uso, não se confunde nem com a paisagem nem com o espaço considerado urbano" (FERNANDES, 2011 *apud* SANTOS, 2019, p. 2429).

Nessa direção, compartilhamos das reflexões de Santos (2019), para quem o conceito de "subúrbio carioca" está mais intimamente ligado a uma ideologia do que a uma delimitação territorial. A vida de seus moradores, a forma como se relacionam, sonham, solidarizam-se e divertem-se, mostram que os subúrbios do Rio de Janeiro têm uma forma urbana singular, que não é, necessariamente, reproduzida pelas mesmas características das áreas centrais da cidade.

Conclusão

Este artigo teve como eixo norteador a expansão urbana da cidade do Rio de Janeiro e o desenvolvimento do subúrbio carioca, conceito que é próprio dessa cidade, cuja paisagem foi inspiração para Lima Barreto. Pautou-se em uma preceptiva analítica que considera a literatura como uma importante fonte de informação para o conhecimento do espaço e da paisagem urbana, configurando-se como uma maneira significativa de compreender a cidade e sua sociedade.

Trilhamos o caminho esboçado por Alves (2013), no sentido de buscar um diálogo entre Literatura e Geografia sem hierarquizar esses dois campos, mas aproximando-os por meio da "geografia literária", corrente teórica que considera a dimensão espacial da literatura uma representação do espaço, que se dá contextualizada, material e simbolicamente, à realidade vivida pelo autor (SILVA, 2014).

A partir do olhar atento e observador de Lima Barreto, que faz de sua narrativa uma etnografia da cidade, conhecemos diferentes perspectivas da paisagem dos subúrbios cariocas do início do século XX. Sua obra pontua situações de segregação socioespacial, econômica e racial em um contexto de "cidade partida", entre o centro e suas periferias: os subúrbios. As contradições que envolvem esses dois cenários, seus personagens e seus cotidianos é inspiração para Lima Barreto, cuja prosa envolve elementos reais e ficcionais que denunciavam problemas sociais graves que se adensaram com a Reforma Pereira Passos, que provocou o deslocamento forçado de muitos trabalhadores do centro para os subúrbios. Essa distinção social é capturada com muita sensibilidade em seus escritos: são narrativas que retratam os subúrbios como um espaço amplo, desordenado e carente de infraestrutura e saneamento, povoado por uma população que sofre com as desigualdades.

O processo de suburbanização expressa a negação do direito à cidade. Por isso, quando Lima diz ser uma infelicidade morar no subúrbio, ele se refere às negações as quais essa população era submetida (SANTOS, 2020); um processo de exclusão e segregação socioespacial que se tornou uma regra para o desenvolvimento do modelo de cidade capitalista (LEFEBVRE, 2001).

Nos escritos de Lima Barreto, a especificidade do subúrbio carioca vai além das diferenças geográficas que abarcam a relação de subordinação centro-periferia. Ele não se desenvolveu nos arredores da cidade, mas de forma retilínea, seguindo os contornos da linha férrea. Além dessa singularidade, o conceito "subúrbio carioca" carrega subjetividades, expressa uma cultura particular, um modo de vida que transita entre o rural e o urbano, entre o moderno e o arcaico, contrastes que manifestam uma sociabilidade marcada pelo convívio entre grupos sociais de diferentes frações de classe – o funcionário público, o comerciante, o operário, a burguesia. Sua geograficidade traz as marcas de um processo de construção de um espaço urbano desigual, cujo abandono por parte do poder público se reflete ainda nos dias de hoje.

Referências

ALVES, Ida. Em torno da paisagem: literatura e geografia em diálogo interdisciplinar. *Revista da Anpoll*, Brasília, DF, v. 1, n. 35, p. 181-202, 2013. Disponível em: https://doi.org/10.18309/anp.v1i35.650. Acesso em: 18 mar. 2022.

AZEVEDO, Renan Caldas Galhardo; ABRANCHES JUNIOR, *Nilton*. Novas Interpretações nas Paisagens do Subúrbio Carioca: da fábrica ao ócio, do labor ao lazer. *Espaço Aberto*, Rio de Janeiro, v. 5, n. 2, p. 79-94, 2015.

BARRETO, Lima. *Clara dos Anjos* [E-book]. Belo Horizonte: Autêntica, 2017.

BARRETO, Lima. A Estação. In: REZENDE, Beatriz; VALENÇA, Rachel (orgs.). *Toda crônica*: Lima Barreto. Rio de Janeiro: Agir, 2004.

BARRETO, Lima. Os outros. *Careta*, Rio de Janeiro, 11 dez. 1915. Disponível em: http://memoria.bn.br/DocReader/docreader.aspx?bib=083712&pasta=ano%20191&pesq=&pagfis=13066. Acesso em: 18 mar. 2022.

BARRETO, Lima. Recordações do Escrivão Isaías Caminha. In: *Lima Barreto*: obra reunida. Rio de Janeiro: Nova Fronteira, 2018b. v. 1.

BARRETO, Lima. Triste Fim de Policarpo Quaresma. In: *Lima Barreto*: obra reunida. Rio de Janeiro: Nova Fronteira, 2018a. v. 1.

BARRETO, Lima. *Triste fim de Policarpo Quaresma*. São Paulo: Cia. das Letras, 2011.

BESSE, Jean-Marc. O gosto do mundo: exercícios de paisagem. Rio de Janeiro: EdUERJ, 2014.

LEFEBVRE, Henri. *O direito à cidade*. São Paulo: Centauro, 2001.

LISBOA, Severina Sarah. A importância dos conceitos da geografia para a aprendizagem de conteúdos geográficos escolares. *Revista Ponto de Vista*, Viçosa, MG, v. 4, n. 1, p. 25-35, 2020.

MAIA, João Luis de Araújo; CHAO, Adelaide Rocha de la Torre. Subúrbio carioca: conceitos, transformações e fluxos comunicacionais da cidade. *Conexão, Comunicação e Cultura*, Caxias do Sul, v. 15, n. 29, p. 147-165, 2016.

MATTOSO, Rafael. A Cultura Urbana nos Subúrbios Cariocas: uma análise das relações de sociabilidade suburbanas ao longo do século XX. *Anais [...]*. In: ENCONTRO DE HISTÓRIA DA ANPUH-RIO: HISTÓRIA E PARCERIAS, 18. Niterói, UFF/ANPUH, 2018.

MEDEIROS, Juliane Porto Cruz de; MEDEIROS, Ana Elisabete de Almeida. Os subúrbios cariocas no olhar de Lima Barreto. *Anais [...]* In: ENCONTRO ASSOCIAÇÃO NACIONAL DE PESQUISA E PÓS-GRADUAÇÃO EM URBANISMO, 6. Brasília: UNB, 2020.

SANTOS, Bruno Luís de Souza Félix dos. Suburbanos infelizes, favelados despejados: o ensino de cidade através da literatura negra. In: SIMPÓSIO NACIONAL DE GEOGRAFIA URBANA, 17. De 14 a 17 novembro de 2019. *Anais [...]*. Vitória: UFES, 2019.

SANTOS, Milton. *Pensando o espaço do homem*. 4. ed. São Paulo: Hucitec, 1997.

SANTOS, Milton. *Metamorfoses do espaço habitado:* fundamentos teórico e metodológico da geografia. São Paulo: Hucitec, 1988.

SCHWARCZ, Lilian Moritz. Da minha janela vejo o mundo passar: Lima Barreto, o centro e os subúrbios. *Estudos Avançados*, São Paulo, v. 31, n. 91, p.123-142, 2017.

SILVA, Adriana Carvalho. O subúrbio carioca em Dom Casmurro: o diálogo entre geografia e literatura como metodologia de ensino de geografia. *Revista de Estudos e Pesquisas em Ensino de Geografia*, Florianópolis, v. 1, n. 1, p. 1-22, 2014.

CARMEM NEGREIROS[1]

Babel de imagens: a explosão das ruas no Rio de Janeiro da *Belle Époque*

> "No chão da aldeia tupinambá virada em cais do Valongo, a morte, convidada de honra que deveria campear soberana na nossa história, insiste, mas morre – sim, a morte morre – na rua."
> LUIZ ANTONIO SIMAS, *O corpo encantado das ruas*, p. 14.

O período entre as décadas finais do século XIX e as do início do século XX apresenta questões seminais da modernidade brasileira, entre elas, as disputas da literatura com outras linguagens vindas da imprensa, da técnica, do entretenimento, da ciência. Não à toa o local de trabalho do escritor será a rua. Muito além de uma época de frivolidades e de "sorrisos" assistimos à reorganização de conhecimentos, linguagens, espaços, redes de comunicação e também da percepção da subjetividade. O Rio de Janeiro é o cenário, no Brasil, desse processo de rápidas mudanças a partir das reformas urbanas que transformam a cidade em poderoso centro de produção cultural no país.

---

1. Professora associada da UERJ e bolsista CNPq e do programa Prociência FAPERJ/UERJ. Doutora e mestre em Teoria Literária pela UFRJ. Possui artigos publicados sobre Lima Barreto e, entre os livros, destacam-se o volume *Lima Barreto, caminhos de criação* (em parceria com Ceila Ferreira, EDUSP, 2017) e *Lima Barreto em quatro tempos* (Relicário, 2019). Coordena o LABELLE- UERJ (Laboratório de estudos de literatura e cultura da *Belle Époque* http://labelleuerj.com.br).

Por isso é preciso lembrar da coragem de artistas, escritoras e escritores da *Belle Époque* para se posicionar diante das questões de seu tempo e tomar de assalto os espaços da cultura midiática nascente, a audácia para incorporar as novas tecnologias, a disposição para expor-se a novas experiências – em presídios, redações de jornais, cassinos, hospícios, cabarés, os vários recantos e horários das ruas – e medir a temperatura das novas sociabilidade e sensibilidade para ampliar os recursos da linguagem literária. Não se intimidaram frente aos desafios e impasses do novo. Nesse contexto, atrair o leitor e oferecer-lhe uma experiência que abalasse os nervos (já tão intensamente abalados pela modernização) junto com o mapa – físico e sensorial – da cidade não era tarefa fácil. Mas não fugiram do desafio. Tudo muito diferente do proposto pela crítica canônica que caracteriza o ambiente literário da *Belle Époque* como marcado pela "penúria cultural" que leva a elite artística a não ter "meios de encarar criticamente a si mesma", pressupondo que o distanciamento do "povo inculto" garantiria para a mesma elite "uma posição de atitude absoluta" (CANDIDO, 1989, p.148). Ponto de vista crítico que nega o constante diálogo, no período, entre linguagens e culturas.

E vale dizer, escritoras, e muitas, com muito prestígio, talento e popularidade, aceitaram a novidade da proposta e a ela deram forma em suas obras. Tudo acontecendo em meio ao turbilhão da cena urbana, como observou Adelino Magalhães "Naquele café, quantas visões diversas diante de cada par de olhos – quantas visões sensacionais ou mansas ou dolorosas, perversas ou emotivas!" (MAGALHÃES, 1963, p. 312).

Se para o poeta e escritor há visões diferentes da cidade "a cada par de olhos" é preciso compreender a rede de escrituras ocultas e simbólicas que se entrecruzam no espaço urbano, compondo uma história múltipla, muito além dos critérios geográfico-espaciais que mapeiam as estruturas urbanas. É preciso pensar a cidade como lugar para habitar e para ser imaginado (CANCLINI, 1997, p. 109) a partir de relatos e imagens compartilhados por meio de textos e livros, filmes, exposições, jornais e, hoje, por um complexo midiático, da TV à internet. Um conjunto poderoso que projeta o imaginário em interações cotidianas, criando mapas mentais da vida urbana. Por isso, "a identidade fornecida por esse lugar – a cidade – é tanto mais simbólica" quanto "um universo de locações frequentadas por um não-lugar ou por lugares sonhados" (CERTEAU, 1994, p.183). A cidade é feita, portanto, da bricolagem de lugares e histórias fragmentadas, de tempos empilhados, de formas variadas de lidar com o espaço frente às normas e impasses da norma construída. E, por isso, pode- se perguntar: Que histórias contam as narrativas disseminadas no formato de crônicas literárias, nas décadas iniciais do século XX, sobre a cidade do Rio de Janeiro? Podem as crônicas, publicadas nos jornais, revelar a tensão entre a cidade imaginada e as práticas oficiais de organização do espaço? E, ainda, podem as crônicas religar fragmentos de lugares semânticos dispersos? Que imagens e imaginários produzem disputas no desenho do tecido urbano?

Para refletir sobre essas questões, este capítulo divide-se em tópicos para pensar a rua como espaço de criação para a crônica; para tratar do entrecruzamento de imagens e imaginários nos muros e paredes da cidade, visualizados pelo cronista João do Rio [Paulo Barreto] [2] e, por último, mostrar a explosão de (re)invenção e sobrevivência ou "a alma" da rua. Explosão criativa apreendida pelo escritor carioca porque ele a vê com os olhos de leitor, de obras desde Victor Hugo, Theodore de Banville,[3] Dickens, Zola, Mark Twain, Enrique Gómez Carrilo[4] e tantos outros.

A rua, espaço de criação

Se as cidades não são apenas fenômenos físicos é muito importante considerar que, ainda na *Belle Époque*, há intensa circulação de imagens síntese que pretendem racionalizar o espaço e outras, advindas de grupos sociais hetero-

---

2. João do Rio, pseudônimo de João Paulo Alberto Coelho Barreto (1881-1921) consagrado como o cronista do Rio de Janeiro na *Belle Époque*. Jornalista e escritor de talento multifacetado, com obras que vão de reportagens e enquetes como *As religiões do Rio*(1904), *O momento literário* (1905), *Fados, canções e danças de Portugal* (1910) até contos, romances, peças teatrais e crônicas entre os quais destacam-se: *Dentro da noite*(1910), *A profissão de Jaques Pedreira* (1911), *A alma encantadora da rua*(1908), *Cinematographo*(1909) entre muitas outras.
3. Theodore de Banville (1823-1891), autor de *L'Âme de Paris* (1890).
4. Enrique Gómez Carrillo (1873-1927) publica em 1902 *El alma encantadora de Paris* e *El modernismo* (1905), entre outros.

gêneos, que interagem com as imagens oficiais. Sobretudo nas crônicas publicadas nos jornais e revistas, é possível visualizar esse processo tenso de negociações e transgressões, negação e ou afirmação entre imagens – as hegemônicas e dominantes e aquelas que partem dos imaginários urbanos diversos. O amálgama dessas imagens constroi a rede de significações da vida urbana.

No mesmo período, os jornais representam um relevante meio de circulação dos imaginários que tecem a cidade. Os traços de empresa capitalista já aparecem na relação do jornal com os leitores e na divisão interna de trabalho. No interior das redações, na especialização de funções e divisões de poder, percebe-se "uma lógica de sentido profundamente fragmentária [...] constituída por uma acumulação de fragmentos de códigos, em que as linguagens se superpõem, se justapõem ou simplesmente se misturam, com discursos de todos os tipos e procedência histórica, impossível de definir" (RAMOS, 2008, p. 143). Com as inovações técnicas que revolucionam os métodos de impressão, o crescimento das tiragens, a eficácia na distribuição e a organização de funções, vem em primeiro plano a informação, ao lado de nova categoria de jornalistas profissionais, caricaturistas e ilustradores. O incremento de novas seções, como moda e entretenimentos diversos, com ilustrações gráficas e fotografia, é estratégia comercial para a mobilização de lucros.

E, nesse contexto, a imprensa realiza um processo de mão dupla em relação à cidade. Miniaturiza o espaço urbano pois o formato do jornal já traz, em mosaico, fragmentos heterogêneos de tempos e espaços, incorporando a descontinuidade e a fragmentação do espaço urbano, na mesma medida em que o amplifica por meio de processos típicos da mídia como arquivamento, transmissão e processamento de informações (KITTLER, 2017, p. 243). Então, enquanto mídia, o jornal representa a miniatura do espaço e do tempo da cidade na mesma proporção em que aciona, nos sujeitos, a imaginação sobre como participar e/ou negociar – acerca das benesses e perdas da modernidade – com a elite que não deseja ver, sobretudo, pobres e pretos como concidadãos.

E, nos jornais, a crônica realiza a mediação com o leitor, apresentando-lhe as novas experiências na cidade e os impasses diante das marcas da tradição e suas marcas indeléveis. Tudo feito num ambiente de reorganização do campo intelectual, com deslocamento do prestígio do literato na disputa com outras formas de discurso e poder. A afirmação do cronista mais famosos do período, João do Rio, na abertura de *Vida Vertiginosa* esclarece o papel da crônica e a função do cronista. "Este livro, como quantos venho publicando, tem a preocupação do momento. Talvez mais que os outros. O seu desejo ou a sua vaidade é trazer uma contribuição de análise à época contemporânea, suscitando um pouco de interesse histórico sob o mais curioso período da nossa vida social que é o da transformação atual de usos, costumes e ideias" (RIO, 2006, p.05).

Logo, a rua torna-se o local de trabalho e criação e, desse observatório, o cronista procura compreender a tensão entre a imagem síntese da cidade-progresso e os imaginários que os diferentes usuários do espaço urbano criam e fomentam para conferir sentido ao seu habitar. E é novamente João do Rio [Paulo Barreto] quem revela a ligação visceral com a rua, uma vez que cronista e rua são como "irmãos parecidos, iguais". E completa, afirmando que, para captá-la, é preciso exercitar a arte de flanar, ser "vagabundo", "basbaque", mas sobretudo é preciso "perambular com inteligência" (RIO, 2009, p. 28). Isso significa observar, sentir no corpo os abalos da rua, abrir a sensibilidade para olhar e ver os pequenos gestos, enxergar personagens invisíveis e reconfigurar a linguagem literária porque "há uma estética da rua". E "flanar é a distinção de perambular com inteligência. Nada como o inútil para ser artístico" (RIO, 2009, p. 28). Para o cronista, a rua é o mais intenso motivo emocional da arte urbana.

> Os artistas modernos não se limitam a exprimir os aspectos proteiformes da rua, a analisar traço por traço o perfil físico e moral de cada rua. Vão mais longe, sonham a rua ideal, como sonharam um mundo melhor. William Morris,[5] por exemplo, imaginou nas *Novelas de parte alguma* a rua socialista e rara, com edifícios magníficos, sem mendigos, sem dinheiro. Rimbaud,[6] nas *Illuminations*, teve

---

5. Williams Morris (1834-1896), poeta, tradutor, romancista e ativista socialista inglês. A obra citada no texto de João do Rio foi traduzida como *Notícias de nenhum lugar ou uma época de tranquilidade. Um romance utópico* por Paulo Cezar Castanheira com a supervisão de Sandra Vasconcelos. Contou, ainda, com introdução de Leandro Konder e Michael Lowy, publicada em São Paulo pela editora Expressão Popular em 2019.

6. Arthur Rimbaud (1854-1891), poeta cuja atuação firmou um marco de cisão e vertigem na história da literatura e no pensamento da modernidade. Sua voz poética ressoa em conceitos construídos a partir de expressões tais como: *changer la vie*, *alchimie du verbe* e *Je est un autre, entre outros, contidas nas* chamadas "Cartas do Vidente", de 13 e 15 de Maio de 1871, onde

> a ideia da rua babélica, reproduzindo nos edifícios, sob o céu cinzento, todas as maravilhas clássicas da arquitetura. Bellamy,[7] no *Locking Backward*, já sonhava o agrupamento dos grandes armazéns; e hoje, entre essas ruas de sonho, que Gustavo Khan[8] considera as ruas utópicas e que talvez se tornem realidade um dia, é o estranho e infernal sulco descrito por Wells[9] na *História dos tempos futuros*, rua em que tudo dependerá de sindicatos formidáveis, em que tudo será elétrico, em quem os homens, escravos de meia dúzia, serão como os elos de uma mesma corrente arrastados pelo trabalho através dos casarões.
>
> (...) Neste elogio, talvez fútil, considerei a rua um ser vivo, tão poderoso que consegue modificar o homem insensivelmente e fazê-lo o seu perpétuo escravo delirante, e mostrei mesmo que a rua é o motivo emocional da arte urbana mais forte e mais intenso (RIO, 2009, p. 44-45).

Assim, a rua é fator de arrebatamento, êxtase, convulsão e, nesse contexto, o espaço é totalmente penetrado e moldado por influências e relações distantes. Isso porque na modernidade "o que estrutura o local não é somente o que está presente em cena; a forma visível do local oculta as relações distanciadas que determinam sua natureza" (GIDDENS, 1991, p. 27). O que quer dizer que os acontecimentos locais são moldados por eventos que ocorrem a milhares de distância porque a modernidade arranca o tempo do espaço, produzindo uma relação peculiar entre "outros ausentes, localmente distantes". A coordenação através do tempo é a base do controle do espaço (ibid, p. 26). Então, se os locais são moldados e penetrados por influências sociais bem distantes de-

---

Rimbaud propõe a experiência poética como o processar mágico e alquímico de um *imenso e racional desregramento de todos os sentidos* na busca incessante do sentimento e da transgressão de todas as sensações, que a consciência do eu ser um outro torna possível. Ver mais em: https://modernismo.pt/index.php/a/529-arthur-rimbaud-1854-1891.

7. Edward Bellamy (1850-1898), autor de *Looking Backward 2000* (1887-1888), em que faz a descrição utópica de um estado socialista e a sequência *Equality* ainda sem tradução para o português.

8. Gustave Kahn (1859-1936), poeta e crítico de arte francês, defensor do "verso livre" e autor de *Symbolistes et decadentes* (1902), entre outras obras.

9. Herbert George Wells (1866-1946), autor de romances de ficção científica e distopias como *The time machine, The island of Doctor Moreau, The war of the worlds, The first men in the moon* etc.

les, seria possível moldar e segmentar espaços da cidade, sem a contaminação de imaginários diversos, entre ricos e pobres, cidadãos e estrangeiros etc?

Além disso, os jornais e as novas tecnologias ajudam a rasurar as fronteiras de tempo e espaço produzindo justaposição de dados, imagens, informações, cenas através da multiplicação de perspectivas. Por consequência, há um reposicionamento do observador, consciente da importância do seu corpo para a produção do conhecimento. Ambos interferem na apreensão do objeto tanto quanto a experiência com o tempo, especialmente num contexto de aceleração e desaceleração oferecido pelas tecnologias. Um mundo, enfim, em que tudo ganha movimento e está em circulação com o incremento da exigência sensorial na realidade urbana, das reflexões sobre o sujeito na filosofia, das pesquisas sobre a visão e modos de ver. "O olhar ganha uma mobilidade e intercambialidade sem precedentes, abstraído de qualquer referente ou lugar (...). Não há mais um acesso único a um objeto, a visão é sempre múltipla, adjacente, sobrepondo outros objetos" (PEIXOTO, 1996, p. 82).

Por isso, dialogando com os recursos das diferentes tecnologias que permitem visualizar sobreposições e montagens, João do Rio mostra aos leitores, em algumas situações nas crônicas, cenas da cidade com indefinidas e poéticas extensões de tempo e espaço.

> Era às seis da tarde, defronte do mar. Já o sol morrera e os espaços eram pálidos e azuis. As linhas da cidade se adoçavam na claridade de opala da tarde maravilhosa. Ao longe, a bruma envolvia as fortalezas, escalava os céus, cortava o horizonte numa longa barra cor de malva e, emergindo dessa agonia de cores, mais negros ou mais vagos os montes, O Pão de Açúcar, S. Bento, o Castelo apareciam num tranquilo esplendor. [...] A aragem rumorejava em cima a trama das grandes mangueiras folhudas, dos tamarindeiros e dos *flamboyants*, e a paisagem tinha um ar de sonho. Não era a praia dos pescadores e dos vagabundos tão nossa conhecida, era um trecho de Argel, de Nice, um panorama de visão sob as estrelas douradas (RIO, 2009, p. 91),

O olhar do cronista vê o cenário da praia dos pescadores, espraia-se nas montanhas, acompanha a suavidade do vento e alcança Argel, Nice. Bela associação entre o imaginário literário e o olhar mediado pela técnica.

Imaginários urbanos em muros e paredes

Escrever a partir da rua significa também expor a tensão entre a imagem urbana da cidade do progresso e do moderno e os imaginários, isto é, os pontos de vista desiguais que estabelecem identidades, conflitos, diferenças na construção simbólica da realidade urbana. À imagem síntese da cidade (civilizada, moderna) são acrescidos, de forma transversal, os processos de produção dos imaginários sociais diversos (LACARRIEU, 2007, p. 54). Numa via de mão dupla, a imagem urbana de progresso e ordem se manifesta em indicadores visíveis e reais porque os sujeitos, habitantes da cidade, as incorporam. Nesse sentido, os variados pontos de vista compartilhados por diferentes grupos sociais, que formam os imaginários urbanos, põem em movimento, e em disputa, a política de lugares contida na construção simbólica oficial. Assim, a imagem legitimada que organiza, controla e racionaliza o espaço urbano é contínua e intensamente rasurada, ampliada, questionada ou recriada por imagens transgressoras, produto da imaginação dos habitantes no desenvolvimento de suas práticas sociais (idem, p. 55).

Esse processo tenso é em geral lido a partir da visão da cidade cindida que separa, de um lado, a cultura oficial e, de outro, as expressões culturais marginalizadas e/ou invisibilizadas. Mas, as crônicas literárias nos jornais aprofundam a percepção desse movimento, não de cesura, mas de intercâmbio dinâmico e intenso entre a imagem síntese hegemônica - que paradoxalmente organiza imaginários sociais - e é também por eles questionada, rasurada e realimentada. Dito de outra maneira, se as fotografias, reportagens, reformas do espaço público, vitrines, automóveis, bondes e trens desenham a cidade do progresso, e seus lugares de poder, os imaginários sociais diversos perspectivam os sentidos desses lugares, ressignificando a imagem síntese da cidade. E a crônica literária se aproxima da complexidade dessas trocas e redes lançadas no espaço urbano, feito de sólidas construções arquitetônicas e largas fatias de imaginação.

Por isso, a crônica literária não informa simplesmente sobre a cidade, mas "conjetura, inventa, tornando a crônica em última instância um relato ficcional" (RAMOS, 2008, p. 151). Um misto de leitura agradável, com futilidade, informação, cenas de violência e/ou conversa ao pé do ouvido com a finalidade de produzir empatia contando a vida do outro enquanto produz um saber sobre as classes sociais mais baixas. Minimiza com essa estratégia a ideia de periculosidade e risco que essas classes possam sugerir aos leitores. E, ao caminhar pela cidade, um cronista como João do Rio converte-a em matéria de consumo e, ao mesmo tempo, expande os limites de sua interioridade, isto é, quando mostra o outro, e suas histórias, também configura o seu lugar, quer como observador, crítico, admirador mas, sobretudo, expõe o seu olhar de curiosidade e desejo de compreender a "alma" das ruas.

Crônica e cronista tornam-se "um fato moderno, submetendo-se aos choques da novidade, ao consumo imediato, às inquietações de um desejo sempre insatisfeito, à rápida transformação e à fragilidade da vida moderna, tal como esta se reproduz nas grandes metrópoles do capitalismo industrial e em seus espaços periféricos" (ARRIGUCCI, 1987, p. 53). Se os jornais promovem a articulação do espaço e a circulação de imagens da vida urbana, os cronistas criam a ponte entre os cenários de modernização e o leitor, levando-lhe referências visuais e sensíveis para fomentar o imaginário e problematizar os impasses de viver em uma metrópole que propaga a imagem de progresso e cosmopolitismo.

Diante de uma ordem espacial que organiza um conjunto de lugares, o cronista enquanto caminhante desloca espaços, leva-os ao esquecimento, lança suspeita, transgride realizando "uma retórica da caminhada" porque "a arte de moldar frases tem como equivalente a arte de moldar percursos" (CERTEAU, 1994, p. 179). Se o usuário da cidade e o cronista circulam por diferentes espaços e compartilham relatos da experiência, também dividem sensações de espaços que ainda não pisaram.

Vale a pena acompanhar o interessante processo de apropriação e crítica, de negociação e transgressão entre símbolos do progresso, como a Avenida Central, e as diferentes imagens forjadas pelos imaginários sociais. O autor de *A alma encantadora das ruas* realça as estratégias da imaginação que os habitantes da cidade desenvolvem (ou são levados a desenvolver), permitindo uma amostra dos campos de luta simbólica. Na série intitulada "Cidade",[10] João do

10. A série de crônicas publicadas entre maio de 1903 e março de 1904 foi pela primeira vez reunida em livro na coletânea *A cidade* organizada por Julia O´Donnel e Lara Jogaib e publicada, em 2017, pela editora Contra Capa.

Rio [Paulo Barreto] registra na *Gazeta de Notícias*, em 1903, a formação de imagens que preparam a nova identidade para a cidade moderna, cosmopolita, a cidade-progresso. Os transeuntes pisam na rua dos Ourives ou na rua da Ajuda e imaginam "palmilhar o asfalto de um lindo *boulevard*" deixando à mostra os imaginários que não são visíveis apesar de serem sociais e antecipam os efeitos da abertura da Avenida no embelezamento do Rio de Janeiro.

> Afinal, já nos familiarizamos tanto com a ideia de Avenida, falamos dela como uma cousa já existente, já feita, já velha. Dizemos: a nossa Avenida, como dizemos a nossa rua do Ouvidor, o nosso Corpo de Bombeiros, o nosso Corcovado... Nós somos uma população de d. Quixotes e de Tartarins: a nossa imaginação é um vulcão em perpétua atividade. Há cariocas que quando passam pela rua dos Ourives ou pela rua da Ajuda, vão com o passo orgulhoso e a cabeça levantada, pisando forte e olhando as nuvens como se já estivessem palmilhando o asfalto de um lindo *boulevard* e contemplando formosos palácios de arquitetura luxuosa...
>
> Ai de nós, amigos! Entre o sonho e a realidade cavam-se abismos imensos. A miragem é um erro frequente de visão: as cousas, às vezes, parecem estar perto da gente, ao alcance das mãos, e, de fato, só existem na ilusão dos sentidos, na mórbida perturbação do nervo ótico (RIO, 2017, p. 56).

Entre os anos de 1903 e 1906, realizaram-se duas reformas urbanas no Rio de Janeiro, paralelas, concomitantes, mas diversas nos seus objetivos: a municipal liderada por Pereira Passos e a conduzida pela administração federal. Ao prefeito Pereira Passos (1836-1913), a Avenida Central (atual Rio Branco), inaugurada em 1905, representa o lugar capaz de atrair a presença do cidadão que, ao usufruí-la poderia ser educado frente aos monumentos ligados à arte, à cultura. No entanto, para os engenheiros liderados por Lauro Müller (1836-1926, Ministro da Indústria, Viação e Obras Públicas, na presidência de Rodrigues Alves), a avenida Central seria somente um complemento das obras do porto, para melhor escoamento e circulação de produtos na cidade.

Mas, a Avenida Central torna-se uma das mais importantes referências do novo padrão cultural e de sensibilidade. A distribuição dos prédios na sua extensão "destinados a empresas estrangeiras e nacionais, comerciais e de infraestrutura; à recreação e ao consumo de produtos europeus de luxo; a instituições veiculadas à literatura e às belas artes (NEEDEL, 1993, p. 61); a arborização, os palácios, as lâmpadas elétricas, o calçamento e os amplos espaços para a circulação de veículos permitem, também, ampliar o olhar. A visualização dos prédios imponentes e sofisticados cria a atmosfera cosmopolita e o passante crê circular num tempo e espaço de progresso e de civilização, afinal, como bem enfatizou Olavo Bilac em crônica sobre a inauguração da Avenida: "... fui pensando na revolução moral e intelectual que se vai operar na população, em virtude da reforma material da cidade. A melhor educação é a que entra pelos olhos" (BILAC, 2006, p. 757).

Em momento posterior e em crônica da coletânea *A alma encantadora das ruas* (1908), João do Rio utiliza a estratégia de pretensamente convidar o interlocutor e amigo para caminhar na cidade e "ver as grandes telas que a cidade ignora". "–Vamos ver as grandes decorações dos pintores da cidade?" Adianta ao amigo a informação: "Encontrarás a confusão da populaça, os germes de todos os gêneros, todas as escolas e, por fim, muito menos vaidade que na arte privilegiada". E a seguir apresenta a Avenida Central sob outro ângulo, a partir da pintura das ruas, feitas nas paredes de botequins ou nos muros da cidade.

> Estávamos na rua do Núncio. O meu excelente amigo fez-me entrar num botequim da esquina da rua S.Pedro e os meus olhos logo se pregaram na parede da casa, alheio ao ruído, ao vozear, ao estrépito da gente que entrava e saía. Eu estava diante de uma grande pintura mural comemorativa. O pintor, naturalmente agitado, pelo orgulho que se apossou de todos nós ao vermos a Avenida Central, resolveu pintá-la, torná-la imorredoura, da rua do Ouvidor à Prainha. A concepção era grandiosa, o assunto era vasto – o advento do nosso progresso estatelava-se ali, para todo o sempre, enquanto não se demolir a rua do Núncio. Reparei que a Casa Colombo e o Primeiro Barateiro eram de uma nitidez de primeiro plano e que aos poucos, em tal arejamento, os prédios iam fugindo numa confusão precipitada (RIO, 2009, p. 82-83).

Ao lado do mural com a pintura da Avenida Central, o interior do café botequim guardava outra imagem do progresso, afinal "aquele café não era café, era uma catedral de grandes fatos. Na parede fronteira, entre ondas tremendas de um mar muito cinzento rendado de branco, alguns *destroyers* rasgavam o azul denso do céu com projeções de holofotes colossais (RIO, 2009, p. 83). E argumenta o narrador: "Duas visões do progresso: a avenida e o holofote" (idem, p. 83).

Além da imagem de cidade progresso, a cidade também guarda os símbolos de nacionalidade, configurados na pintura das ruas. Na parte "composições das marinhas" é muito curiosa a reunião entre a imagem da natureza, que confere a identidade da cidade que se faz aos poucos espaço vendável para turistas, ao lado da presentificação dos símbolos de patriotismo. Assim, a cada parte da cidade uma representação diferente do Pão de Açúcar aparece, conforme "os pontos de vista" explica o cronista. A cena torna visível os múltiplos pontos de vista que formam os imaginários urbanos e a interação da imagem transgressora da cidade com a imagem hegemônica , que pretende ser síntese de progresso e beleza.

> Os pintores populares afirmam a sua individualidade pintando a Guanabara e a praia de Icaraí. Por essas pinturas é que se vê quanto o "ponto de vista" influi. Há o Pão de Açúcar redondo como uma bola, no Estácio; há o Pão de Açúcar do feitio de uma valise no Andaraí; e encontras o mesmo Pão, comprido e fino, em S. Cristóvão. O povo tem uma alta noção dos nossos destinos navais; a sua opinião é exatamente a mesma que a do ministro da marinha – rumo ao mar! Por isso, não há Guanabara pintada pelos cenógrafos da calçada que não tenha à entrada da barra um vaso de guerra (RIO, 2009, p. 82).

Essas cenas extraídas das crônicas sugerem o quanto a cidade na *Belle Époque* aumentou o alcance da circulação de imagens, não somente por meios físicos (a viagem dentro da cidade), mas pela transmissão e processamento de informações e diferentes formas de recepção e resposta. Ao contrário de um projeto positivista, a cidade e as ruas não são retas previsíveis e fáceis de aplainar. Formam redes que se sobrepõem a redes e, na capital da Primeira República, são os jornais que atravessam muros, pontes e bairros para levar comunicação, acionar desejos e imagens, especialmente para as bordas e tangentes. "O sujeito urbano experimenta a cidade, não apenas porque caminha por suas regiões limitadas, mas porque a lê num jornal que lhe fala de seus fragmentos" (RA-

MOS, 2008, p. 143). Assim, os imaginários urbanos deslocam e ressignificam as imagens da cidade progresso.

A rua e os avessos da ordem

Como caminhante e observador da cidade, o cronista demonstra que nas práticas de espaço as ações dos sujeitos subtraem e atravessam as formas dominantes que pretendem organizar, classificar, domesticar a cidade. Nas disputas do campo simbólico, de um lado vemos os dispositivos da ordem que impõem limites e normas; de outro, a experiência e exploração urbana que distende e rasura limites e regras, defendendo a imaginação e a liberdade. O palco da disputa está na rua cuja atmosfera a crônica busca captar.

Para isso, no meio da turbulência da cidade o cronista se posiciona no espaço limite entre a Avenida, o *boulevard* e o cais (de catraieiros, ciganos, gatunos, trapeiros e outros), entre a ordem e a liberdade, entre "os que exigem o faro dos cães e a argúcia dos *reporters*"(RIO, 2009, p. 51). O cronista está na rua.

> No céu, muito azul, o sol derramava toda a sua luz dourada. Do cais via-se para os lados do mar, cortado de lanchas, de velas brancas, o desenho multiforme das ilhas verdejantes, dos navios, das fortalezas. Pelos *boulevards* sucessivos que vão dar ao cais, a vida tumultuária da cidade vibrava a num rumor de apoteose, e era ainda mais intensa, mais brutal, mais gritada, naquele trecho do Mercado, naquele pedaço de rampa, viscoso de imundícies e vícios. O cigano, de *frack* e chapéu mole, já falara a dois carroceiros moços e fortes, já se animara a entrar numa taberna de freguesia retumbante. Agora, pelos seus gestos duros, pelo brilho do olhar, bem se percebia que o catraieiro seria a vítima, a vítima definitiva, que ele talvez procurasse desde manhã, como um milhafre esfomeado (RIO, 2009, p. 49).

A rua guarda o privilégio da coexistência de fenômenos heterogêneos, da mistura radical de temporalidades. E "o tempo é também uma distribuição hierárquica das formas de vida" (RANCIÈRE, 2021, p. 18). Nela coabitam as visões de ópio, os mercadores de livros e velhos cocheiros, os músicos ambulantes, os mendigos, os catadores de gatos, a serem servidos como iguarias nos restaurantes, os caçadores de ratos, a prostituição infantil e o dono da rua que tem "saltos de felino e risos de navalha" (RIO, 2009, p. 27). Todas são visões e ações que constituem o tecido da grande cidade.

> O Rio pode conhecer muito bem a vida do burguês de Londres, as peças de Paris, a geografia da Manchúria e o patriotismo japonês. A apostar, porém, que não conhece nem a sua própria planta, nem a vida de toda essa sociedade, de todos esses meios estranhos e exóticos, de todas as profissões que constituem o progresso, a dor, a miséria da vasta Babel que se transforma (RIO, 2009, p. 54).

Para apreender a Babel de imagens, o cronista também necessita de "faro", argúcia, sensibilidade. Com o crescimento vertiginoso do espaço urbano já não é mais possível a visão total da cidade, plena no seu conjunto. E para atender o desejo dos leitores de flagrar o real em todo seu dinamismo, a crônica apresenta movimentos diferentes no olhar para a cidade, do próximo ao distante, do presente ao passado, em sucessão e descontinuidade, em profundidade e superfície. Mostra também a cidade em fragmentos, desde lugares efervescentes de luxo e esplendor até ruelas, esburacadas, mas quase íntimas e capazes de contar história. Como num caleidoscópio e a partir da rua, a crônica de João do Rio mostra a cidade e seus avessos, a cidade desenhada por largas avenidas, jardins, praças arborizadas mas, simultaneamente, tecida com pontos de imaginação transgressora.

Mais do que atenuar a imagem de perigo atribuída às classes ditas perigosas, a crônica permite o acesso à riqueza dos embates entre as imagens oficiais da cidade – seguidas de regulamentos, ordenações e controle – e os imaginários sociais que trazem pontos de vista diversos, vindos daqueles que circulam na cidade "entre o desejo e o crime" ou aqueles que , como ambulantes, vendem esperança nos folhetos de orações, sonhos nos folhetins esparramados nas calçadas; os que tatuam a identidade nos corpos, os agenciadores de coroas e caixões ou os trabalhadores de estivas e 'mariposas de luxo' entre tantos mais.

E da contemplação do cais vem o belo entrelaçamento de imagens a partir da experimentação do movimento, "o vai-e-vem dos carregadores", assim como da mistura de corpos e cenários que tira uma visão achatada das coisas, dando-lhes profundidade numa sobreposição de planos espaciais e temporais. Uma visibilidade possível pela reciprocidade entre olhares, isto é, o narrador observa a cena da cidade e a descreve no jornal; o trabalhador lê o jornal para melhor ver a cidade.

> Já o cais, na claridade pálida da madrugada, regurgitava num vai-e-vem de carregadores, catraieiros, homens de bote e vagabundos maldormidos à beira dos quiosques. Abriam-se devagar os botequins ainda com os bicos de gás acesos; no interior, os caixeiros, preguiçosos, erguiam os braços com bocejos largos. Das ruas que vazavam na calçada rebentada do cais, afluía gente, sem cessar, gente que surgia do nevoeiro, com as mãos nos bolsos, tremendo, gente que se metia pelas bodegas e parava à beira do quiosque numa grande azáfama. Para o cais da alfândega, ao lado, um grupo de ociosos olhava através das frinchas de um tapume, rindo a perder; um carregador, encostado aos umbrais de uma porta, lia, de óculos, o jornal, e todos gritavam, falavam, riam, agitavam-se na frialdade daquele acordar, enquanto dos botes policrômicos homens de camisa de meia ofereciam aos berros, um passeiozinho pela baía. Na curva do horizonte o sol de maio punha manchas sangrentas e a luz da manhã abria, como desabrocha um lírio, no céu pálido (RIO, 2009, p. 143, grifo nosso).

A explosão das ruas

Historicamente sabemos que a tensão entre imaginários urbanos e imagens oficiais revela a pergunta: quem pode usar a cidade? As condições sanitárias precárias e o desejo da elite de transformar a capital no espelho da nação cosmopolita e moderna justificaram a ordenação dos meios de utilização do espaço urbano, no Rio de Janeiro, especialmente nas décadas iniciais do século XX. Regulamentos e sanções que atingiram as habitações coletivas, o comércio ambulante das ruas, as práticas culturais e religiosas tradicionais. O resultado apareceu logo na especulação financeira, a carestia, a inflação que impossibilitava a moradia no centro da cidade e bairros adjacentes, empurrando a população para os morros. A tensão só aumenta com a forte crise de habitação na mistura perversa de baixos salários e alugueis caros. "Um enorme contingente de homens vagava diariamente nas ruas do centro e arredores da zona portuária em busca de trabalho ocasional que lhes garantisse uma refeição no final do dia" (SANTUCCI, 2008, p. 49).

Cresceram as manifestações populares, reprimidas sempre com muita violência e os populares intensificam as lutas com motins e revoltas. E serão muitas, desde a Revolta das Carnes Verdes (1902) à Revolta da Vacina (1904), entre outras, até a resistência de habitantes do cais da Saúde na barricada conhecida como Porto Artur, além das primeiras greves operárias. "Ao reagirem à repressão governamental, os setores populares urbanos em revolta tentaram dar um basta à intervenção em suas vidas e à invasão mandatória de seus lares e de seus corpos, organizada por um governo com o qual em nada se identificavam" (PAMPLONA, 2010, p. 92).

As crônicas da *Belle Époque* carioca, especialmente as aqui tratadas, extraídas do volume *A alma encantadora das ruas*, de João do Rio, tratam da explosão das ruas no embate entre poder público, as elites e as classes populares. Mas, ampliam o significado do termo explosão, sem restringir seu uso a revoltas e motins. As crônicas falam de adaptações ressiginificações, sobrevivência e invenção para criar a vida nos espaços e corpos antes sujeitos à dor, ao abandono, à morte. As crônicas tratam da rua como lugar de apropriação de saberes, de entrecruzamentos de imagens e imaginários, de rebeldia e criação, de múltiplas percepções da vida encantada das ruas, feita de sabores, saberes e histórias. Muito importante compreendermos a opção estética de João do Rio porque precisamos, ainda hoje, construir pontes sólidas entre a rua e a imaginação.

Referências

ARRIGUCCI, Davi. Fragmentos sobre crônica. In: *Enigma e comentário.* 1ª. ed. São Paulo: Companhia das Letras, 1987.

BILAC, Olavo. Crônica. In: DIMAS, Antonio (Org.). *Bilac, o Jornalista:Crônicas:Volume I.* São Paulo: Imprensa Oficial do Estado de São Paulo, Editora da Universidade de São Paulo, Editora da Unicamp, [1905] 2006, p.755-757.

CANCLINI, Néstor Garcia. *Imaginarios urbanos.* Buenos Aires: Editorial Universitaria de Buenos Aires, [1997] 1997.

CERTEAU, Michel de. *A invenção do cotidiano.* Artes de fazer.2ª. ed. Tradução de Ephraim Ferreia Alvews. Petrópolis, RJ: Vozes, [1990] 1994.

CANDIDO, Antonio. Literatura e subdesenvolvimento. In: *A educação pela noite & outros ensaios.* 2. ed. São Paulo: Ática, [1987] 1989.

GIDDENS, Anthony. *As consequências da modernidade.* Tradução de Raul Fiker. São Paulo: Editora da Universidade Estadual Paulista, [1990] 1991.

KITTLER, Friedrich. *A verdade do mundo técnico: ensaios sobre a genealogia da atualidade.* Organização de Hans Ulrich Gumbrecht. Tradução de Markus Hediger. 1ª. ed. Rio de Janeiro: Contraponto, 2017.

LACARRIEU, Mónica. La "insoportable levedad" de lo urbano. *Eure.* Revista Latinoamericana de Estudios Urbanos Regionales. Santiago do Chile. Vol. XXXIII, nº 99, p.47-63, agosto de 2007.

MAGALHÃES, Adelino. Visões, cenas e perfis. In: MAGALHÃES, Adelino. *Obra completa.* Rio de Janeiro: Nova Aguilar, [1918] 1963, p.312.

NEEDELL Jeffrey D. *Belle Époque tropical*: sociedade e cultura de elite no Rio de Janeiro na virada do século. Trad. Celso Nogueira. São Paulo: Companhia das Letras, [1987] 1993.

PAMPLONA, Marco A. A Revolta era a da Vacina? *In*: HEIZER, Alda; VIDEIRA, Antonio Augusto Passos (Orgs.). *Ciência, civilização e república nos trópicos.* Rio de Janeiro: Mauad X/Faperj, 2010. p.81-95.

PEIXOTO, Nelson Brissac. *Paisagens urbanas.* 1ª. ed..São Paulo: Editora SENAC / Editora Marca D'Água, 1996.

RAMOS, Julio. *Desencontros da modernidade na América Latina.* Literatura e política no século 19. Trad. Rômulo Monte Alto. Belo Horizonte: Editora UFMG, [1989]2008.

RANCIÉRE, Jacques. *Tempos modernos.* Arte, tempo, política. Traduzido por Pedro Taam. 1ª. ed. São Paulo: n-1 edições, 2021.

RIO, João do [João Paulo Barreto]. *Vida vertiginosa.* São Paulo: Martins Fontes, [1911] 2006.

RIO, João do [João Paulo Barreto]. *A alma encantadora das ruas.* São Paulo: Martin Claret, [1908] 2009.

RIO, João do [João Paulo Barreto]. *A cidade*. Organização, apresentação e notas de Julia O´Donnel e Lara Jogaib. 1ª. ed. Rio de Janeiro: Contra Capa, 2017.

RIO, João do [João Paulo Barreto]. *Dentro da noite*. Rio de Janeiro: INELIVRO, [1910] 1978.

SANTUCCI, Jane. *Cidade rebelde*: as revoltas populares no Rio de Janeiro no início do século XX. Rio de Janeiro: Casa da Palavra, 2008.

SIMAS, Luiz Antonio. *O corpo encantado das ruas*. Rio de Janeiro: Civilização Brasileira, [2019] 2020.

OSCAR JOSÉ DE PAULA NETO[1]
VIVIANE DA SILVA VASCONCELOS[2]

Lisboa sob o olhar atento de António Botto

A obra de António Botto, desde as primeiras publicações, é assinalada por inúmeras referências a Lisboa, que apontam para uma cartografia urbana pautada por alusões a ruas e lugares conhecidos da cidade e principalmente pelas paisagens dos bairros populares, marcadas por vielas vazias e becos escuros, ocupadas, sobretudo, pela população pobre lisboeta. Tais imagens contrastam com as belezas naturais e arquitetônicas, de onde há o elogio recorrente dos costumeiros elementos que sedimentam a cultura portuguesa, como a forte relação com o mar e com o rio Tejo. Por isso, podemos perceber que, na poesia e na prosa de Botto, há uma relação mútua da Lisboa marítima, histórica, nostálgica e bela, com a sua outra face: atrasada, pobre, analfabeta, melancólica e obscura. Ainda, tais contrastes são atravessados, muitas vezes, por uma trilha sonora que ecoa o fado, as cantigas e as canções populares, que tanto influenciaram a poética do escritor. O poema "No Castelo de São Jorge", de *O*

---

1. Doutorando em Literatura Comparada no Programa de Pós-Graduação em Estudos de Literatura da Universidade Federal Fluminense, sob orientação da Prof. Ida Alves (UFF/CNPq). Bolsista CAPES. Foi Bolsista Pesquisador Júnior do Real Gabinete Português de Leitura e Fundação Calouste Gulbenkian, no projeto Paisagens Luso-Brasileiras em Movimento (2020-2021)), sob orientação da Profa. Viviane Vasconcelos.
2. Professora Adjunta de Literatura Portuguesa na Universidade do Estado do Rio de Janeiro. Pesquisadora vinculada ao projeto Páginas Luso-Brasileiras em Movimento (Fundação Calouste Gulbenkian/Faperj/RGPL).

Livro do Povo (1944), resume algumas dessas características, apresentando a maneira como a paisagem da cidade muitas vezes é representada pelo poeta no conjunto de sua obra, como iremos mostrar ao longo do texto:

> Pedi à sentinela para entrar,
> Eu ia um pouco à toa sem saber
> Se era fácil poder justificar
> O meu desejo de espreitar o dia
> E ver nascer o Sol desse Castelo
> Que domina Lisboa no mais belo
> E surpreendente quadro de beleza!
>
> Lisboa, a mais gentil, a portuguesa
> E nobre capital de um povo grande
> No sofrimento e na resignação,
> Estava ainda preguiçosa e lenta
> No acordar dessa manhã de outono
> Que eu vou tentar fixar nesta canção.
>
> O dia sorrateiro vai abrindo
> A sua morrinhenta claridade
> E uma névoa azulada a esfarrapar-se
> Mostra o desenho e a linha da cidade.
> [...]
> Há versos na minha alma, nos meus olhos
> A luz é tanta que não vejo nada,
> E fico preso à luz, todo cativo
> Na sensação de não saber dizer
> Se o sol nasce para dar
> Uma lição de verdade,
> Se apenas para marcar
> Um contraste divino e luminoso
> Com a sórdida e feia humanidade!

Olho agora o Tejo e os montes,
E os barcos... Saindo a barra,
Alcanço, ainda, um navio
Perdendo-se, lentamente,
Longe, na distância, além...
Chega-me a voz de um clarim. [...] (BOTTO, 2018, p. 401-402).

De forma geral, quando se reflete acerca da poesia de António Botto, destaca-se apenas o aspecto homoerótico de sua produção literária, uma das principais marcas de *Canções* (1921), sua obra mais conhecida, deixando de lado uma boa parte dos textos do poeta que indicam outros caminhos de criação artística. Um deles é a preocupação com as representações de Lisboa e dos seus habitantes, as quais transparecem as suas relações com o espaço urbano, em que o escritor discorre sobre alguns dos problemas sociais que afetavam as pessoas da capital. Assim, Botto deu relevante atenção aos mendigos, às prostitutas, aos operários, às famílias pobres e suas dificuldades de subsistência, aos marinheiros e soldados, aos homossexuais, e outros tipos sociais comuns, quase sempre marginais, que ocupavam as ruas, as vielas e becos, as praças, as tabernas e cafés, a região portuária, as bicas e chafarizes, tanto na desordem da cidade diurna, num ambiente apinhado de gente indo e vindo em todas as direções, quanto no soturno ambiente solitário da cidade noturna.

Para tanto, uma leitura mais detida de alguns dos poemas publicados em duas obras de Botto da década de 1940 revela de forma mais eficiente a sua preocupação com o aspecto social e como esse dado se inscreve na paisagem do ambiente urbano, principalmente de Lisboa. No já referido *O Livro do Povo*, de 1944, e em *Ódio e Amor*, de 1947, conhecemos a cidade através dos olhares de sujeitos poéticos que deambulam pelo espaço citadino e entram em contato com seus habitantes, cujos trajetos pelas ruas, pelos estabelecimentos, pelos monumentos e por outros lugares conhecidos da capital informam uma cartografia da cidade, que revela as subjetividades e as intenções de indivíduos que cruzam as ruas com olhares curiosos, instigantes e desassossegados com as disparidades sociais e com as transformações desiguais das metrópoles. Sendo assim, os sujeitos poéticos de Botto dão um interessante testemunho do cotidiano e das adversidades que afetam a sociedade portuguesa daquele momento histórico, marcada pela desigualdade social, pela guerra e por muitos outros contratempos, como bem aparece no poema "A hora da sopa", quando o percurso errático do narrador é interrompido para observar a aglomeração de indigentes da cidade, que numa tarde fria e pardacenta, mendigam pelos restos de comida do quartel militar:

> [...] São cinco e meia. À porta do quartel
> Umas dezenas de mendigos vão
> Destapando e ajeitando as latas para o rancho
> Que sobra dos soldados... Há de tudo:
> Crianças, velhos, cães, muita mulher!,
> – Atropelam-se, ralham, chega a ser
> Um tumulto de cores tão sinistro,
> Tão sujo e penetrante na tristeza
> Que as lágrimas rebentam dos meus olhos
> E uma onda de mágoa vem acesa
> De uma infinita e grande piedade!
>
> Anoitece. Uma chuva miudinha
> Cai no pálido alento da cidade. (BOTTO, 2018, p. 392).

O poema, assim como outros coligidos nos dois livros, vai apresentar um amplo panorama humano de Lisboa, registrando diferentes personagens que irrompem na cidade. De acordo com Margarida Almeida Bastos, a atenção de Botto não arrolou apenas pormenorizadamente a capital enquanto espaço físico, mas pôde sentir também o pulsar de suas gentes, muito arraigada na própria mundividência do poeta, que delimita a sua percepção do real por meio de suas próprias experiências na cidade, vividas principalmente nos bairros populares (2021, p. 78). Sendo assim, o texto capta a realidade dos inúmeros mendigos que vagam pelas ruas em busca da caridade alheia, representando algumas das modificações ocasionadas pelo rápido crescimento populacional de Lisboa, que acabou por afetar muito de sua configuração social: a população duplicou em quatro décadas por causa do êxodo rural na segunda metade do século XIX, passando de 170 mil habitantes, em 1857, para mais de 350 mil habitantes, em 1900 (BASTOS, 2021, p. 78). Durante a primeira metade do século XX, a população portuguesa sofria com as consequências deste vertiginoso aumento populacional, somado a outros fatores políticos e econômicos, e que Botto acaba por retratar em sua poesia.

Em *Ódio e Amor*, diferente de *O Livro do Povo*, que concentra suas atenções unicamente no espaço lisboeta, ainda há poemas onde são narradas as experiências do eu lírico por outras urbes europeias, onde vivencia sensações diversas, por exemplo, nos nevoeiros de Paris, nas neblinas de Londres e nas fontes de Roma. Ou seja, as duas obras atentam para o fato de que a questão da localização espacial é um dado importante para a construção dos textos mais do que aparece nos livros anteriores, pois apresentam um número considerável de referências a lugares específicos das cidades, com nomeações diretas a logradouros e descrições de conhecidos espaços de sociabilidade, como cafés, tabernas e praças, sobretudo da capital portuguesa, local de onde partem a maioria dos olhares dos personagens apresentados pelo poeta. Após a leitura das duas obras, percebe-se que elas compartilham preocupações muito próximas desse momento específico da escrita de Botto, que parece muito interessado em narrar experiências no ambiente urbano como não havia realizado ainda de forma tão intensa quanto a partir deste período.

Cabe destacar que os dois livros partilham de dez poemas que foram publicados em ambas as edições, com algumas alterações de títulos e outras variações mais pontuais, como modificações na pontuação e na disposição de alguns versos, mas nada que altere a composição semântica dos textos. Um dos poemas publicado em *Ódio e Amor* que apresentou mais alterações em relação à versão original publicada anteriormente foi "Lisboa", que apareceu com o primeiro título de "Lembrança e Louvor". No poema original, tal como o título já explicita, há uma grande carga saudosista no texto, em que o eu lírico ressalta as memórias da infância na pobre escola onde aprendeu as primeiras letras e o bairro onde viveu e brincou quando criança, Alfama, uma das localidades que aparecerá com mais frequência na obra de Botto, como trataremos mais à frente. Já a reescrita do poema, para além da nostalgia, concentra-se mais na apresentação das várias Lisboas possíveis que compõem os afetos do sujeito poético perante o lugar que conhece tão bem, na construção de imagens contrastantes, as quais ressaltam o que há de melhor e de pior na cidade:

> Lisboa, berço da força
> Cais das grandes aventuras
> Onde embarcaram aqueles em madrugadas escuras
> E em barcos de uma só verga
> Navegando sem receio
> De que o mar na sua fúria
> Partisse de meio a meio
> A frágil embarcação
> [...]
> Lisboa desmazelada
> Sem garbo, sem atitude,
> E sem compostura séria;
> [...]
> Ó Lisboa dos mendigos
> E dos velhos sem asilo;
> Lisboa do céu azul
> E onde o Tejo é mais tranquilo.
> Lisboa de bairros tristes,
> Humilde, religiosa
> Sem fundos de convicção,
> Lisboa do meu amor,
> Essa maldita paixão. (BOTTO, 1947, p. 39-41).

Como podemos ler no trecho do poema destacado, Botto vai revelar uma série de imagens onde se coadunam a grandeza da história marítima, heroica e expansionista de Portugal com a cidade mais prosaica, subjetiva e afetiva, mais ligada às sensibilidades do sujeito poético e sua forma de compreender a cidade. O fado, as guitarradas, as tascas, a boemia, a vadiagem, o caos da cidade, e muitos outros aspectos, aparecem nesta cidade marcada por contradições, afetos e complexidades das mais diversas. Destarte, serão apresentadas várias possibilidades de apreensão de Lisboa, que não excluem umas às outras, mas que anunciam as heterogêneas faces da cidade, na qual despontam "A Lisboa das zaragatas/ Por qualquer coisa e por nada", "A Lisboa dos pátios sujos/ Onde se ralha e se dança/ Até romper a alvorada", "A Lisboa da garotada/ Jogando a bola nas ruas", "A Lisboa dos chafarizes/ Onde a água é um cantar de nautas e mareantes" e outras que perpassam o eu lírico que conhece profundamente a cidade em sua diversidade, que é capaz de enxergar uma "Lisboa rica de timbres" (BOTTO, 1947, p. 39-41).

Outra característica importante de alguns dos poemas dos dois livros, que já aparece como um elemento frequente na poética de Botto desde *Canções*, é a presença de sujeitos poéticos que se comportam como *flâneurs* em suas andanças pela cidade, os quais observam atentamente os comportamentos e práticas dos vários tipos sociais habitantes da paisagem lisboeta, os quais evidenciam as marcas que compõem os detalhes dos quadros urbanos traçados pelo poeta. A partir disso, podemos perceber a influência de vários escritores do século XIX, tal como Cesário Verde em Portugal, que aparece na concepção de um eu lírico marcado pela curiosidade e pelo olhar atento para o ambiente urbano e para as pessoas que o ocupam, os quais muitas vezes se tornam elementos importantes para a construção de determinadas imagens, tal como as prostitutas nos recantos escuros; os velhos, mendigos e bêbados que vagam nas ruas desertas da noite lisboeta; os marinheiros que cruzam os bairros a fim de ocupar o tempo livre na cidade onde estão aportados. Um bom exemplo desta *flânerie* pode ser percebida no poema "Reportagem", que aparece sem grandes alterações nos dois livros, o qual Botto oferece uma explicitação tão detalhada do percurso que permite ao leitor cartografar o espaço percorrido pelo sujeito:

Aborrecido, passeio
Pelas ruas da cidade.
Deixei, agora, o Rossio
E atravesso o Borratém.
Deu meia-noite pausada
No Carmo... Um amigo meu

Passa e tira-me o chapéu.
Páro a uma esquina. Esmoreço
Numa saudade que surge
Dentro de mim não sei como:
– Uma saudade infinita,
Misto de choro e revolta.
[…]
Meto à Rua do Amparo
A perguntar se esta vida
Não terá finalidade
Menos sórdida e banal?
Atafonas. Uma Igreja.
Mais acima o Hospital.
Um marinheiro propõe
A esta que atravessou
A rua do Benformoso
Irem tomar qualquer coisa
Na Leitaria da Guia.
Ela, pára. É uma catraia
Que, talvez, não tenha ainda
Dezesseis anos. Bonita.
Junto à Praça da Figueira,
Corto à Rua do Fanqueiros
Já um pouco estropiado!
Acendo um cigarro. A noite
Lembra um fantasma assustado!
Chego ao Terreiro do Paço.
O Arco da Rua Augusta
Parece mais imponente
Na minha desolação. […] (BOTTO, 1947, p. 68-71).

No poema podemos perceber que o sujeito poético, narrador das andanças no centro da cidade, passeia sem rumo aparentemente definido pelas ruas à medida que vai encontrando com uma série de personagens que habitam este espaço noturno. Neste périplo solitário pela Lisboa da madrugada, o narrador localiza o leitor em seu caminho em direção ao cais, no qual destaca uma série de ruas e de locais reconhecíveis e encontra uma série de personagens com quem irá ter algum contato direto ou apenas observar atentamente à distância: um amigo, uma prostituta, um marinheiro, um policial, três funcionários da limpeza urbana, uma gata, uma carroça que leva hortaliças, um guarda-fiscal, um velho catador. Muitos desses tipos frequentemente surgem nas perambulações presentes na poesia de Botto, como se eles fossem elementos indissociáveis do espaço citadino, principalmente quando remete à cidade noturna nas "horas mortas", expressão que tantas vezes aparece nos poemas ao longo dos livros. Outro ponto a se destacar é o estado de espírito do eu lírico, que encontra na rua uma forma de atenuar o seu ânimo, já que inicia o poema aborrecido, revelando ao longo dos versos uma inquietação marcada pela saudade e pela revolta. Sua cisma e seu desconsolo contrastam com o nascer do dia que começa a surgir e acordar a cidade para mais um dia da rotina cotidiana.

Sobre "Reportagem", outro aspecto ainda pode ser lido nas entrelinhas da interpretação do poema. Tanto *O Livro do Povo* quanto *Ódio e Amor* caracterizam-se como um ponto de virada na obra de Botto, revelando uma escrita em que o homoerotismo, um dos temas basilares da poética bottiana da primeira fase de sua trajetória literária, praticamente torna-se elemento inexistente. Com a exceção de poucos poemas, como "Regresso" do livro de 1947, a questão homoerótica é sublimada e Botto parece discorrer sobre outras preocupações temáticas e estéticas, agora mais voltadas a uma pretensa preocupação social, um dos principais aspectos deste momento de escrita. No entanto, a deambulação do sujeito poético de Botto no poema referido revela alguns dados que nos faz conjecturar acerca de seu périplo pelas ruas na madrugada lisboeta, sem um rumo expressamente definido, em direção ao cais.

Dessa forma, Alexandra Mariano e J. J. Marquesa, partindo do levantamento realizado pelo médico Asdrúbal António de Aguiar, um dos pioneiros da sexologia em Portugal, intitulado *Evolução da pederastia e do lesbismo na Europa, contribuição para o estudo da inversão sexual*, de 1926, apontam para o fato de que Botto lista uma série de lugares que eram facilmente reconhecíveis como espaços da homossociabilidade de Lisboa desde o final do século XIX, locais propícios para o engate homossexual e a prostituição masculina, tal como o Rossio, a Rua Marquês de Alegrete e o Terreiro do Paço, todos elencados pelo sujeito lírico ao longo do texto (MARIANO; MARQUESA, 2021, p. 17-18). Sendo assim, apesar de apresentado de forma velada, é possível interpretar a deambulação do eu lírico por aquelas localidades, à primeira vista sem intenções, como uma cena de *cruising* homossexual pela noite lisboeta.

Já no poema "Canção musicalmente fria", de *O Livro do Povo*, o poeta também apresenta um sujeito poético inquieto no seu quarto e que sai às ruas para tentar amainar o seu desassossego no ambiente externo. Dessa vez, a deambulação, de olhar atento e irrequieto, do eu lírico se dá à luz de uma gélida manhã, iniciada nas primeiras horas do dia, no decorrer do qual o espaço urbano está começando a ser ocupado pelos operários, pelos transeuntes e por outras figuras que cruzam o seu caminho conforme a desordem cotidiana da cidade vai se instaurando aos poucos, nas primeiras horas do raiar do dia. No texto, Botto esforça-se em concatenar o estado de espírito do eu lírico e os fenômenos meteorológicos e climáticos – como a presença do nevoeiro que embacia a manhã fria e cortante, do sol opaco e sem vida, e de uma presumível precipitação de chuva no horizonte –, perpassando também o caos da vida urbana, que acabam por se coadunar na representação de uma paisagem da cidade que de certa forma refletem o angustiante clima emocional do sujeito, tal como sugerem as reflexões de Michel Collot (2013, p. 95):

> Eu não podia dormir.
> Vesti-me. Que horas são? É madrugada.
>
> Depois de muito hesitar,
> Resolvo sair. E desço a escada.
>
> A manhã desata os seus fulgores
> Embaciada, sem brilho...
> [...]
> São seis horas e quarenta.

Embrulhado na minha gabardine
Desço a Calçada da Estrela
Como quem desce uma rampa
Bastante escorregadia.

O nevoeiro engrossou... – Dentro de mim
Uma saudade morre e outra floresce...
Aumenta o rumor...
– Gente que passa ligeira,
Os ardinas nos pregões
Dos jornais; uma carroça;
Uma criança no colo da mãe;
Um contingente de tropas
E uma bandeira – a mais linda!,
Como o lençol de mortalha
Onde a Pátria vai também!
[...]
O frio corta, anavalha,
Finíssimo, sem piedade;
Na Vinte e Quatro de Julho
Os operários da União Fabril
Batem com os pés no chão
Enquanto o portão não abre;
[...]
Pálidos, fumam, e tossem
Vermelhas constipações
Que acabam em pneumonia,
Tuberculose, ou em crises
De outra moléstia qualquer.
[...]
O dia sobe marralheiro e opaco,
E eu subo devagar a Rua Augusta
Para apanhar o elétrico. Rumor

De movimento. Volto para casa.
Além, a um canto do céu,
O Sol parece uma brasa
A arrefecer... Vai chover.

Rossio. Passa um enterro.
São onze horas. Três homens
Vão atrás do que vai morto.

A luz enerva, – adoece...
Que dia! Que desconforto! (BOTTO, 2018, p. 431-434).

"Reportagem" e "Canção musicalmente fria" apresentam narradores *flâneurs* que, por meio de um olhar inquieto e observador, por vezes, também voyeurista, analisam os passantes, os diferentes tipos sociais e suas relações com o território urbano, principalmente quando os localizam geograficamente em espaços específicos, nomeados, numa narrativa quase que cinematográfica, com quadros que se alternam em cortes abruptos de uma imagem a outra, em proximidade ao que reflete Helder Macedo sobre alguns aspectos da poesia de Cesário Verde (1999, p. 20). Além disso, Botto exprime sujeitos poéticos que sentem um notável desconforto consigo próprios e buscam, nas ruas e nos espaços de sociabilidade disponíveis da cidade, a solução de suas aflições. Todavia encontram uma cidade também em desconcerto, o que gera mais incômodo e sentimentos que vão da piedade, da revolta contra as desigualdades, à impassibilidade. Essa aparente imobilidade em relação aos problemas sociais, a partir das experiências diversas observadas em áreas pobres e marginais da cidade, também vai aparecer em outro poema de *O Livro do Povo*, "Desacerto":

[...] Desço uma rampa: Estou na Fonte Santa.
Alcântara. Não vejo qualquer coisa
Que me dê uma nesga de bem-estar:

Aqui, um aleijado, e ao pé dele
Uma criança, de bruços, a chorar,
E esta mulher doente e a arremendar
Uma camisa às tiras, toda rota;
Numa corda um lençol a enxugar,
Um frango muito magro a olhar para o chão,
E o dia húmido, frio,
Um dia sem madrugada!,
– Quanta tristeza no mundo
À sombra do esquecimento
E eu sem poder intervir,
E eu sem poder dizer nada! (BOTTO, 2018, p. 410).

Por outro lado, somado aos vários problemas sociais, na poesia de Botto, Lisboa também aparece como um lugar terno, principalmente pelo motivo de o poeta demonstrar uma forte simpatia pelos bairros populares da cidade, talvez por terem sido locais que foram palco de suas memórias afetivas, como pode ser percebido no poema "Lembrança e Louvor", mencionado anteriormente.

António Botto nasceu em Casal da Concavada, no concelho de Abrantes, e mudou-se para Alfama quando criança, o bairro mais antigo e tradicional da capital, e fez deste lugar um dos mais citados no conjunto de sua obra. Alfama vai figurar em muitos poemas, contos e até nomeará uma das peças de teatro de maior sucesso do escritor, contracenada pela primeira vez em 1933. Nessas representações do bairro, irão aparecer as ruas vazias, as casas em ruínas, as tabernas tumultuadas, as famílias pobres, a desigualdade social, mas também os elementos que dão vazão a um "verdadeiro" Portugal, solidificado por um povo forte e resistente que, apesar de todas as adversidades, consegue sobreviver de acordo com as suas possibilidades, com muito brio. Alfama aparece como o lugar onde as crianças brincam na rua, os homens honestos trabalham em seus ofícios, as mulheres cuidam de suas casas humildes e onde o sentido de família e o respeito ao próximo continuam sendo elementos fundamentais. No conto "Saudade ou os dois" de *Regresso*, livro de contos de 1949, uma das várias imagens criadas pelo escritor ao bairro, apresentado como pitoresco, é dada ao leitor e revela as contrastantes visões concebidas da localidade por Botto:

> Deu volta à chave. Saiu. Todo ele tremia. Dobrou logo ali ao Largo do Salvador: velha Alfama. Velho bairro; timbre da melhor Lisboa. Riqueza desmantelada de um nobre anseio da raça. Vielas do amor violento retesado na distância que o mar fazia mais triste. Pequenas habitações. Ruelas. Pátios. Os becos! Nesgas. Tabernas. Uma Ermida. E a graça de um chafariz enfeitado de moçoilas e aguadeiros – Alfama! Ó singular pitoresco (BOTTO, 1949, p. 17).

Assim, é na "riquíssima Alfama que é Lisboa", mas também em outros bairros populares, com suas "ruas encardidas/ com prédios que parecem de cartão", como aparecem no poema "Prece" (BOTTO, 1947, p. 177), e seus personagens marginais que Botto irá apresentar os vários pontos divergentes, mas complementares, que formam a "Lisboa da tradição" (ibid., p. 39). Pois, para o escritor, Lisboa trazia consigo a junção do moderno e do antigo, que se encontrava em cada esquina e que transparecia fortemente na capital que era formada por uma série de costumes, de práticas e de representações que ainda resistiam apesar do desejo de a cidade se tornar uma metrópole contemporânea e cosmopolita na quase metade do século XX. Como bem aponta Margarida Almeida Bastos, a poesia de Botto revela uma Lisboa tradicional arraigada aos modos de viver que ainda permaneciam atrelados ao oitocentos (2021, p. 79), demonstrando a conservação de certas formas de viver que já pareciam deslocadas em um mundo em vertiginosa transformação.

Desse modo, é com o olhar crítico e triste, mas também de certo modo nostálgico e afetivo, que o imaginário poético de Botto irá se ater às ações que ocorrem na desordem das ruas, nas desmazeladas vielas e nos sombrios becos, acima de tudo por parte da população pobre sofrida, analfabeta e desprezada, mas que irá formar a cidade a qual ele conhece tão bem, em toda a sua inteireza e complexidades. Lisboa e sua paisagem, bem como as suas gentes, irão povoar a poesia de Botto, de modo que desvelam a afetividade e ligação com a cidade que percorreu e que escolheu como o principal cenário de sua escrita.

Referências

BASTOS, Margarida Almeida. A Lisboa de António Botto. In: RIBEIRO, Nuno; BASTOS, Margarida Almeida (orgs.). *António Botto e Fernando Pessoa*: poéticas em diálogo. Lisboa: Biblioteca Nacional de Portugal, 2021. p. 75-90.

BOTTO, António. *Ódio e Amor*. Lisboa: Ática, 1947.

BOTTO, António. *Poesia*. Lisboa: Assírio & Alvim, 2018.

BOTTO, António. *Regresso*. São Paulo: Clube do Livro, 1949.

COLLOT, Michel. *Poética e Filosofia da Paisagem*. Rio de Janeiro: Oficina Raquel, 2013.

MACEDO, Helder. *Nós:* uma leitura de Cesário Verde. 1. ed. Lisboa: Editorial Presença, 1999.

MARIANO, Alexandra de Brito; MARQUES, J. J. Dias. Passeios numa Lisboa noturna: para uma cartografia da poesia de António Botto. In: RIBEIRO, Nuno; BASTOS, Margarida Almeida (orgs.). *António Botto e Fernando Pessoa*: poéticas em diálogo. Lisboa: Biblioteca Nacional de Portugal, 2021. p. 13-26.

MÔNICA GENELHU FAGUNDES[1]

Lisboa, cidade-ninfa.
De passagem com Eugénio de Andrade

> Estou de passagem:
> amo o efêmero
> Eugénio de Andrade. "Cristalizações"

> Destas cidades ficará: o vento que por elas passa!
> Bertolt Brecht. "Do pobre B.B."

Seria preciso, talvez, pensar a cidade como um meio, para além de um espaço construído ou de uma paisagem habitada, para além de uma rede de relações ou de um palimpsesto de experiências, imagens e sentidos. Um meio de imersão que a tudo envolve e condiciona. Fluido – como um mar – ainda que na densidade diversa de certo ar carregado de modernidade, caudaloso de poeira, espesso de ruído, que circula, que não deixa nunca de circular, por ruas, largos, galerias, pessoas. No tempo da cidade moderna, não há fora da cidade.

---

1. Professora Associada de Literatura Portuguesa na Universidade Federal do Rio de Janeiro. Doutora em Literatura Comparada pela UFRJ. Membro do Polo de Pesquisas Luso-Brasileiras (PPLB), do Real Gabinete Português de Leituras, e da Cátedra Jorge de Sena para Estudos Luso-afro-brasileiros, da UFRJ. Investigadora na área de estudos interartes, dedicando-se especialmente às relações entre texto e imagem na literatura portuguesa moderna e contemporânea.

Ela a tudo conforma (ou deforma) e define, mesmo o campo: oposto necessariamente complementar; mesmo o céu, ferido por edifícios e recortado em arruamentos; até mesmo o amor, tão fugaz quanto inelutável, como no soneto "À une passante", de Baudelaire.

> La rue assourdissante autour de moi hurlait. /Longue, mince, en grand deuil, douleur majestueuse, / Une femme passa, d'une main fastueuse / Soulevant, balançant le feston et l'ourlet; // Agile et noble, avec sa jambe de statue. /Moi, je buvais, crispé comme un extravagant, / Dans son œil, ciel livide où germe l'ouragan, / La douceur qui fascine et le plaisir qui tue. // Un éclair... puis la nuit! — Fugitive beauté / Dont le regard m'a fait soudainement renaître, / Ne te verrai-je plus que dans l'éternité? // Ailleurs, bien loin d'ici! trop tard! jamais peut-être! / Car j'ignore où tu fuis, tu ne sais où je vais, / Ô toi que j'eusse aimée, ô toi qui le savais![2] (BAUDELAIRE, 2019, p. 312).

Na cidade, a amada (na imperfeição do condicional: aquela que se teria amado) é a desconhecida que passa, inevitavelmente passa. "Beleza fugidia" que atravessa o olhar do poeta, como uma iluminação, para se perder, deixando atrás de si o rastro fascinante do balanço leve da sua saia e o tormento do furacão que nasce nos seus olhos – movimentos de ar, tão fluidos quanto marcantes, como tenta dizer a escritura que os deseja apreender.

Mas já agora a reconhecemos: estamos diante de uma Ninfa, forma de sobrevivência (*Nachleben*) – moderna, nesse caso – que Aby Warburg identificou em momentos e contextos muito diversos da história da arte e da cultura, definindo-se mesmo pelo seu atravessamento desses territórios, pelo seu surgir e ressurgir num regime de repetição e metamorfose. As aparições da Ninfa, deusa

2. De ensurdecer, a rua em torno a mim urrava. / Magra, esguia, de luto, na dor majestosa, / Uma mulher passou, e com uma mão faustosa / A barra do vestido erguia e balançava; // Com pernas de estátua, ágil, aristocrata. / Crispado como um louco, eu bebia, histrião, / Em seu olho, céu lívido onde o furacão / Nasce, o afeto que encanta e o prazer que mata. // Um raio… a noite vem! — Beleza fugidia, / Cujo olhar de repente me fez renascer, / É só na eternidade que eu te reveria? Bem longe daqui! tarde! jamais, pode ser! / Não sei onde vais, nem onde vou avalias, / Tu que eu teria amado, tu que o bem sabias! (BAUDELAIRE, 2019, p. 313. Tradução de Julio Castañon Guimarães).

exilada, desconcertam o espaço onde se dão, como invasões do fantasma de um outro tempo. De uma a outra obra, ela passa com pés ligeiros, embalada por um vento próprio que drapeia suas roupas e ondula seus cabelos. É a passante de Baudelaire, a Vênus de Botticelli, a serva de Ghirlandaio, a Mênade dos túmulos da Antiguidade clássica, a Madalena em luto delirante dançando aos pés da cruz, a Gradiva de Jensen e de Freud caminhando por Pompeia, a Ofélia de Shakespeare mergulhada na corrente, a dama galante se balançando numa tela de Fragonard... Mapear suas aparições foi a paixão de Warburg, que bem se sabia empenhado numa busca interminável, pois a Ninfa é tão fugidia quanto insistente, reincidente. Onde e quando menos se espera, uma superfície se avoluma em pregas, cabelos tremulam ao vento, pés se apressam: é a Ninfa!

Num poema de Eugénio de Andrade, ela surge outra vez. O título da composição, "Lisboa", localiza de partida o espaço citadino, o que aproxima a cena e a figura que vai dominá-la do soneto de Baudelaire. Essa nova passante já não é, porém, uma personagem da cidade, actante de uma experiência ali vivida que a refere por contiguidade metonímica, mas a própria cidade metaforizada, uma alegoria. Lisboa é a passante, é a Ninfa.

> Alguém diz com lentidão:
> «Lisboa, sabes...»
> Eu sei. É uma rapariga
> descalça e leve,
> um vento súbito e claro
> nos cabelos,
> algumas rugas finas
> a espreitar-lhe os olhos,
> a solidão aberta
> nos lábios e nos dedos,
> descendo degraus
> e degraus
> e degraus até o rio.
>
> Eu sei. E tu, sabias?
> (ANDRADE, 2017, p. 100).

Um encontro, sempre reencontro, com a Ninfa nunca é apaziguador: "Eu sei. E tu, sabias?" – termina, numa provocação, o poema. Se a identificação da fórmula (fórmula de *pathos*, *Pathosformel*, no conceito de Warburg) de pés descalços quase alados, vento, cabelos esvoaçantes e drapeado (neste caso, a própria pele da rapariga, enrugada ao redor dos olhos) promove um reconhecimento, este é sempre dialetizado por mecanismos de deslocamento que causam estranheza no cerne mesmo do familiar. Tão próximos estamos de Freud que não custa muito perceber que a Ninfa surge como um sintoma: o retorno do recalcado, um elemento crítico que emerge obliquamente e põe em crise a cena, a representação que invade. De fato, representar Lisboa como Ninfa é perturbar todo um saber estabelecido sobre a cidade, é redescobri-la como meio fluido, de fluxos e refluxos de tempo, memória, desejo e luto. O poema, a princípio espirituoso, mas claro, mobiliza uma série de referências e promove uma abertura de sentidos e uma reflexão crítica sobre a cidade: sua conformação, sua moral, sua história, a história de um poeta de cuja formação ela faz parte. Como a Ninfa, trata-se de uma composição graciosa, que guarda, porém, nas pregas do texto, um saber assombroso.

Para desdobrá-lo, caberia a princípio examinar como a Ninfa surge nos versos, para além do plano temático, por uma questão formal. Um apontamento de Óscar Lopes nos serve para investigar essa articulação. Em um estudo seminal, o crítico reconhece a hipálage como a operação central do ofício poético de Eugénio de Andrade. Definida como o deslocamento de uma determinação semântica de um elemento para outro que lhe é contíguo, ela seria, mais do que uma figura de linguagem, um princípio do pensamento poético: "intuição finíssima e sustida ao longo de uma obra extensa e depurada" (LOPES, 1981, p. 30) que definiria essa obra: "nós poderíamos encarar toda a poesia de Eugénio de Andrade como uma permanente hipálage" (p. 29), escreve Óscar Lopes, para caracterizar uma poesia em que "tudo se liga", em que se restaura "a reminiscência de uma totalidade vivida [...], aquela vivência primitiva e esquecida [de] um todo muito denso de impressões que um certo senso comum, uma certa 'práxis' quotidiana analisam a seu modo, mas não esgotam como verdade sentida, nem, portanto, como realidade." (p. 29).

No poema que lemos, há pelo menos três ocorrências da hipálage como tropo. Em "um vento súbito e claro / nos cabelos", o adjetivo "claro" se desloca do cabelo para o vento, como que contaminando-o, e produzindo, mesmo visualmente, uma imagem total, um borrão de vento colorido pelo tom dos cabelos que agita. Em "algumas rugas finas / a espreitar-lhe os olhos", num cruzamento duplo conseguido por uma providencial troca de vocábulos quase homófonos, já não são os olhos que *espreitam*, mas as rugas que, não mais apenas *estreitando-os*, marginalmente os olham, herdeiras da sua faculdade natural. E em "a solidão aberta / nos lábios e nos dedos", essa abertura que é traço físico, corpóreo, vai caracterizar certa solidão, mas não sem uma alusão a outra fisicalidade, à visualidade de uma cidade que se abre para a vastidão do rio, paisagem carregada de uma impressão patética. Desta imagem podemos derivar a hipálage maior do poema, que o rege como invenção poética: a figura feminina que descreve não é um corpo de mulher que passa pelas ruas de Lisboa; antes, é Lisboa o corpo feminino que passa diante dos olhos do poeta. A cidade *passa* de cenário do movimento – espaço onde ele se dá – a corpo em movimento.

A partir desse comentário breve, gostaríamos de retomar a ideia de uma *hipálage generalizada* na poesia de Eugénio de Andrade com um pequeno, mas significativo desvio em relação ao ponto de chegada da reflexão de Óscar Lopes (no mais, muito valiosa e indispensável para nossa leitura): pensando a hipálage não como o signo de uma totalidade, mas como o sintoma de um atravessamento. Parece-nos que, numa espécie de dobra isomórfica, os deslocamentos semânticos da hipálage, a migração de qualificadores que a define, repercutem a fluidez da Ninfa, que perturba o cenário que percorre, incutindo-lhe movimento e potência de metamorfose. Menos do que a figuração de um todo indiferenciado a partir da união de elementos diversos – a impressão de uma unidade –, a hipálage promoveria na linguagem (e, consequentemente, na realidade por ela sugerida) uma dinâmica de travessia, de estranhos transportes que atingem e alteram expressões naturalizadas, conceitos estanques e imagens cristalizadas, subvertendo o código e desestabilizando o domínio da representação.

Essa operação parece traduzir para o plano verbal, da construção de linguagem, a fórmula de *pathos* de Warburg, segundo a qual a representação do movimento da Ninfa (e a própria caracterização da Ninfa como figura em movimento) se dá por meio de uma transferência da mobilidade para elementos acessórios: panos franzidos e cabelos flutuantes – um trabalho de hipálage. Não será coincidência que no poema de Eugénio de Andrade ocorram hipálages justamente na menção aos cabelos e às rugas. Segundo Warburg, essa transferência da capacidade de movimento, algo inesperada, para elementos marginais, e que a princípio seriam inertes, tem por efeito intensificar a percepção do movimento e revelá-lo como manifestação exterior de um estado interior exacerbado, de dor ou desejo ou ambos. Eis aí a lógica da *Pathosformel*. Bem o mostra a passante de Baudelaire, com seu luto expresso no gesto com que drapeia sua saia, com seu desejo confessado no furacão que lhe surge no olho de céu lívido. Bem o mostra, igualmente, a ninfa-cidade (ou cidade-ninfa) de Eugénio de Andrade em sua descida até o rio, com vento nos cabelos, sua pele enrugada, drapeada pelo tempo, sua busca do Tejo, a que se abre e se entrega, entre luto e desejo.

Lisboa não é a única Ninfa que passa pela poesia de Eugénio de Andrade. Ela surge, quase a mesma e ainda ligada ao espaço urbano, em "Rapariga descalça": "Chove. Uma rapariga desce a rua. / Os seus pés descalços são formosos. / São formosos e leves: o corpo alto / parte dali, e nunca se desprende. // [...] Uma gaivota passa nos meus olhos. / E a rapariga – os seus formosos pés – / canta, corre, voa, é brisa, ao ver / o mar tão próximo e tão branco." (ANDRADE, 2017, p. 85-6). Mas também ressurge em meio à natureza, em poemas de *As mãos e os frutos*: "Quando em silêncio passas entre as folhas, / uma ave renasce da sua morte / e agita as asas de repente; / tremem maduras todas as espigas / como se o próprio dia as inclinasse, / e gravemente, comedidas, / param as fontes a beber-te a face." (ANDRADE, 2017, p. 23-4). E, muito significativamente, o Green God, mito do universo poético de Eugénio de Andrade, um deus vegetal, que toca flauta e dança, é um passante, definido como tal: "Andava como quem passa / sem ter tempo de parar. // [...] // E seguia o seu caminho, / porque era um deus que passava". Como se incorporasse o estar sempre a passar, seu próprio corpo é descrito com um rio: "Era o corpo como um rio / em sereno desafio / com as margens quando desce." (ANDRADE, 2017, p. 27). O Green God encarna a natureza, como analogamente a Ninfa Lisboa encarna a cidade, confirmando a vocação corporal da poesia de Eugénio de Andrade, que ele mesmo reconhecia e enfaticamente defendia. Conforme disse numa entrevista, incluída em *Rosto precário*, respondendo à pergunta "Diga-nos por que dá a sua poesia tanta importância ao corpo?":

> Poderia limitar a minha resposta a uma citação de Merleau-Ponty: *C'est par mon corps que je comprends autrui.* Mas acrescentarei: a importância que o corpo assume nos meus versos radica no desejo de dignificar aquilo que no homem mais tem sido insultado, humilhado, desprezado ou corrompido, pelo menos de Platão para cá. Digo corpo onde outros dizem espírito, porque *todo o pensamento desencarnado me faz horror* (ANDRADE, 2011, p. 179, grifo nosso).

As Ninfas, a Ninfa que irrompe em Lisboa, em que a própria Lisboa se converte, são, portanto, agentes de pensamento – do *pensamento encarnado* – que é princípio (fundamento e ponto de partida) dessa poesia. Para Eugénio de Andrade, compreender e escrever o mundo é um trabalho do corpo, uma relação entre corpos. No dizer de Rosa Martelo: "Na sua poesia, o corpo é meio e medida de todo o relacionamento com o mundo" (2004, p. 140). Mas, retomando a fala do poeta (um pequeno manifesto), essa primazia do corpo responde ainda ao seu rebaixamento e à perseguição que sofre na cultura ocidental e especificamente na sociedade portuguesa. Diria Eugénio de Andrade em outra entrevista: "A pele, isto é, o corpo é extremamente importante na minha poesia. Não esqueça que nós escrevemos num país onde a moral é de sacristia." (ANDRADE, 2011, p. 237). Diante dessa causa poética e ética de legitimação do corpo, a Ninfa, surpreendente aparição, problemática no contexto de uma cidade de moral tacanha, que ela vai não só atravessar, como possuir (no sentido mesmo de uma possessão), assume um outro papel: pôr em xeque a moral que domina esse território, fazendo emergir o que é ali reprimido: o corpo, o desejo, o gozo dos sentidos, o erotismo.

Um comentário de Georges Didi-Huberman sobre uma imagem de Ghirlandaio que está no centro dos estudos de Aby Warburg se transfere curiosamente bem para esse outro contexto que examinamos, esclarecendo o trabalho crí-

Figura 1 – Domenico Ghirlandaio. O Nascimento de São João Batista.
Fonte: http://warburg.chaa-unicamp.com.br/obras/view/10924

tico da Ninfa. Trata-se da figura de uma serva pintada num afresco da Capela Tornabuoni, na Basílica de Santa Maria Novella, em Florença (Figura 1). Ela surge como uma deusa pagã, envolta em vento e sensualidade, na margem de uma representação do nascimento de São João Batista, invadindo o domínio da Igreja Católica e da burguesia florentina:

> Ela abre graciosamente as convenções simbólicas do espaço que atravessa e modifica com uma espécie de inocência perversa. Na realidade, são duas as lógicas territoriais que são 'criticadas' ou atingidas, postas em crise, por essa figura nómada. O primeiro território é o da própria igreja (enquanto lugar sagrado), e até o da Igreja (enquanto comunidade de crença, de valores e tabus). Deste ponto de vista, é quase indecente ver surgir, em tal contexto, um corpo tão sensual – cuja indumentária acentua os contornos dos antebraços, das coxas, dos seios –, esse corpo que desafia toda a gravidade, de pés nus e passo dançante. Desde logo e por si só, o traje *all'antica* não impõe uma imagem de deusa ou de ninfa pagã nessa

> cena consagrada ao casto precursor do Verbo encarnado? O segundo território atingido, perturbado pelo aparecimento da Ninfa, é o território burguês e solene da família Tornabuoni (DIDI-HUBERMAN, 2022, p. 27).

Algo muito semelhante parece estar em marcha, a passo de Ninfa, no poema de Eugénio de Andrade, com a sua figura "descalça e leve" – também quase dançante e desafiando a gravidade – que se opõe ao peso sóbrio da cidade, ao que nela é trabalho, ritmo capitalista, moral retrógrada; com uma "solidão aberta", que manifesta nesse corpo urbano metamorfoseado, "nos lábios e nos dedos" que uma fantástica arquitetura lhe concede, incita o desejo, faz de Lisboa um espaço do desejo, algo que a cidade também poderia ser, que a imaginação poética, a escritura e a citação da Ninfa lhe concedem ser. Tornando a Didi-Huberman para uma conclusão sobre o afresco – e uma intuição sobre o poema: "a Ninfa torna-se uma citação crítica, torna-se o aparecimento de algo como um contramotivo, algo como um inconsciente da representação e da história: em suma, um sintoma ou um 'fóssil fugaz' que atravessa o espaço figurativo como um acidente ou um fantasma não resgatado" (2022, p. 30).

De onde ela vem? De um outro tempo, certamente, e de outro espaço simbólico. No caso da Ninfa Lisboa, algumas estações de passagem são reconhecíveis: a passante de Baudelaire, como já vimos, e, na tradição portuguesa, muito relida por Eugénio de Andrade, a moça que vai à fonte em tantas cantigas do Trovadorismo galego-português, mas especialmente naquela composição de Dom Dinis em que, subindo até a fonte, o alto do rio, ela se depara com o vento, que lhe desvia as roupas que lavava – metáfora de uma primeira experiência erótica traduzida pela fórmula de panos ao vento, que Helder Macedo lê como uma cena que simboliza o erotismo (RECKERT; MACEDO, 1996, p. 70). E também a Lianor de Camões, que, "Descalça vai para a fonte [...] fermosa e não segura", despida pelo olhar do poeta que vai movendo no discurso as peças do seu traje, e que acaba por ser simbolicamente fecundada pelo mundo, como os últimos versos do vilancete sugerem, em mais um oblíquo enfrentamento da Ninfa com o domínio religioso, num intertexto que perverte a liturgia católica: "Tão linda que o mundo espanta / Chove nela graça tanta / que dá graça à fermosura". É este motivo, contramotivo de um erotismo celebrado como força cósmica, natural, que a Ninfa faz atravessar o espaço da cidade.

Mas não é apenas uma certa tradição da literatura portuguesa que a Ninfa Lisboa transporta consigo em sua migração. As "[...] rugas finas / a espreitar-lhe os olhos" são dobras do tempo, de uma história que deixa suas marcas no corpo, na pele da cidade. Esse drapeado histórico pode ser desdobrado e lido como uma narrativa. No seu caminhar "descendo degraus / e degraus / e degraus até o rio", percurso de esforço e desejo que o poema intensifica pela repetição, pela anáfora, pelo corte dos versos, pelo ritmo, pela mancha gráfica (mais uma tradução dos "acessórios em movimento" reconhecidos por Aby Warburg na pintura), um outro percurso, longínquo, é evocado: a história da própria cidade, de sua fundação, de seu destino e de seu declínio. Como resume Laura Cipriani: "Fin dai tempi della dominazione romana Lisbona [...] abbandona il primitivo insediamento sulla Colina do Castelo, corrispondente agli attuali quartieri di Alfama e Mouraria, per legare il proprio destino all'acqua." (2003, p. 23).[3] A vocação marítima portuguesa, o desejo incontido de conquista dos mares, o projeto que durante séculos guiou a nação criam para Lisboa, porto de saída, uma identidade em encruzilhada, entre navio e cais de pedra, imagens de José Cardoso Pires que Cipriani maneja como conceitos operativos. "É preciso partir, é preciso ficar", diz um verso famoso de Eugénio de Andrade (2017, p. 61), recuperando o dilema e aludindo, por outro lado, ao presente da escritura do poema, os anos 1950, marcados tanto pela massiva emigração para África, projeto do Regime, como pelos exílios "voluntários", por questões políticas, durante o Salazarismo. Pela promessa sedutora do rio, parece que de Lisboa se está sempre a partir, que a própria cidade está sempre a partir. E, no entanto, se por um lado a descida de "[...] degraus / e degraus / e degraus [...]" sugere esse desejo incontido e consumado ao longo de séculos, dialeticamente evoca um luto: a perda da glória do Império Português, passageiro ele próprio, e o cerceamento de liberdades imposto pela ditadura

3. "Desde os tempos da dominação romana, Lisboa [...] abandona o primitivo assentamento na Colina do Castelo, correspondente aos atuais bairros de Alfama e Mouraria, para ligar o seu destino à água. (Tradução nossa)

fascista, que expulsa da pátria os seus filhos mais conscientes: derrocada que se inscreve na metrópole, no tecido de Lisboa – lembrando as "rugas finas" do poema: inscrições anacrônicas, de tempos que se cruzam, de um passado que afeta a face presente da cidade: "Città mitica e divina prima, capitale dell'Atlantico poi, Lisbona rimpiange il doloroso e lento dissolversi della gloriosa immagine: il processo che fa di Lisbona la città dell'inquietudine per eccellenza scaturisce senza dubbio dal declino dell'impero portoghese, dalla perdita dell'immagine del Portogallo eroico, *un lento malessere che contagia il tessuto urbano stesso* [...]" (CIPRIANI, 2003, p. 53, grifo nosso).[4]

Da história da pátria para a história pessoal: também na trajetória de Eugénio de Andrade Lisboa é cidade de passagem.[5] Numa breve rememoração da história de seus pais e de sua própria origem, o poeta conta em entrevista que nasceu como filho bastardo, fora do casamento, no interior da Beira, região de costumes muito rígidos, na década de 20. Tendo sido inicialmente criado pela mãe e pelo avô materno, no campo, uma decisão de sua mãe alteraria definitivamente o rumo de uma vida pacata de aldeia:

> Tudo poderia ter ficado por aí, e eu seria hoje presidente da junta da freguesia, com um ranchinho de filhos e consumido para arranjar fundos para o desenvolvimento de Póvoa de Atalaia se, no espírito de minha mãe, o homem que partira não continuasse presente. Um dia pegou em mim e abalou para Lisboa – ele cha-

4. Antes cidade mítica e divina, depois capital do Atlântico, Lisboa lamenta a dolorosa e lenta dissolução da imagem gloriosa: o processo que faz de Lisboa a cidade do desassossego por excelência decorre sem dúvida do declínio do império português, da perda de imagem do Portugal heroico, um lento mal-estar que contagia o próprio tecido urbano. (Tradução nossa)

5. Eugénio de Andrade reivindicava uma separação clara de sua biografia pessoal e de sua vida literária: "Só a minha poesia é pública: o que de mim importa, se alguma coisa importa, são os meus versos. E eles devem ser lidos tendo em conta que a poesia é uma arte impessoal" (ANDRADE, 2011, p. 262), pelo que não faria muito sentido trazer para esta análise dados biográficos. No entanto, alguns elementos de sua história, notoriamente aspectos que parecem significativos para sua formação como poeta, são mencionados em textos e entrevistas de *Rosto precário*, livro organizado pelo próprio poeta, acedendo, portanto, ao espaço público da obra. A história dos pais do poeta e o motivo da ida de um Eugénio de Andrade ainda criança para Lisboa parecem relevantes para nossa leitura.

mava-a por cartas, e ela deveria querer reparar a 'falta': o casamento teve lugar algum tempo depois (ANDRADE, 2011, p. 275).

É curioso que a "falta", posta entre aspas pelo poeta no registro definitivo de sua entrevista, tanto possa se referir ao erro (segundo os valores de uma sociedade tradicional) do envolvimento sexual e da gravidez de uma mulher não casada como também ao desejo que ela ainda sentia pelo antigo namorado. De qualquer modo, é essa falta que a move a partir com o filho para Lisboa, onde infelizmente os esperava uma vida de solidão. O pai do poeta seguiu, mesmo casado, sendo ausente e infiel; a mãe precisava buscar o sustento para a família, o que a fazia muitas vezes ter de deixar o filho sozinho. Lisboa não parece ter se tornado nunca uma referência de lar para Eugénio de Andrade, antes se constituindo como espaço de uma busca sem fim, calcada em desejo e luto.

Essa experiência pessoal da cidade repercute na representação que o poeta faz dela. Lido na chave da história biográfica, o poema "Lisboa" traz a Ninfa como figura associada à mãe de Eugénio de Andrade: musa, fonte e centro da sua poesia, como reconhece o próprio poeta e a leitura da obra facilmente comprova. Movida por sonho e perda, ela é a moça do campo, deslocada no ambiente urbano, que percorre "descalça e leve", como se num espaço diverso estivesse. Com vento nos cabelos – ou ela própria "um vento súbito e claro", ao menos na impressão passageira da hesitação do *enjambement* – encarna o desejo ingênuo que ainda a move, que marca também o seu olhar com as "rugas finas" de uma espera, de um tempo desdobrado, que traz já a suspeita preocupada da frustração. Os lábios abertos talvez cantem (a cena fundacional da poesia de Eugénio de Andrade é uma memória de sua mãe cantando) (ANDRADE, 2011, p. 161) ou chamem pelo amado que nunca realmente responde. Os dedos também abertos não têm outros que com eles se enlacem. São a solidão inscrita no corpo. A descida para o rio, excessiva, tem o sentido de um sofrimento estendido e agravado ao longo de anos, mas também de um desejo que perdura, ainda que como luto, como melancolia. O rio é metáfora para o corpo amado em muitos poemas de Eugénio de Andrade – "Que rompam as águas: / É de um corpo que falo. / [...] / É de um rio que falo; / [...] / Um corpo amei; Um corpo, um rio;" ("Espelho" – ANDRADE, 2017, p. 116-117). E, não fosse esse sentido, bastaria lembrar que chegar ao rio é continuar a descer, continuar a passar, a buscar.

Esse interminável movimento, levado às últimas consequências e transferido da mãe para o filho como uma herança, aparece em outros poemas de Eugénio de Andrade que têm Lisboa como tema ou cenário. Em oposição ao Porto, de que, já adulto, o poeta acabaria por fazer sua morada definitiva, e que é assinalado em seus textos por um exercício de enraizamento – "O Porto é só a pequena praça onde há tantos anos aprendo metodicamente a ser árvore" (ANDRADE, 2017, p. 432) –, a Lisboa cabem repetidamente imagens de desterritorializacão, transitoriedade e movimento. Estar em Lisboa, na poesia de Eugénio de Andrade, é estar em trânsito: de passagem e sempre em passeio: "Não sou daqui e não vos devo / nada, ninguém / poderá negar a evidência / de ser chama ou água, / fluir em lugar de ser pedra." ("Sempre a água" – ANDRADE, 2017, p. 544). Seu guia pelas ruas da capital não é outro se não Cesário Verde: "Nesta cidade, onde agora me sinto / mais estrangeiro do que um gato persa; / nesta Lisboa, onde mansos e lisos / os dias passam a ver as gaivotas, / e a cor dos jacarandás floridos / se mistura à cor do Tejo, em flor também; / só o Cesário vem ao meu encontro, / me faz companhia, quando de rua / em rua procuro um rumor distante / de passos ou aves, nem eu já sei bem." ("Em Lisboa com Cesário Verde" – ANDRADE, 2017, p. 274). Mesmo as árvores valem aí não por suas raízes, mas como convite ao voo e à dispersão no ar, como dizem os versos de "Aos jacarandás de Lisboa": "São eles que anunciam o verão. / Não sei doutra glória, doutro / paraíso: à sua entrada os jacarandás / estão em flor, um de cada lado. / [...] / É como nos sonhos mais pueris: / posso voar quase rente / às nuvens altas – irmão dos pássaros –, / perder-me no ar." (ANDRADE, 2017, p. 618). Em "Outra vez o Tejo", um poema de regresso, na linhagem de "Lisbon revisited", de Álvaro de Campos, o poeta parece identificar-se com um barco que atravessa o rio e com o próprio Tejo, entrando novamente em Lisboa, cidade (de parte) da sua infância. E, embora pareça haver aí uma redescoberta do tempo perdido, o que resulta desse reencontro com um eu-de-outrora é, mais uma vez, uma experiência de dispersão, pelo que nos fica a impressão de que, mesmo na infância, Lisboa tenha sido para Eugénio de Andrade um espaço de passagem, um meio de fluidez e dissolução: para perder-se, para ser poeira e vento – como a Ninfa.

> Um barco atravessa o Tejo. / Vem da infância, não sei para onde vai. / É branco, dessa brancura só dada / às aves. O rio, / que não via há tanto tempo, / entra agora pelas ruas de Lisboa / ao encontro da tão amada / luz dos jacarandás. / Volto a ter oito anos neste jardim, / vou perder-me nestas ruas, / nestas calçadas, onde o grito / das gaivotas sobe a prumo, / vou correr com o vento de esquina / em esquina, subir / com as árvores, ser / com elas poeira fina (ANDRADE, 2017, p. 621).

Um outro poema de reminiscência – este de um regresso apenas imaginário, por ação da memória involuntária – traz novamente a figura da mãe. Ela parece estar aqui finalmente em repouso, mas a impressão é enganosa; uma leitura atenta dos versos revela o passar como seu estado inerente, interiorizado na sua imagem.

> O amargo sabor duma laranja,
> e a casa regressa. O mar entrava todo
> nela, vinha do sul, cheirava bem.
> A árvore já não existe, no seu lugar
> a melancolia está sentada.
> Tem uns olhos imensos onde corre o vento
> e na mão uma laranja.
> Amarga.
> (ANDRADE, 2017, p. 366)

O sabor da laranja faz ressurgir proustianamente a casa da infância, "(porque havia / uma laranjeira / ao lado da casa.)", conforme dizem os versos de outro poema ("Ardendo na sombra" – ANDRADE, 2017, p. 598). Nesse que agora nos ocupa, porém, a árvore deu lugar à melancolia. Como muito do que há na poesia de Eugénio de Andrade, ela toma corpo: está sentada, tem olhos e mão. É a Melancolia, alegoria de longa tradição plástica. E sustenta – não mais a árvore, desaparecida, mas ela, que lhe tomou o posto – "uma laranja / Amarga". As frutas têm uma presença forte e geralmente muito positiva na poesia de Eugénio de Andrade (lembremos o título do livro que o poeta aponta como início efetivo de sua obra: *As mãos e os frutos*), mas esta laranja é uma fruta arruinada, no sentido benjaminiano da ruína: um elemento alegórico, no entendimento moderno do conceito: que não prevê uma significação fixa, como o símbolo, mas antes móvel e sempre a alterar-se, pois a alegoria estudada por Benjamin, a partir do drama trágico alemão, contém em si uma história compreendida como declínio. É como se a Melancolia, figuração da mãe do poeta (essa personagem da sua poesia), ostentasse na mão a sua história – numa imagem já familiar: aquele percurso "descendo degraus / e degraus / e degraus até o rio", em que confluem desejo e luto. Stephen Reckert trata dessa potencialidade de sentidos do que chama "complexo cítrico", incluindo laranjas e limões, a partir de um extenso levantamento da referência a essas frutas na poesia ibérica e oriental, justamente porque em muitos poemas que recorrem à sua imagem "o protagonista é o Tempo" (RECKERT, 1999, p. 122). As laranjas tanto podem dizer as promessas e as alegrias do amor como a sua perda ou os sofrimentos que causa (1999, p. 96); e em muitas composições aludem a esse feixe variado e contraditório de significados, pois contêm em si um arco narrativo, uma duração, a matéria do tempo.

Mas há ainda um outro elemento do poema que nos mostra o movimento inscrito em sua imagem. Para abordá-lo, recorremos à leitura de Carlos Mendes de Sousa, que retoma a tradição iconográfica da Melancolia e descobre uma imagem muito próxima da cena construída por Eugénio de Andrade, propondo uma espécie de análise ecfrástica que gostaríamos de subscrever e ampliar. Se a Melancolia como construto alegórico tem a sua expressão visual mais conhecida em Dürer, a sua representação no poema, marcada pela aridez e pelo esvaziamento do cenário, afasta-se dessa iconografia mais típica, em que a figura aparece cercada de ruínas, objetos dispersos, animais.[6] Uma ilustração incluída na *Iconologia* de Cesare Ripa (Figura 2), porém revela impressionantes pontos de contato com a construção poética:

6. Albrecht Dürer. *Melancolia I*. Gravura, 1514.

Da descrição de Ripa, que fala de uma mulher velha sentada em cima de uma pedra, ressaltam os traços de um grande despojamento, de uma economia de elementos apontando para um profundo despaisamento. Há uma curiosa aproximação: na ilustração, para além das pedras, só existe uma árvore entre elas. Trata-se de uma árvore despida [...]. No poema há a referência à árvore que não está lá. A melancolia sentada apropriou-se de todo o lugar. Mas o que mais impressiona na xilografia de Ripa, para mim o que mais extraordinariamente permite a aproximação com o poema, é algo que na sua descrição o autor da *Iconologia* não salienta: uns olhos imensos e vazios. Repito o verso: "tem uns olhos imensos onde corre o vento". Na ilustração, das vestes da mulher sai um panejamento esvoaçante." (SOUSA, 1992, p. 145-146).

O que dizer, senão: "É a Ninfa!"

Ludicamente, combinando a imagem e o poema, o texto de Carlos Mendes de Sousa sugere que o vento que enfuna o manto da Melancolia seria o que lhe corre nos olhos, que ele vê como "imensos e vazios". Não está nada distante de uma leitura inspirada pelo pensamento de Aby Warburg, que, lembremos, com o conceito de *Pathosformel* pensava os "acessórios em movimento" pela ação do vento como expressões exteriores de um estado interior, uma estratégia de representação que atravessa a história na figura da Ninfa. Portanto, seria de fato um tormento interior o que faria flutuar o manto e, acrescentaríamos, drapear a saia e ondular os cabelos, ainda que presos, dessa *Ninfa Dolorosa*, como a chamaria Didi-Huberman no seu "folhetim em aberto sobre a figura da Ninfa" (2015, p. 125, tradução minha). Assim, numa espécie de progressão, aquela rapariga "descalça e leve", com "um vento súbito e claro / nos cabelos", que uma suspensão do *enjambement* permite ler, também já vimos, como sendo o próprio vento, tem agora o vento a correr dentro dos olhos. Ou já teria – e seria esse vento a drapear a pele do seu rosto em "algumas rugas finas"? Ela se encontra, em espelho, com a passante de Baudelaire, com seu olho de céu lívido onde nasce o furacão.

A imagem dos olhos vazios corridos por vento dialeticamente remete a perda e a luto, como a um desejo que, apesar de tudo, se mantém vivo. Parecem brilhar, perturbadoramente, os olhos da Melancolia. Como se num corpo já morto o desejo sobrevivesse, como um fantasma – precisamente o que Warburg pen-

Figura 2 – Cesare Ripa. *Melancolia*. 1618
Fonte: https://www.metmuseum.org/art/collection/search/370219

sava da Ninfa: uma forma de *Nachleben*: de sobrevida após a morte. E é esse desejo, movimento que persiste, anacrônico, que a mãe passa ao filho, em herança, como sugere claramente uma estrofe de "Tempo em que se morrre": "Pousas as mãos sobre o meu rosto, / e vais partir / sem nada me dizer, / pois *só quiseste despertar em mim / a vocação do fogo ou do orvalho.* / E devagar, sem te voltares, / pelos espelhos entras na noite." (ANDRADE, 2017, p. 173, grifo nosso). E, pela coincidência de imagens, os versos de "Escrito no muro": "Procura a maravilha. / [...] / Na laranja aberta / à língua do vento. / [...] / Na noite inclinada / de melancolia. / Procura / Procura a maravilha." (ANDRADE, 2017, p. 150).

É na poesia que Eugénio de Andrade vai procurá-la. O seu desejo se volta para a palavra, se exerce pela escrita, concebida como forma de relação carnal com o mundo e com a linguagem. "Ao princípio era o desejo." – ele nos diz –

"Desejo de me apossar do mundo, de o devorar; porque a pele que tocava era macia; a parede caiada, fresca; o corpo dos animais, quente; a voz de minha mãe, próxima, leve, um sopro quase. As coisas fascinavam-me e tinha com elas uma relação directa: a do prazer." (ANDRADE, 2011, p. 204). E segue: "Parece-me que tudo quanto fiz, tudo quanto longamente acariciei com o olhar, foi só para escrever um verso." (2011, p. 211). Carícia que se converte em escritura: como se – exatamente como se – Eugénio de Andrade aplicasse de um método que Didi-Huberman formula num pequeno texto chamado "Méthode: caresse", último fragmento de um livro em que reúne as suas "*aperçues*": impressões, vislumbres, tudo o que, de passagem, comove o seu olhar, o seu pensamento e a sua escrita.

> Vers ce qui me touche s'avance ma main. [...] mes propres doigts s'oublient peu à peu s'ils restent immobiles. Alors je les déplace un peu, [...] en sorte que reste vivante ma sensation, et cela s'appelle une caresse. Rien ne se touche qui ne le soit en mouvement.
>
> Si je traduis cette petite expérience en termes de méthode : vers ce qui me touche j'avance quelques mots. Et je constate que [...] les mots s'oublient peu à peu s'ils restent immobiles. Alors je les déplace un peu pour tenir vivante ma pensée, et cela s'appelle un phrasé. Rien ne s'écrit qui ne le soit en mouvement. Je ne comprendrai rien si je veux seulement prendre. Prendre c'est immobiliser, immobiliser c'est ne pas comprendre. Il me faut donc accepter de ne prendre qu'au passage, qu'au vol, et de n'avoir pour tout trésor que les lambeaux d'un mouvement, les draperies ou les « traînes » de mes propres sensations.
>
> Il faut, certes, donner forme, et sans relâche. Faire exister ce qui ne fait que passer. Inscrire l'aperçue. Mais ne rien tenir immobile, pour que la caresse ne se fige pas, pour que le mot ne devienne pas mot d'ordre et pour que la forme ne devienne pas fétiche. [...] Assumer pour chaque forme [...] qu'elle soit transitoire, qu'elle se déplace sans relâche sur le corps du monde, comme une caresse. (DIDI-HUBERMAN, 2018, p. 332).[7]

---

7. "Rumo ao que me toca avança minha mão. [...] meus próprios dedos se esquecem pouco a pouco se ficam parados. Então eu os movo um pouco, [...] de modo que minha sensação permaneça viva, e isso se chama uma carícia. Nada se toca a não ser em movimento.

Correspondendo ao método, Eugénio de Andrade diz que o impulso inicial de sua poesia vem de Eros. "Mas só esse impulso, pois é então que outra paixão começa: a das metamorfoses." (ANDRADE, 2011, p. 173). Tornando a "Lisboa": metamorfosear a cidade em Ninfa e acompanhá-la em seu percurso de "[...] rapariga / descalça e leve", que pisa o chão com a intimidade dos pés nus, tocando ruas, calçadas, escadas, não seria um modo de acariciá-la com o olhar, de experimentá-la "como uma travessia física, algo que passa através dos olhos" (DIDI-HUBERMAN, 1998, p. 29)? Um modo de tomá-la (amorosamente), em movimento e respeitando a sua fluidez, para assim apreendê-la, à maneira não de posse, mas de passagem? Não seria inventar uma forma de ver e escrever a cidade fundada no desejo?

O poema começa: "Alguém diz com lentidão: / « Lisboa, sabes... »", e as reticências sugerem, a um só tempo, o peso do clichê, já tão cristalizado que nem é preciso repetir, mas também a constatação de uma incapacidade de descrever, seja porque algo excessivamente visto e que parecia óbvio subitamente se refugia no mistério, impõe-se como "uma espécie de furo" (a expressão é de Wittgenstein) – ou três furos, pontuados na página; seja porque diante de fascínio ou dor, ou ambos, muitas vezes só resta o silêncio. Ou ainda, anunciam na pausa prolongada um ceder a fala, um gesto de partilha com o outro, em conversa, da experiência da cidade, do que dela se conhece e do que dela se ignora. Seja como for, as reticências abrem espaço para a fala desse outro, para um dizer outro, a que o poeta atende: "Eu sei." E tenta, ensaia dizer.

Se traduzo esta pequena experiência em termos de método: rumo ao que me toca, avanço algumas palavras. E constato que [...] as palavras se esquecem pouco a pouco se permanecem imóveis. Então eu as desloco um pouco para manter vivo meu pensamento, e isto se chama um fraseado. Nada se escreve a não ser em movimento. Eu não compreenderia nada se eu só quisesse apreender. Apreender é imobilizar, imobilizar não é compreender. É-me preciso, portanto, aceitar apreender apenas de passagem, apenas em voo, e ter como único tesouro os fragmentos de um movimento, os drapeados ou os "rastros" de minhas próprias sensações.

É preciso, claro, dar forma, e incansavelmente. Trazendo à existência o que está apenas de passagem. Escrever o vislumbre. Mas não fazer nada ficar imóvel, para que a carícia não se congele, para que a palavra não se torne palavra de ordem e para que a forma não se torne um fetiche. [...] Assumir para cada forma [...] que ela seja transitória, que se mova incansavelmente sobre o corpo do mundo, como uma carícia." (Tradução nossa)

"*Essayer dire*" é o título de um ensaio de Didi-Huberman contido no seu livro *Essayer voir*. São expressões gramaticalmente desviantes, pois em francês se diz "*essayer de dire*" / "*essayer de voir*". O mesmo acontece em inglês, língua original da citação de Beckett que inspira o texto: "*Try see*", é um desvio da forma-padrão "*Try to see*". Explorando o sentido criado pela mudança, um modo de condensar a locução verbal elidindo a preposição, Didi-Huberman explica: "'Essayer de dire' *(try to say)*, voilà qui nomme bien le défaut, la possibilité d'échouer ; mais 'essayer dire' *(try say)*, voilà qui désigne à présent l'effectivité du désir, de l'essai, la fécondité du conflit même ou se débat toute exigence de dire." (2014, p. 55).[8] O poeta lança-se ao risco de dizer, num tentar-dizer[9] que não se deixa conter pela possibilidade do fracasso; que é exercício do desejo e depende de um trabalho do olhar, ou antes: das pálpebras – essa pele mais íntima dos olhos, drapeado sempre a flutuar diante deles, limite e limiar. "Comment essayer dire?" pergunta Beckett – e responde: "Yeux clos. Yeux écarquillés. Yeux clos écarquillés" (apud DIDI-HUBERMAN, 2014, p. 7).[10] Um regime rítmico, duplo, dialético do olhar que permitiria ver para além das superfícies, tatear as coisas do mundo e adentrá-las como volumes, perceber, para além do visível, os seus vazios, e para além das evidências, as suas correspondências e os seus sentidos, o modo como cada uma delas nos afeta. Para a cidade e aqueles que a habitam ou que por ela passam, um meio de descobrir a sua identidade profunda e íntima (CIPRIANI, 2003, p. 17). "Eu sei. E tu, sabias?", pergunta o poeta, num desafio: sabias pelo toque, com o corpo, com os sentidos; sabias o que só com esse envolvimento de saber e sabor é possível apreender?

Olhos fechados, abertos, fechados abertos – talvez como os da Ninfa Lisboa, com aquelas "[...] rugas finas / a espreitar-lhe [ou estreitar-lhe?] os

---

8. "'Tentar dizer' (*try to say*), eis o que nomeia o defeito, a possibilidade de falhar; mas 'tentar-dizer' (*try say*) é o que designa a eficácia do desejo, do ensaio, da tentativa, a fecundidade do conflito mesmo em que se debate toda exigência de dizer." (Tradução nossa)

9. A forma hifenada é uma tentativa de traduzir o efeito da condensação criada por Beckett, já que em português não há a mediação da preposição, sendo "tentar dizer" a estrutura corrente.

10. "Como tentar-dizer?" / "Olhos fechados. Olhos abertos. Olhos fechados abertos." (Tradução nossa)

olhos"; e como os da Ninfa Dolorosa de Cesare Ripa, que vimos estar de olhos excessivamente abertos, mas bem poderia ter (convém voltar algumas páginas e rever a reprodução) as pálpebras cerradas. Figuras que ensinam a ver e a dizer, que no seu irrefreável movimento reivindicam um olhar que com elas se mova, uma linguagem que com elas se mova, convertida, ela própria, em modo de passagem, sempre em deslocamento, como uma carícia. O que Didi-Huberman chama "*phrasé*" – estrutura rítmica de som e sentido – Eugénio de Andrade chamava "rumor". Era isto o que buscava na sua poesia, onde as ninfas sobrevivem, embora em metamorfose:

> [...] um rumor,
> não de ninfas, de palavras.
> ("Arredores de Atenas" – ANDRADE, 2017, p. 242).

Referências

ANDRADE, Eugénio de. *Prosa*. Vila Nova de Gaia: Modo de ler / Rosto editora, 2011.

ANDRADE, Eugénio de. *Poesia*. Lisboa: Assírio & Alvim, 2017.

BAUDELAIRE, Charles. *As Flores do Mal*. Trad. Julio Castañon Guimarães. São Paulo: Penguin-Companhia das Letras, 2019.

BENJAMIN, Walter. *Origem do drama trágico alemão*. Trad. João Barrento. São Paulo: Autêntica, 2013.

CAMÕES, Luis Vaz de. *Descalça vai para a fonte*. Disponível em: http://users.isr.ist.utl.pt/~cfb/VdS/v352.txt

CIPRIANI, Laura. *Lisbona*. Città dell'inquietudine. Milão: Edizzioni Unicopli, 2003.

DIDI-HUBERMAN, Georges. *O que vemos, o que nos olha*. Trad. Paulo Neves. São Paulo: Editora 34, 1998.

DIDI-HUBERMAN, Georges. *Ninfa moderna*. Essai sur le drapé tombé. Paris: Gallimard, 2002.

DIDI-HUBERMAN, Georges. *Essayer voir*. Paris: Les Éditions de Minuit, 2014.

DIDI-HUBERMAN, Georges. *Ninfa fluida*. Essai sur le drapé-désir. Paris: Gallimard, 2015.

DIDI-HUBERMAN, Georges. *Aperçues*. Paris: Les Éditions de Minuit, 2018.

DIDI-HUBERMAN, Georges. *Ninfa dolorosa*. Essai sur la mémoire d'um geste. Paris: Gallimard, 2019.

DIDI-HUBERMAN, Georges. *Ao passo ligeiro da serva*. Saber das imagens, saber excêntrico. FIGUEIRA, João Francisco Figueira (ed.). Trad. Renata Correia Botelho e Rui Pires Cabral. Lisboa: KKYM, 2022.

LOPES, Óscar. *Uma espécie de música* (A poesia de Eugénio de Andrade). Três ensaios. Lisboa: INCM, 1981.

LOURENÇO, Eduardo. A poesia de Eugénio de Andrade. In: *21 Ensaios sobre Eugénio de Andrade*. Porto: Inova, 1971. p. 29-62.

MARTELO, Rosa Maria. O corpo e o *corpus*: Eugénio de Andrade *vs.* Fernando Pessoa (e outros caminhos). In: MARTELO, Rosa Maria. *Em parte incerta*. Estudos de poesia portuguesa moderna e contemporânea. Porto: Campo das letras, 2004. p. 131-149.

NAVA, Luís Miguel. Da poesia da natureza à natureza da poesia. In: NAVA, Luís Miguel. *Ensaios reunidos*. Lisboa: Assírio & Alvim, 2004. p. 117-139.

RECKERT, Stephen; MACEDO, Helder. *Do Cancioneiro de Amigo*. Lisboa: Assírio & Alvim, 1996.

RECKERT, Stephen. Golden lamps in a green night. In: RECKERT, Stephen. *Para além das neblinas de novembro*. Perspectivas sobre a poesia ocidental e oriental. Trad. Dídia Marques Reckert. Lisboa: Fundação Calouste Gulbenkian, 1999. p. 85-123.

SOUSA, Carlos Mendes de. *O nascimento da música*. A metáfora em Eugénio de Andrade. Coimbra: Almedina, 1992.

WARBURG, Aby. *Histórias de fantasma para gente grande*: escritos, esboços e conferências. WAIZPORT, Leopoldo (org.). Trad. Lenin Bicudo Bárbara. São Paulo: Companhia das Letras, 2015.

WARBURG, Aby. *A presença do antigo*. Escritos inéditos – volume 1. Org. e trad. Cássio Fernandes. Campinas: Editora Unicamp, 2018.

MONICA FIGUEIREDO[1]

Lisboa: um espetáculo de sombras
Mário Cláudio e *Tocata para dois clarins*

> "Tudo no mundo está dando respostas, o que demora é o tempo das perguntas."
> SARAMAGO, José. *Memorial do Convento*

Começo por advertir que este ensaio nasce do desejo de estabelecer uma aproximação capaz de unir o discurso crítico de Eduardo Lourenço e o teórico de Roland Barthes, com a narrativa ficcional de Mário Cláudio.[2] Se por definição a palavra ensaio pode ser lida como um exercício, tentativa, experiência, ou melhor, como uma apresentação de reflexão sem conclusão ou acabamento, acho por bem utilizá-la como justificativa para este texto que igualmente quer *experimentar*. Também estou a exercitar as minhas palavras através de *outras* palavras, ou antes, *ensaio* a aproximação de três discursos aparentemente se-

1. Professora do Programa de Pós-Graduação em Letras Vernáculas, da Faculdade de Letras / Universidade Federal do Rio de Janeiro. Pesquisadora de Produtividade em Pesquisa do CNPq. Membro-Colaborador do Instituto de Literatura Comparada Margarida Losa / Universidade do Porto.

2. O presente texto é uma versão revista e aumentada de "Na implosão do discurso, a vitória sobre o poder", ensaio publicado em 2004 (em formato digital), nos *Anais do IV Seminário de Literaturas em Língua Portuguesa: Portugal e África – Revolução. Revoluções*, organizado pela Universidade Federal Fluminense.

parados por tempo e por propósito, mas que se entrelaçam quando os percebemos como requintados produtos de uma modernidade tardia que não privilegia a conclusão, mas antes deseja o seu questionamento.

O que aqui importa são as reflexões levantadas por Mário Cláudio e por Eduardo Lourenço sobre um período específico da história portuguesa: o salazarismo em sua fase inicial, que compreende as décadas de 30 e 40 do século XX. De Eduardo Lourenço, utilizarei o já emblemático *O Labirinto da Saudade – Psicanálise Mítica do Destino Português* (1982), para mostrar como o seu discurso habilmente desvela a realidade salazarista, provando que a *longa noite* portuguesa nada mais foi do que a resposta histórica de uma sociedade que durante séculos viveu longe de sua imagem real. De Mário Cláudio, aproprio-me de seu, nem sempre compreendido, *Tocata para Dois Clarins* (1992), por considerá-lo um dos textos ficcionais mais antissalazaristas que a contemporaneidade já produziu. Ao construir um discurso *outro,* que explicitamente não contradiz o discurso salazarista, Mário Cláudio recusa, em verdade, o fascismo da língua e *implode* a fala a serviço de um poder. Claro está que sobre meu texto é Barthes quem sussurra e, como eco inteligente, perpassa todas estas considerações. Obviamente, sirvo-me de *Aula* (1989), lembrando que aqui utilizo língua e discurso como *sinônimos*, seguindo a lição barthesiana que ensina que "língua e discurso são indivisos, pois eles deslizam segundo o mesmo eixo de poder" (1989, p. 31-32).

Eduardo Lourenço, ao analisar o salazarismo, mais do que traçar a fisionomia de um período histórico, mostra como o discurso – de cunho normativo e propagandístico – foi usado pelo regime para se perpetuar por mais de quatro décadas. Assim como Barthes, Lourenço sabe que "a língua como desempenho de toda a linguagem não é nem reacionária nem progressista; ela é simplesmente fascista; pois o fascismo não é impedir de dizer, é obrigar a dizer" (BARTHES, 1989, p. 14). Barthes define o discurso do poder como todo aquele "que engendra o erro e, por conseguinte, a culpabilidade daquele que o recebe" (1989, p. 11). Primado da culpabilidade, o discurso fascista encontrou campo fértil na massa popular, desinformada, analfabeta, miserável e religiosamente cerceada, que aprendia com as famosas *lições* de Salazar a única maneira *aceitável* e *honesta* de se estar no mundo. Para o Portugal da primeira metade do século XX, o fascismo foi o *discurso historicamente possível*, pautado no apogeu da "autoridade assertiva" e do "gregarismo da repetição" (BARTHES, 1989, p. 14). Ao analisar o devir histórico, Eduardo Lourenço explica que o salazarismo não foi um corte histórico, mas, antes, a resposta lógica de uma nação originariamente messiânica, economicamente atrasada e isolada do contexto europeu:

> Concretamente, o salazarismo foi o preço forte que uma nação agrária defasada do sistema ocidental a que pertence teve de pagar para ascender ao nível de nação em vias de industrialização. Desse processo e como coroamento dele, constituirá a emigração em massa dos nossos aldeões a simbólica e dura expressão final. O nacionalismo orgânico do antigo regime favoreceu a objectiva desnacionalização de milhares de portugueses. Em compensação, teria contribuído para colmatar, melhor que a ideologia patriótica do liberalismo, o abismo persistente entre a nossa autêntica realidade e a imagem hipertrofiada com que sempre temos vivido a nossa vida imaginária? Houve no salazarismo concreto [...] uma tentativa de adaptar o país à sua natural e evidente modéstia. Todavia a glosa do relativo sucesso dessa tentativa é que não foi nada modesta e breve redundou na fabricação sistemática e cara de uma lusitanidade exemplar, cobrindo o presente e o passado escolhido em função de sua mitologia arcaica e reaccionária que aos poucos substituiu a imagem mais ou menos adaptada ao País real dos começos do Estado Novo por uma ficção ideológica, sociológica e cultural mais irrealista ainda do que a proposta pela ideologia republicana, por ser ficção oficial, imagem sem controlo nem contradição possível de um país sem problemas, oásis da paz, exemplo das nações, arquétipo da solução ideal que conciliava o capital e o trabalho, a ordem e a autoridade com um desenvolvimento harmonioso da sociedade (LOURENÇO, 1982, p. 38).

Diante da análise de Eduardo Lourenço, é preciso recorrer a Barthes para lembrar que a única maneira de se vencer a ditadura presente em todo o dizer é "trapacear com a língua, trapacear a língua" (BARTHES, 1989, p. 16), através da revolução permanente da linguagem, chamada por ele de "literatura". *Tocata para Dois Clarins* explicita uma *trapaça salutar* ao recuperar ficcionalmente o período do Estado Novo, dando especial destaque à Lisboa que serviu de cenário à Exposição do Mundo Português, em 1940. O que parece que foi esquecido por parte da crítica menos perspicaz é que a ficção criada por Mário Cláudio segue as lições aprendidas com Barthes, ao recusar a construção de um discurso que de maneira categórica seja obrigado a *dizer não* ao discurso salazarista. O autor repudia a servidão a que a língua nos condena ao desestabilizar a fala do poder não por partir de uma declarada contestação, mas antes por optar pela exposição das falhas, das rachaduras presentes no discurso através do qual o ideário do Estado Novo se ergueu, dando destaque ao seu caráter assertivo que, levado ao extremo, acaba por desvelar o autoritarismo e o automatismo contidos nas repetições das *lições* vinculadas pelo discurso de propaganda salazarista.[3]

O romance inicia-se no ano de 1936 e acompanha a trajetória de dois jovens portugueses, António e Maria, desde o namoro até o casamento, privilegiando a viagem de núpcias do casal a Lisboa, onde visitam a Exposição do Mundo Português de 1940. Os capítulos dão conta, alternadamente, da sensibilidade e da experiência de uma e de outra personagem, de perto acompanhadas pela presença *física* e *discursiva* de um regime com que são obrigados a conviver. A criação de imagens nacionais e a manipulação do discurso (seja através da censura

3. Sobre António Ferro, pode afirmar-se que: "Em 1933, já diretor do recém-criado Secretariado de Propaganda Nacional (SPN), o escritor da contemporaneidade – ou o historiador do presente – passa a ser o político do espírito. Foi, então, que o seu cosmopolitismo deu lugar à construção de uma ideia de «Portugalidade» definida em várias frentes. Um Portugal dos sentidos para aqueles que sabiam ler, mas também para aqueles – a maioria – que só sabiam ver. O Bailado do Verde-Gaio, a hesitar entre a reinvenção de um folclore esquecido e uma tradição clássica internacional; os múltiplos prémios literários e artísticos, a construir os cânones da época – onde "A Romaria" do Padre Vasco Reis ganhou o prémio de poesia de 1934, relegando a "Mensagem" de Pessoa para um prémio desconsolação; as pousadas de Portugal, para que os portugueses pudessem americanizar os seus lazeres e viajar na própria terra; o concurso da aldeia mais portuguesa de Portugal e a definição etnográfica de uma cultura popular (o povo deveria continuar a ser povo, mas um povo ciente das tradições que o identificavam e que deveria reproduzir); as intervenções numa Lisboa urbana, entre o culto do bairro de Alfama, com vasos de flores à janela para o rio, e a abertura das avenidas novas, com nomes de colônias e países estrangeiros; ou a tentativa de regulamentar o estilo decorativo através das «campanhas do bom gosto». Um estilo que os críticos chamavam, ironicamente, o «estilo secretariado» " (VICENTE, 2013, p. 5).

a tudo aquilo que soasse como dissidente, ou graças a uma variada e constante propaganda ideológica) foram meios utilizados pelo governo de Salazar para sedimentar uma atmosfera de exaltação ufanista, em que reis, heróis e santos tentavam justificar um presente mediocrizado e um futuro incerto.

A exposição inaugurada em 26/6/40 foi organizada pelos homens do Estado Novo para comemorar o duplo centenário da Independência (1140) e da Restauração (1640) portuguesas.[4] Acontecimento de proporções gigantescas e dirigido de perto pelos mais "ilustres representantes do regime", teve o seu programa confeccionado pelas próprias mãos de Salazar que, segundo depoimento seu no *Diário de Notícias* de março de 1938, pretendia: "primeiro dar ao povo português um tônico de alegria e confiança em si próprio, através da evocação de oito séculos da sua História, que foram oito séculos da História do Mundo, através da solidez e eternidade da sua independência. " (PORTELA, 1987, p. 71).

O Estado Novo fortaleceu o conceito de nação – uma das mais habilidosas criações do regime –, ao ser capaz de perceber o vazio deixado por uma tradição liberal que, concretamente, nunca correspondeu aos desejos populares. De perfil autocrático, o salazarismo conseguiu fazer com que a ideia de nação se firmasse como "uma totalidade orgânica, pessoa histórica, dotada de direitos e deveres como tal" (LOURENÇO, 1982, p. 29). A introjecção desse ideário de nação surge plenamente exemplificado em *Tocata para Dois Clarins*, uma vez que os discursos das personagens e de um narrador não identificado[5] estruturam-se *sobre* o discurso salazarista. As vozes

4. Cito: "Os anos 1930 constituíram um período atribulado no tocante aos territórios ultramarinos portugueses, alvo de cobiça por parte de nações europeias. Foi neste contexto que se organizaram duas exposições de cariz colonial: a I Exposição Colonial Portuguesa e a Exposição Histórica da Ocupação no Século XIX. Procurando forjar uma consciência nacional da importância histórica e do valor político-económico do Império Colonial e obter uma identificação das populações com a política colonial do Estado Novo, os eventos constituíram parte crucial de um projeto de legitimação imperial do regime. Em 1940, na Exposição do Mundo Português, o Império era novamente exibido, na Secção Colonial. Aí, procurou-se transmitir uma única mensagem: a ideia da singularidade da colonização e a afirmação da realidade imperial de Portugal (RIBEIRO, 2015, p. 5).

5. Sobre a questão do foco narrativo, Maria Theresa Abelha Alves explica: " [...] António e Maria são as vozes monologantes através das quais se patenteia o projeto ditatorial que

narrativas muitas vezes apropriam-se das palavras do próprio ditador como se suas fossem, acabando por denunciar a manipulação ideológica operada pelo discurso de um regime que foi capaz de transformar a *nação* em um *sujeito histórico* imbuído de heroica missão, de perto abençoada pelos valores de um catolicismo retrógrado, infiltrado em todas as esferas de poder. Diz o narrador do segundo capítulo:

> Com Salazar, rumamos às paragens da tranqüilidade e da paz onde, ao fim de cada jornada de canseiras, as trindades convocam o povo, para a suprema reconciliação, através da Mãe do Senhor, Maria Santíssima. E, se for necessário, um dia, pegar em armas, a fim de defender os direitos da Fé, debaixo deste firmamento azul, onde crescem os nossos filhos, não hesitaremos em suportar toda a dor, que nos for exigida, pois dela nos compensarão as gerações vindouras e o imaculado nome de Portugal. Somos fortes e dignos, somos bravos e pertinazes, e uma alvorada vitoriosa se rasgará, sempre, por detrás do horizonte que avistarmos, se soubermos confiar em quem nos aponta o porvir. Do Minho, ao Algarve, da Madeira e dos Açores, a Cabo Verde e à Guiné e a São Tomé e Príncipe, de Angola e Moçambique, a Macau e a Timor, a Goa e a Damão e a Diu, um só brado, um brado uníssono, nos aglutina e nos empolga, desprendido do indomável pulsar do nosso coração. Foi ele o que ganhou batalhas, desfraldou velames e içou bandeiras, pôs a esvoaçar um bando de pombas brancas, sobre a multidão transida do clarão da sua Glória. E é ele que ascende, imenso e clamoroso, aos céus, "Portugal e São Jorge!", "Portugal e São Jorge!", "Portugal e São Jorge!" (*TC*, p. 37-38).[6]

---

intercepta a comunicação. Donos do discurso, cada um deles é narrador em três capítulos, só no último se juntam numa tocata em dueto. O último capítulo é, precisamente, aquele em que se narra a morte de Salazar e se celebra, por conseguinte, a restauração do diálogo. [...] Evidentemente, a carênciasde notícias concretas facilitaria a alienação dos portugueses dos reais problemas nacionais ou estrangeiros e, em contrapartida, proporcionaria a difusão rápida de um programa ideológico, que é resumido, com mestria, no capítulo segundo cujo narrador é o Sistema. (1993, p. 15). [...] "Cada narrador (António, Maria, o Sistema, a Coletividade) possui um estilo próprio conduzido, no entanto, por um mesmo percurso ideológico que, por via dos comentários, ora é trilhado com ufanismo, ora com desesperança" (1993, p. 17).

6. A edição aqui usada é: Lisboa, Publicações D. Quixote, 1992. Para as citações do romance, utilizo a abreviação *TC*, seguida do número da página.

Eduardo Lourenço desvela a intenção que existe por detrás da exaltação da pátria, vista como única saída para países de capitalismo subalterno que, incapacitados de assumir grandes empresas, delegam a responsabilidade para a "Nação, quer dizer, o Estado salazarista [firma-se] como elemento protector, e em parte dinâmico, da nossa incipiente indústria" (1987, p. 30). De perto sombreado pela ideologia do regime, o narrador do segundo capítulo de *Tocata para Dois Clarins* tentará exaltar a primária e artesanal produção portuguesa, vista aqui como pretenso exemplo de uma simplicidade a ser imitada que, no entanto, não consegue esconder o indiscutível atraso técnico-científico que afastava Portugal dos países industrializados da Europa. Ao tentar ratificar a *necessidade* de uma exposição como a que foi a do Mundo Português, este narrador convida a que:

> Olhemos esses artigos de barro que, por toda a área do torrão pátrio, se afirmam tocantemente, em genuínos modelos de elegância e de fantasia. Atentemos nesses encaixes de renda, que imitam a espuma atlântica, elaborados por mãos delicadíssimas de habilidade. Observemos os nossos tapetes, os nossos palmitos, as nossas colchas, os nossos azulejos, as nossas filigranas. Daqui tiraremos o orgulho de pertencer a este núcleo fértil e imaginativo, que não esgota a energia que possui, no acto de auferir o quotidiano sustento, mas que deixa abertas as portadas do sonho, com vista a conseguir ascender, mediante o que vai criando, à dimensão dos que transformam o meio onde se inserem. Necessário se mostra, por consequência, divulgar os efeitos deste empenhamento, através de exposições e de concursos, levando-os ao conhecimento de além-fronteiras, para que haverá que utilizar, como instrumentos privilegiados, o cinema e o livro (*TC*, p. 44).

Se durante séculos Portugal cultivou para si uma imagem irreal erguida sobre a cultura do império, o salazarismo dos primeiros tempos restituiu ao país uma imagem mais próxima da realidade, ao tentar adaptar Portugal a uma desejada modéstia, mas também evidente pequenez, diante do que se considerava então o *primeiro mundo*. No entanto, o que em princípio era justeza de avaliação acabou por se tornar desmedida, através da criação de uma lusitanidade exemplar imposta pelo regime que, pautada e justificada por uma *mitologia* arcaica e reacionária, se transformaria em ficção oficial. Cria-se assim uma imagem idealizada e idílica da realidade portuguesa e o país passa a ser "exportado" como "jardim da Europa à beira-mar plantado" (LOURENÇO, 1988, p. 20). Esta condição de aldeia-país seria exaltada como motivo de orgulho, marca de uma marginalidade feliz que - se comparada ao *inferno-urbano-tecnológico-europeu,* assolado por duas Grandes Guerras –, faria com que Portugal despontasse diante de olhos crédulos como um derradeiro paraíso. Eduardo Lourenço define o Portugal deste tempo como um bem-acabado exemplo de "Disneylândia", onde se vivia "sem escândalos, nem suicídios, nem verdadeiros problemas" (1982, p. 31). A competência do sistema em vender esta imagem de perfeição rechaçou qualquer ótica contrária a ela, daí porque toda a manifestação de oposição fosse vista como um ataque infame à *verdade portuguesa.* Portanto, como afirma dubiamente o narrador do segundo capítulo de *Tocata para Dois Clarins,* os obstáculos criados contra as intenções do regime deveriam ser *combatidos* através de todas as formas de convencimento:

> A grande Exposição, que se projecta, comemorativa do duplo centenário da Pátria, o da fundação da nacionalidade e da restauração da independência nacional, haverá de servir para dar execução, rigorosa e plena, a tais palavras, exemplificadoras de um extremo senso prático e de um estranho dom da profecia. É um português intemporal que as proclama, a quem lograria negar-lhes, em boa-fé, a eficácia que contêm, a fim de vencer todos os obstáculos, colocados pelo imobilismo e pela inveja, pelo pessimismo e pela insídia. Na clareza de uma tal directiva, eis que se sintetiza a trajectória integral de uma raça, desde ontem, até o amanhã, esclarecendo o itinerário dos que não ignoram que vencer corresponde, antes de tudo, a caminhar (*TC*, p. 47-48).

O nacionalismo patriótico-clerical desenvolvido pela ditadura recrudesceu o distanciamento de Portugal do *outro.* Procurar abrigo no passado histórico do país foi uma maneira *autêntica* e *segura* de se viver numa Europa assolada por guerras e insurreições. A sociedade portuguesa experienciou o conflito mundial de 1939 como quem assiste a um espetáculo encenado num mundo em dissolução do qual não fazia parte. A *inconsciência histórico-social* vivida ao longo de todo o conflito bélico surge retratada em *Tocata para Dois Clarins* através da frivolidade com a qual as personagens acompanham o desenrolar do *teatro da guerra* a que julgam não pertencer. Diz Maria:

> Às quatro e quarenta e cinco do dia um de Setembro de mil novecentos e trinta e nove, a Wehrmacht invadia a Polónia e, quarenta e oito horas depois, se bem me lembro, a Inglaterra declarava guerra, enfim, à Alemanha. E percebíamos que o mundo se precipitava, de forma fatal, num inferno, mas não conseguíamos impedir-nos de tomar parte, com agradável nervosismo, nessa atmosfera de quase festejo, que costuma anteceder os cataclismos maiores. "Ninguém poderá afirmar se, dentro de alguns meses, estaremos todos vivos", declararia o António, com uma jovialidade natural, que não me surpreendia. "Seja o que Deus quiser, o que Salazar for capaz de fazer", aduziria eu, confiada nesta espécie de desígnio, que há de poupar, sempre, a nossa família e aqueles que amamos. E nem as fotografias terríveis, que começavam a aparecer, bastavam para nos desiludir do facto de que não era a um espetáculo, em conclusão, a que assistíamos, mas a uma roleta imensa, onde jogávamos a vida (*TC*, p. 28).

Coube também ao regime a farsesca propagação da ideia de progresso, tendo conseguido, ainda nos primeiros tempos, misturar com relativo sucesso "arcaísmo e vanguardismo" (LOURENÇO, 1982, p. 49), oferecendo assim, ao "oásis nacional", uma *pseudo*marcha progressista. Entre outras medidas publicitárias, destaca-se um famoso quadro de M. Barata, pertencente à série das "Lições" de Salazar, em que se celebra as grandes autoestradas e outras realizações alegadamente desenvolvimentistas, iniciativas incentivadas pelo governo na tentativa de propagandear um tacanho projeto de desenvolução nacional. A aproximação estabelecida entre a ideia de estagnação e a de progresso, longe de ser absurda, constitui a *fisionomia social* traçada pelo salazarismo. Em *Tocata para Dois Clarins*, o narrador (ao defender os valores do sistema) constrói um texto declaratório e contínuo que – ao invés de contrapor os valores obsoletos oriundos de uma tradição arcaizante àqueles encarnados pelo projeto moderno-desenvolvimentista – une realidades contrastantes como se fossem uma mesma face da moeda:

> Empoleirados nas serras, espraiados pelos vales, singelos povoados alvejam, de criaturas ordeiras e activas, inquebrantáveis no culto dos santos da sua fé, garridos no festejo das suas muitas romarias. E são estes núcleos antigos, tutelados por um castelo roqueiro, tão frequentemente, o espírito da Lusitânia, manifestado nas suas danças e nos seus cantares, nas suas artes e nos seus ofícios. Ergue-se um cruzeiro de pedra, na praçazinha minúscula, e o sino chama os fregueses, tangendo matinal e cristalinamente, ao cumprimento das suas pias obrigações. São pequeninas as casas, com cortinas graciosas, nas vidraças, respirando a felicidade de viver, num doce sossego, nessa Nação que a Virgem elegeu, a fim de proclamar a sua mensagem de maternalíssima ternura. E abrem-se as portas, de par em par, porque é hospitaleira e generosa esta população, partilhando com quem passa, na estrada, o pão nosso de cada dia. Alargam-se os grandes centros, crepitantes de uma turba densa, cada vez mais cosmopolita e cada vez mais apressada, virilmente trabalhando, em prol do futuro dos seus filhos e em prol do progresso do País que a viu nascer (*TC*, p. 39-40).

A dualidade "tradicional *x* moderno" far-se-á presente dentro da própria estrutura da Exposição do Mundo Português que, factualmente, tentou arregimentar a vanguarda artística da nação na intenção de uni-la à produção dos artistas cultuadores do regime.[7] Artur Portela (1987) analisa o evento mostrando que ele foi (num momento crucial da história de uma Europa assolada pelo fascismo) a síntese da relação que o salazarismo manteve com a arte, firmando-se como um verdadeiro *discurso ideológico-artístico* do regime.

7. O livro problematiza o argumento da *neutralidade* defendido pela organização do evento, que tentava *conciliar* a produção vista como "moderna" ("os modernistas") e a considerada "tradicionalista" ("os históricos"), valendo-se para isto de uma redutora raiz historicista que, *obrigatoriamente*, seria capaz de unir qualquer forma de manifestação artística. Cito: "A verdade, porém é que se enganam, e bem lamentavelmente, ambas as facções [históricos e modernistas] esquecidas de que o progresso se faz, nesta área, com a atuação posta, em simultâneo, no passado e no futuro. (...) De superar esta desafortunada dicotomia é importante curar, com efeito, desbaratando preconceitos provincianos e clubistas, num dos lados, e fixações pretensamente cosmopolitas, no outro, conduzindo os melhores, que não são escassos, à reconciliação adequada ao seu engajamento, sem peias, na gesta comunitária da sublimação da natureza (*TC*, 46-47).

Em *Tocata para Dois Clarins* fica claro que a política de Salazar não conseguiu seduzir de forma hegemônica a intelectualidade de então, já que muitos não quiseram compactuar com os planos de um governo que pretendeu angariar a aquiescência de toda uma classe artística:

> Com alguma tristeza, poderemos afirmar que, bem-vistos os factos, nem todos os nossos artistas apreenderam os ideais da nova ordem social, afoitamente se inserindo, como por vocação, na sua missão regeneradora, nem o Estado mobilizou o ânimo de um considerável número de criadores, da elite deles, atraindo-os ao campo das suas mais altas realizações. De um lado, teria sido a vontade, talvez, a fraquejar, perante a magnitude do projecto, do outro, estamos em crer, a escassez do tempo, que não é empreendimento de poucos anos a transformação dos espíritos, sobretudo a dos mais dotados, entre eles, que soem ser, tanta vez, os mais rebeldes. Em Portugal, hoje em dia, defrontam-se duas visões antagónicas do papel transfigurador das artes, não raro de tal modo incompatíveis, no seu escopo e na sua formulação, que a urgência de as conciliar, numa salvadora harmonia, deverá fornecer prioritário alvo de toda a política do espírito (*TC*, p. 45).[8]

A suposta vocação imperial vai ser levada às últimas consequências ao longo de todo governo salazarista, "constituindo durante esse período o núcleo da imagem de Portugal" (LOURENÇO, 1982, p. 40-41). A consagração da história dos descobrimentos foi explorada tanto pela direita quanto pela esquerda, firmando-se como uma "aberração projetiva da esquizofrenia portuguesa", capaz de construir a imagem de um "Portugal *supermen*" (LOURENÇO, 1982, p. 39). Para Eduardo Lourenço, o território estendido por África,

8. A verdade é que "António Ferro, se já tinha conquistado e cativado o gosto ao povo pelo retrato que apresentara do ditador, aprontou depois a táctica de persuasão para modelar o 'novo homem' o 'homem salazarista'. Entre outros artigos, como a 'política do Espírito' tal como as entrevistas a Salazar, fizeram parte de um plano, um projecto totalizante de investimento no regime na 'formação das almas' tanto no sentido de as conformar, como de as 'educar' moral e espiritualmente, nos novos valores da 'cultura popular', nacional-ruralista e corporativa (...)" (VICENTE, 2013, p. 23). O sucesso da política salazarista esteve diretamente ligado às ações propagandísticas de António Ferro e às medidas desenvolvimentistas, no tocante às obras públicas, de Duarte Pacheco.

Ásia e Brasil alterou – somente no plano ficcional – a imagem "corporal" e "moral" do país, já que os portugueses (ao contrário do que fizeram ingleses e holandeses) não se *transformaram* com a aventura imperial, ou melhor, não se *tornaram outros* graças à expansão marítima, uma vez que o comércio não se fixou como atividade lucrativa, mas antes como processo de troca nunca encarado como "fruto burguês de cálculo preciso" (LOURENÇO, 1982, p. 43). No entanto, a questão das possessões ultramarinas foi revestida por uma imagem hiperbólica que reclamava, para uma pátria apequenada a partir da segunda metade do século XVI, a condição de grande Império Colonial, firmando-se assim como imagem cultivada com desvelo pelo salazarismo. Em *Tocata para Dois Clarins*, será pela ignorância política; pela falta de oportunidade econômica; e pela crença delirante numa anacrônica grandeza histórica que os cunhados de António partirão para a África subjugada por Salazar. Caberá a Júlio e a Lídia repetir o percurso traçado por muitos dos que apostaram no sonho imperial do regime, afinal a posse da terra africana era vista como um direito legítimo concedido *naturalmente* ao *civilizado* povo português. Angola e Moçambique vão representar as Índias do século XX para grande parte da população – principalmente para uma classe média economicamente emparedada –, de perto incentivada a repetir uma política de invasão/dilapidação junto a territórios considerados *hereges* e *selvagens* que *necessitavam* do homem branco para os conduzir.

A ocupação africana irá recrudescer a mentalidade portuguesa que acreditava que o privilégio "não tinha relação alguma com o mundo do trabalho, mas era a consagração do afastamento dele" (LOURENÇO, 1982, p. 142). Em Portugal, o trabalho sempre foi visto como coisa negativa e desprestigiada, o que fez com que fosse *naturalmente* transferido para o "preto". Com isso, a sociedade portuguesa *adoece*, *contaminada* pela herança de uma aristocracia improdutiva, capaz de criar "uma defasagem entre o que se é e o que se quer parecer" (LOURENÇO, 1982, p. 144). Em *Tocata para Dois Clarins*, Lídia e Júlio têm a necessidade ostensiva de exibirem, em cartas aos parentes, a prosperidade experimentada em terras africanas, conseguida através da exploração do trabalho alheio e produto da inconsciência de suas responsabilidades sobre a violência colonial.[9] Porém é importante perceber que, por detrás da aparente legitimidade com a qual se reveste o explorador, a fratura do sonho imperial já se faz sentir através de "uma rapariguita com um cântaro de barro à cabeça, entoando uma litania negra" (*TC*, p. 133), metáfora inteligente que dá conta da frágil política imperial, incapaz de calar as formas de resistência de uma cultura que, mesmo subjugada, ainda tinha voz.

Manter uma ditadura por mais de quatro décadas só foi possível graças à força e ao carisma pessoal de seu ditador. Salazar, autodefinido como pobre, filho de pobres, ergueu para si uma imagem que serviu modelarmente ao povo português que, espelhado na mediocridade austera do ditador, julgava *moral* e *saudável* a sua condição de país *excluído* da Europa de então.[10] Em *Tocata para Dois Clarins* a figura de Salazar percorrerá fantasmaticamente toda a narrativa, não só pela presença de seus discursos; bem como pela *atuação* das personagens que de perto ilustram a mentalidade do ditador. Mimeticamente, todas, a seu modo, obedecem ao *pai todo poderoso*, que encarnava uma forma de providência divina.

> No seu gabinete, em São Bento, ele vela incansavelmente, qual chama perpétua, pela sorte de todos nós. De sobretudo cinzento, pelas costas, com aqueles joelhos, muito débeis, protegidos por uma manta de listas, entroniza-se o Senhor Presidente do Conselho, diante da secretária arrumadíssima. [...] E, fortalecido

9. Cito: "Nas cartas da Lídia, tratava-se de tudo isto, como se fosse descrito o cenário de filme ou, melhor ainda, como se recitasse ela a página de um romance do Pierre Loti. De tudo se libertava, muito leve, o aroma do sândalo e, através dele, levitava a tribo transmontana, esquecida do seu passado, a um plano de nirvânica e fumarenta consolação. "E temos quatro criados", acrescentava ela, "que tratam da sala e do jardim e da cozinha, e fico descansada, porque são de confiança e basta-me transmitir-lhes as ordens, todas as manhãs, vigiando-os um pouco, ao longo do dia, para que cumpram fielmente as suas obrigações"(*TC*, p. 134-135).

10. Salazar é descrito por Rui Ramos: "Era um antigo seminarista do Centro Católico Português, do qual chegara a ser deputado em 1921. Embora leigo, levava a vida doméstica de um sacerdote – solteiro, partilhando a casa em Coimbra com outros padres. (...) Não era uma figura imponente. Aos 39 anos, magríssimo, tinha um ar solene e crispado, de «bispo anglicano» e uma voz «débil e ligeiramente ciciante». Nunca perdeu o sotaque beirão. Costumava preocupar os amigos com as suas enxaquecas e depressões (1992, p. 695-697).

pela sua inabalável fé, na obra titânica, em que emprega as mãos determinadas, e jurou cumprir, com toda a inteireza, são os milhões os portugueses, laboriosos e crentes, espalhados pelas sete partidas, que transporta ele na sua esteira. Se lhe perguntarmos, por isso, para onde se dirige, que estrela ilumina a trajectória dos seus passos, poderemos estar cientes de que nos responderá, com a férrea segurança dos seres de têmpera inquebrantável, "Eu tenho confiança, eu tenho a certeza de que o doce País, que nós somos, quer realmente salvar-se. [...] Abençoou-nos o Altíssimo, porém, com um Guia firme, que parece haver sido escolhido, mediante um favor especial, prestado a esta terra de gente humilde e temente e piedosíssima, com vista a conduzir-nos a porto bonançoso." (*TC*, p. 35-37).

António e Maria são personagens metonímicos que encarnam uma emblemática média-burguesia. Este extrato social, em quase sua totalidade, apoiava e compactuava com o regime, apartado que estava da miserabilidade que assolava a existência da maioria da população, igualmente dominada pela subserviência impingida por um clero colaboracionista e pela constante vigilância policial. O livro inicia-se com rememoração do primeiro encontro do casal, ainda em 1936, nos jardins do Palácio de Cristal (Porto), onde se havia realizado uma das três exposições[11] propagandísticas planejadas pela ditadura para a comemoração dos "centenários", em 1940. Mário Cláudio baliza o relato da história de António e Maria através do pano de fundo histórico das exposições, fazendo do jovem casal uma espécie de *acervo social* a ser exposto para que parte da história do salazarismo seja contada com garantida verossimilhança. Desse modo, será a *ingenuidade alienante* aquilo que terá destaque na retratação do tempo, do espaço e das próprias personagens. Recorda Maria:

Nas noites de Verão, quando não havia vento, tínhamos por costume, como outras famílias, passear no Palácio de Cristal. Agora, é aquela alameda, entretanto ladeada por barraquinhas de tômbola e por stands de amostras, um vasto espaço de desolação. No mês a que me refiro, porém, de Agosto de mil novecentos

11. Refiro-me à I Exposição Colonial Portuguesa, Porto, 1934.

e trinta e seis, e no serão que escolhi, realizava-se um concerto de beneficência. Oferecido pela Banda dos Bombeiros Voluntários do Porto. [...] Éramos quatro ou cinco mocinhas, de uma juventude que consentiu em pautar-se, nada mais, pelos padrões que lhe impunham. [...] Como éramos inconscientes, nessa época, passando à margem do sofrimento humano, por nossa culpa, e pela de quem nos fiscalizava o crescimento! (*TC*, p. 11/13-14).

Passados os anos de namoro e noivado, António e Maria casam-se no Porto e vão passar a lua de mel na Lisboa da Exposição do Mundo Português, considerada – por seus olhares provincianos embotados dos valores do regime – a "Lisboa rainha do Oriente cabeça e coroa de Portugal" (*TC*, p.49). Em meio a uma alienação que não pode ser negada,[12] Maria, no entanto, é capaz de perceber que "entrincheirávamo-nos ambos, assim, numa felicidade diferida, edificando como que um invisível dique, contra o vendaval desfeito, que se abatia, sem poupar existências, nem haveres, por todo o continente da Europa" (*TC*, p. 32). Seguindo um certo *protocolo* que *normatizava* as atitudes em nome da decantada moral burguesa, a experiência vivida pelo casal na *capital do império* espelha a previsibilidade que sustentava a realidade pequeno-burguesa. A obediência que mantinha a castradora moral burguesa impedia-os de perceber a existência de uma cidade ensombrada por um regime que se aproveitava de sua pretendida neutralidade, em meio a uma Europa cortada por deslocamentos imprevisíveis.[13] Hospedados num típico hotel em que os burgueses se sentiam protegidos do perigo escondido na (só suposta) metró-

12. Cito: "A romagem, desde há muito ansiada, à Exposição do Mundo Português, justificaria a ida a Lisboa, só por si, e anularia, até, qualquer veleidade de lua-de-mel além-fronteiras, ainda que a guerra a não impossibilitasse." (*TC*, p. 72).

13. Obviamente, a narrativa faz contraste entre as formas de deslocamentos que assolaram a Lisboa do tempo, pois ao lado dos refugiados marcados pelo privilégio do dinheiro, outros havia que sobreviviam à sombra: "E alguns dos refugiados, judeus prósperos, que aguardavam a partida para Nova Iorque, instalavam-se nos Estoris, lançando uma longa mirada, de soberana comiseração, por sobre essa gente sem lar, da sua própria raça, estiraçada no empedrado das docas. Acomodados no 'Savoy', em São João, ou no 'Miramar', no Monte, conservavam dinheiro bastante, ainda, para regularmente frequentar o Casino, exibindo um smoking de talhe impecável e uma estola de esplêndido vison." (*TC*, p. 72).

pole, formada por "aquela desordenada multidão de pelintras, de semblante tristinho e de passada nervosa" (*TC*, p. 67), António e Maria eram visitantes incapazes de uma produtiva *flânerie*:

> Ao "Francforte de Santa Justa", que arvorava, por então, a pequena fama de um hotel muito correcto, afluíam os ecos dos klaxons roufenhos, soando a todo o instante, e dos pregões reiterados, atravessando de lés a lés as ruas da Baixa. [...] Uma população heteróclita arrastava-se, lá o fundo, na sala de pavimento de mosaico poligonado, abandonando-se nos cadeirões de couro negro, entre a exuberância dos ramos das aspidistras. "São os refugiados da tal Europa destroçada", queria dizer-me a Maria, na forma como me apertava o braço. E eu observava esses rostos brancos, que nada pareciam resultar e a nada pareciam dirigir-se, boiando assim, no ar ensolarado de Lisboa, como sinal do absurdo em que se esculpiam as vidas todas (*TC*, p. 65-66).

Em meio a uma paisagem marcadamente silencial e envolvida por uma atmosfera entediante – que em muito se aproxima das descrições da Lisboa de Eça de Queirós[14] –, António e Maria temem qualquer experiência que não possa ser cautelosamente planejada. Se por um lado a Lisboa dos anos 40 foi palco de uma Exposição que (re)cantava a alma aventureira e ação conquistadora, unindo o passado ao presente português; os atuais representantes da raça estavam de perto imobilizados pelo tédio e pelo medo, preferindo o risco seguro de irrelevantes transgressões. Por isso, a ida a um Café no Bairro Alto é descrita por António como uma aventura digna da perpetuação da memória:

> Tinham-nos falado muito, em tempos, do célebre "Luso", como de uma estância de perigo doseado, com essa sugestão, todavia, do bas-fond terminal, que povoa o desejo de todo jovem adulto. [...] E o "Luso" afigurou-se-nos muito típico, na

14. Cito: "Acampavam uns senhores, pelos cafés escuros, discutindo entre si ou comprando um vigésimo da taluda, desdobravam os caixeiros, sobre as tábuas do balcão, um corte de tweed, que uma dama ia remexendo interminavelmente, entediava-se o dono de uma exígua leitaria, espanando as mesinhas, enquanto trauteava certo refrão melancólico [...]" (*TC*, p. 68).

> sua vibração de uma marginalidade mitigada, com uma sinalética suspeitamente ostentatória, de paixões e de ciúmes e de proxenetismo. A fauna que, por essas extensões, se havia radicado, compunha-se de fadistas o seu tanto emurchecidas, com os lábios pintados em coração, fumando um cigarro melado, e de seus companheiros, ensarilhados num cachecol de lã dos Pirenéus, bebericando calicezinhos de ginja ou de um licor semelhante. [...] Que melhor garantia, para um burguês recém-casado, de certeza e da estabilidade do seu estatuto, do que o confronto, realizado nestes moldes, com a apetecida infracção às regras que todos devem respeitar, a fim de que o Mundo, sem sobressalto, continue girando, em torno do seu eixo? (*TC*, p. 69-70).

A Lisboa da Exposição do Mundo Português é recriada em constante diálogo com o seu passado imperial. De maneira genial, a narrativa recupera o grande porto comercial que foi a partir das viagens dos Descobrimentos;[15] perpassando pelo palco inquisitorial em que igualmente se transformou; recuperando o Terremoto de 1715 que parcialmente a destruiu; e revivendo a circunstância traumática das invasões francesas e da fuga da Corte de D. João VI. Esta cidade assombrada pela História é facilmente manipulada pelo discurso propagandístico do regime que exaltava "o espírito da grandeza pátria, que se nos inculcara, desde Junho, data da inauguração do empreendimento, mercê de apoteóticas fórmulas jornalística"; embora fosse habitada por uma exposição que "se via amparad[a], aqui e além, pela conduta dos sombrios, e como que atemorizados, visitantes lentos." (*TC*, p. 75). De regresso ao hotel, após a esperada visita aos pavilhões, o casal é obrigado a admitir que a experiência não foi capaz de mobilizar uma população bovinamente conduzida por um discurso de grandeza, de todo estranho à realidade dos dias:

---

15. Recorto um trecho para exemplificar: "Rasgados os caminhos dos cinco oceanos, para Norte e para Sul, para Nascente e para Poente, implantava-se Lisboa, no centro da Terra, diamante luminosíssimo. Aportavam a ela as barcas das setes partidas, trazendo toda a casta de gente mundanal e toda a espécie de preciosa mercadoria. Na Ribeira das Naus, entrecruzavam-se o ameríndio e o veneziano, o cafre e o flamengo, desvairadamente gesticulando, no desejo de se fazerem entender" (*TC*, p. 118).

> E retornando à Baixa, num eléctrico apinhadíssimo, no meio daquela multidão emburricada, que não desistia de espelhar cascas de amendoim, entretínhamo-nos a ouvir os comentários forasteiros, [...] "E de que nos serve este espetáculo, se o preço do bacalhau não para de subir?" Um agente da polícia de informação, embebido no calor que lhe estava transmitindo, aos quadris, o traseiro da dona de um quiosque, deixava passar os desmandos todos. Quanto a nós, para dizer a verdade, também nós, apesar de curiosos, nos encostávamos um ao outro, tomados de sono muitíssimo (*TC*, p. 77).

Da viagem a Lisboa, sobreviverá a memória apreendida por uma fotografia que resistentemente não amarelou com o tempo; metáfora que denuncia que, para muitos, o tempo do regime não se transformou em passado facilmente ultrapassável.[16] Apesar de o narrador – em eco com o regime – afirmar que "ao aproximar-se o inverno, encetámos a dura tarefa de desmontagem da Exposição do Mundo Português, desfazendo gradualmente aquele brilhante certame que, para dizer tudo, situara Lisboa, como uma estrela, no centro da Europa convulsionada" (*TC*, p. 165), o que resta da Exposição é um enorme monte de entulho, imagem perfeita se lembrarmos dos *benjaminianos* ensinamentos sobre a ruína da História.[17]

Ao colocar na boca de Maria a incontornável pergunta: "Achas que fomos,

---

16. Cito a recordação de António: "Inclino-me para estes dois retratos, agora, que constituem a prova visível, diria quase imemorial, daquela viagem de núpcias, num papel recortado, que o tempo, apesar de tudo, não tingiu do proverbial amarelo mitológico. E relembro-me, assestando a desmedida máquina "'kodak", em pleno Terreiro do Paço, a fim de colher, de Maria, a imagem que a retenha, em Lisboa, nos finais desse Novembro, soalheiro e frigidíssimo, de mil novecentos e quarenta. (*TC*, p. 77).

17. Cito: "E Lisboa absoluta, sobre os escombros do sonho despedaçado, prolongava-se angustiadamente, nas suas fachadas quadrangulares, donde a pele colorida pendia, nos seus telhados desencontrados, que as gaivotas húmidas roçavam e, em cujas cornijas, os pombos doentes, na premonição da morte, vinham poisar. (...) E, vazios dos eméritos protagonistas da nossa Gesta, ficavam os pavilhões, invadidos pela salsugem corrosiva, bufada pela ventania da foz do Tejo. (...) E só os fantasmas dos egrégios patriarcas, naquele recinto baldio, onde as ervas daninhas andavam grassando, alvacentemente flutuavam, nas noites de breu, enquanto se degradavam as vastas construções, como se, pelo caminho da ruína, o Império Lusíada atingisse o seu termo" (*TC*, p. 167/169-170).

na realidade, tão grandes?" (*TC*, p. 84), o que Mário Cláudio faz é estabelecer a dúvida no contínuo *dizer salazarista*. Se em 1940 era difícil para a pequena burguesia oferecer oposição crítica, o mesmo não parece acontecer com Mário Cláudio, que transforma o seu discurso ficcional numa grande indagação sobre a história portuguesa, através da reconstrução da Lisboa de 1940. Com seu livro, parece ser possível afirmar que, ao menos em ficção, chegamos ao sonhado tempo de todas as perguntas.

Referências

ALVES, Maria Theresa Abelha. Tocata para Dois Clarins: a fotografia da memória. *Boletim/CESP*, Belo Horizonte, v. 13, n. 16, p. 13-20, jul./dez. 1993.

BARTHES, Roland. *Aula*. São Paulo: Cultrix, 1989.

CLÁUDIO, Mário. *Tocata para Dois Clarins*. Lisboa: Publicações D. Quixote, 1992.

LOURENÇO, Eduardo. *O Labirinto da Saudade*. Psicanálise Mítica do Destino Português. Lisboa: D. Quixote, 1982.

LOURENÇO, Eduardo. *Nós e a Europa* - Ou as duas razões. Lisboa: INCM, 1988.

PORTELA, Artur. *Salazarismo e Artes Plásticas*. Lisboa: ICALP, 1987.

RIBEIRO, Carla. História e Império. *Exposições portuguesas e o estabelecimento de modelos de representação identitárias*: a I Exposição Colonial Portuguesa, a Exposição Histórica da Ocupação no Século XIX e a Secção Colonial da Exposição do Mundo Português. 2016. 245 f. Dissertação (Mestrado em Ciências Sociais) – Centro de Estudos Sociais, Universidade de Coimbra, Coimbra, 2015.

RAMOS, Rui (Coord.); SOUZA, Bernardo Vasconcelos; MONTEIRO, Nuno Gonçalves. *História de Portugal*. Lisboa: A Esfera dos Livros, 1992.

VICENTE, Filipa Lowndes. Acciaiuoli, Margarida, António Ferro. A vertigem da Palavra. Retórica, Política e Propaganda no Estado Novo. *Ler História*, n. 65, p. 182-188, 2013.

ELISABETH FERNANDES MARTINI[1]
JESSICA ALCANTARA DE VASCONCELOS[2]

Pelas ruas que andei, procurei te encontrar: Lídia Jorge e os descaminhos da memória

> "Uns cães ladravam para os lados da povoação, o luar do quarto crescente, em vésperas de lua cheia, era uma chuva de prata. O poeta desligou a luz do pátio e ficámos a falar do papel da paisagem que, entretanto, tinha desaparecido da poesia como motivo, desde que nada mais interessava do que o som do mundo interior reduzido à sua essência" (JORGE, 2014, p. 284).

Publicado pela primeira vez em 2014, ano que referendou os 40 anos da Revolução dos Cravos,[3] o romance *Os memoráveis*, de Lídia Guerreiro Jorge

1. Doutora em Literatura Comparada, pela Universidade do Estado do Rio de Janeiro. Atua como professora de Língua Portuguesa, pela Secretaria Municipal de Educação do Rio de Janeiro, desde 1996. Compõe o Grupo de Investigação do Centro de Literaturas e Culturas Lusófonas Europeias - CLEPUL/Universidade de Lisboa. É investigadora colaboradora do CEC - Centro de Estudos Clássicos da Universidade de Lisboa - Portugal. Integra o RGPL-PLLB - grupo de Pesquisas Literárias Luso-Brasileiras, no qual desenvolve os projetos Escritoras Portuguesas na imprensa periódica do Brasil: Laços Transatlânticos de ação (1890-1930) - UERJ, sob a liderança do Prof. Dr. Eduardo da Cruz, e Paisagens em Movimento - RGPL e UFF, sob a coordenação da Profa. Dra. Ida Alves.
2. Graduada em Letras/ Literaturas pela Universidade Federal Fluminense. Atuou como pesquisadora-júnior do Real Gabinete Português de Leitura com a pesquisa intitulada "Memória e testemunho, paisagens entrelaçadas". Integrou o NEPA - UFF (Núcleo de Estudos de Literatura Portuguesa e Africana), sob a supervisão da Profa. Dra. Ida Alves (UFF). Atuou como professora voluntária em pré-vestibulares sociais.
3. A Revolução dos Cravos foi um movimento que derrubou o regime salazarista em Portugal,

(1946-)[4], oferece aos leitores o panorama de um momento crucial para o Portugal contemporâneo, por meio do resgate da voz dos que figurativamente estiveram implicados na ação coletiva que resultou na deposição do regime ditatorial, em 25 de abril de 1974.

Ainda que parta de personagens e acontecimentos reais, trata-se de uma "transfiguração literária", como bem salienta o editor. No entanto, como observa Guilherme d'Oliveira Martins, o constructo ficcional ultrapassa e muito "a invocação de um acontecimento histórico, [...] já que se trata de uma reflexão atual sobre a liberdade, a resistência e a esperança" (MARTINS, 2018, p. 9) a se espraiar pela paisagem lisboeta.

A obra apresenta três partes bem delimitadas: "A fábula", "Viagem ao coração da fábula" e "Argumento para Robert Peterson". A primeira parte detalha o encontro trinta anos após a revolução democrática portuguesa, em Washington, da correspondente de guerra Ana Maria Machado, Robert Peterson, sua chefia imediata na empresa de mídia americana CBS, e o embaixador americano que atuara em Lisboa, nos idos de 1975. Como o próprio embaixador haveria de observar: "Quando o milagre português aconteceu, eu ainda não me encontrava no seu país. Só lá cheguei nove meses mais tarde, já as ruas de Lisboa estavam no auge da sua metralha, o que muito trabalho me deu." (JORGE, 2014, p. 14).

Ana Maria encontra-se por *motu proprio* alijada das origens familiares e da pátria, de sorte que o convite para que retorne à terra natal para realizar,

em 1974, com o intuito de estabelecer as liberdades democráticas, promovendo transformações sociais no país. Após o golpe militar de 1926, foi estabelecida uma ditadura no país.

4. Lídia Guerreiro Jorge é uma escritora portuguesa contemporânea, nascida em 18 de junho de 1946, no Algarve, em Boliqueime. No ano de 1965, iniciou a Faculdade de Letras de Lisboa, na qual concluiu o curso de Filologia Românica. Foi professora em Angola e Moçambique no ensino secundário durante o último período da guerra colonial. É vencedora de inúmeros prêmios literários, como Grande Prêmio de Literatura dst (2019), o Prêmio Luso-Espanhol de Arte e Cultura (2014), Grande Prêmio da Associação Portuguesa de Escritores (2002), Prêmio Internacional de Literatura da Fundação Günter Grass (2006), o Prêmio Jean Monet de Literatura Europeia, Escritor Europeu do Ano (2000). Sua estreia ocorre com a publicação de *O Dia dos Prodígios*, em 1980, um dos livros mais representativos da literatura portuguesa pós-revolução. Essa obra rendeu-lhe o Prémio Ricardo Malheiros, da Academia das Ciências de Lisboa. A autora tem publicado vários títulos nas áreas do romance, conto, ensaio e teatro. É autora de 2 peças de teatro, 4 coletâneas de contos, 3 títulos de literatura infantil e 12 romances. Conta também com obras traduzidas em mais de vinte idiomas.

como empreitada jornalística, o primeiro episódio da série *História Acordada*, por ocasião dos trinta anos da revolução, encontra sua imediata recusa. Mas o embaixador e o executivo da CBS têm forte interesse em enredá-la nessa aventura, visto ser Ana Maria a filha de um dos principais ativistas da insurreição lusa: o também jornalista António Machado. O acervo documental do embaixador sobre o qual Ana Maria se debruça, arrasta-a de volta ao momento da efervescência popular que deitou abaixo o Estado Novo[5] e instiga-a a redescobrir *in loco* os que pelearam pela liberdade.

De volta à casa paterna, a repórter compõe a equipe com dois colegas, dentre os que mais se destacaram na faculdade de jornalismo que a própria Ana Maria cursara antes de seguir carreira internacional, para que juntos venham a resgatar as vozes dos que estiveram no calor da refrega e, desse modo, adentrarem o "coração da fábula". A "Machadinha" – como era nominada a filha de António Machado – ata os fios da narrativa, subtraindo dos pertences do pai uma fotografia dos principais ativistas, resultando em quatorze elementos identificados por Rosie Honoré, a jovem belga que deixou tudo para viver um grande amor em terras lusas. Será esse registro histórico, ainda que informal, que há de nortear os passos de Ana Maria, Margarida Lota e Miguel Ângelo pelas ruas de Lisboa, levando-os a deambular em busca dos testemunhos dos outrora insurgentes.

Chama-nos a atenção que o retrato eternize um espaço que oficialmente inexiste, porque Memories era como os revolucionários designavam o restaurante onde se reuniam, para que o movimento não fosse descoberto e desbaratado. O restaurante então, com codinome como os demais atores, é, ao mesmo tempo, elemento revolucionário e depositário da memória daqueles que se bateram pelo retorno ao Estado de Direito. Nome de guerra, por sinal, extremamente significativo, por remeter à memória que perdura tão somente entre os partícipes, mesclando, por meio do relato oral, o real e o ficcional.

5. O Estado Novo estabeleceu-se como um regime político ditatorial, consolidando-se em Portugal durante 41 anos contínuos, sendo oficializado com a Constituição de 1933 até a sua queda pela Revolução de 25 de Abril de 1974. Foi um regime autocrata, corporativista de Estado e autoritário.

Os três repórteres palmilham a cidade das sete colinas em busca dos integrantes do grupo e a paisagem torna-se, também ela, um sujeito na narrativa, com a autora a fazer emergir uma pluralidade espacial que, por sinal, é perceptível em toda a sua obra. A geografia local é atravessada por situações de cunho sociopolítico que enlaçam entrevistadores e entrevistados, dando a conhecer o fato histórico entretecido por diferentes pontos de vista. A heterogeneidade dos espaços atrela-se aos aspectos simbólicos das personagens, levando a uma reflexão adensada sobre as identidades dos atores políticos revolucionários.

O retrato não oficial possibilita aos entrevistadores se aproximarem e interagirem com as personagens "memoráveis", criando pontes entre o passado e o presente, neste resgate histórico que Ana Maria e seus colegas se propõem a realizar, tendo em vista desvelar a "verdade" sobre a Revolução dos Cravos e seus desdobramentos políticos. Uma vez localizados pelos entrevistadores, os revolucionários, que há muito perderam o lugar de fala, ganham maior amplitude e munem a construção ficcional. Ocorre então um fluxo que tem a sua gênese no passado, nem tão distante, e lança luzes por sobre o presente.

Em dado momento, a protagonista embaralha a paisagem lisboeta com os outros cenários já visitados por ela, igualmente contundentes, visto ser a mesma uma repórter de guerra: "Avenida 24 de Julho.[6] Onde teria havido um tiro? Umas pedradas? Um assalto à mão armada? Kosovo, Médio Oriente e Afeganistão, de onde na altura provinham imagens que muito nos excitavam, eram o nosso objetivo." (JORGE, 2014, p. 62).

A miscelânea de imagens provém das memórias que Ana Maria guarda de suas incursões por cenários de conflito e interage com o espaço onde os jornalistas buscam encontrar evidências igualmente excitantes, pela boca dos revolucionários. No entanto, a paisagem rediviva repercute de forma diversa junto a cada um dos interlocutores:

6. A Avenida 24 de Julho relembra as lutas ocorridas entre absolutistas e liberais em 24 de julho de 1833, na qual, o Duque de Terceira e seus combatentes, após transpassarem o Tejo, adentram Lisboa e declaram a vitória dos liberais sobre os miguelistas.

Era Miguel Ângelo, que não se levantava da cadeira para olhar para uma avenida que conhecia desde sempre, só porque nunca se tinha dado ao trabalho de imaginar os diversos percursos que haviam sido feitos ao longo dessa noite. Mas Margarida sim, a anémona olhava para os telhados dos prédios em frente como se visse pela primeira vez. Muitos deles tinham assistido, nessa madrugada à passagem da coluna cujo nome de código havia sido Charlie 8 (JORGE, 2014, p. 67).

São múltiplos os modos de interação e percepção que as personagens têm diante dessa "história acordada", no mesmo palco onde a vontade popular se fez soberana. Para Miguel, a avenida faz parte do seu percurso usual e não lhe desperta maior interesse. Margarida, no entanto, vê o mesmo logradouro "pela primeira vez", porque entende o que se passara naqueles mesmos lugares há trinta anos, como sublinha o depoimento de Tião Dolores:

Isto é, perdi a Rua Augusta,[7] perdi o Rossio,[8] perdi a Rua do Carmo[9] e a Rua Garret.[10] A partir daí, sim, fotografei os cachos de pessoas pendurados das árvores, quando as pernadas já estavam tão cheias que não havia mais ramos livres. E depois os cachos às janelas, a frontaria do Largo do Carmo, o chão do Carmo, os passos de cada um, a saída da chaimite Bula levando-os aos quatro, e tudo o mais que aconteceu naquele dia. Nessa noite, não me deitei (JORGE, 2014, p. 116-117).

O entusiasmo de Tião Dolores, o fotógrafo, com a grande onda que a multidão insurreta principiava a formar, fê-lo perder os primeiros fotogramas de um caminho sem volta. Até que, tornando a si, percebeu a relevância das imagens

---

7. A Rua Augusta é a rua mais famosa de Lisboa. Foi denominada como uma homenagem à augusta figura do rei D. José I. Liga a Praça do Comércio e a Praça D. Pedro IV (Praça do Rossio).
8. Popularmente conhecida como Rossio, a Praça de D. Pedro IV faz parte da Baixa de Lisboa, sendo um importante elemento da cidade.
9. A Rua do Carmo situa-se na Baixa lisboeta. Inicia-se no cruzamento da Rua Garret com a Rua Nova do Almada e é finalizada no Largo do Rossio.
10. A Rua Garret é o polo intelectual de Lisboa (século XX). É ligada pelo Largo do Chiado e pela Rua do Carmo. Nela estão situados grandes teatros como, por exemplo, o Teatro Nacional de São Carlos, Teatro São Luiz e o Teatro da Trindade. Conta com diversas livrarias famosas.

que deixava escapar, ocupando-se em retratar os acontecimentos no Largo do Carmo. A indecisão de Tião Dolores entre somar-se aos demais manifestantes, pondo seu corpo a serviço do processo revolucionário, e distanciar-se, para produzir o documento histórico, ao qual teve um acesso privilegiado, foi breve, mas resultou no "apagão" das primeiras imagens daquele momento único.

Os depoimentos colhidos por Ana Maria, Margarida Lota e Miguel Ângelo reconhecem a revolução democrática como um divisor de águas da história

Figura 1 – Arco Triunfal da Rua Augusta.
Fonte: Arquivo Municipal de Lisboa, [s.d.]. Disponível em: http://arquivomunicipal.cm-lisboa.pt/fotos/editor2/educacao/exploraracidade/baixa_pdf_para_impressao.pdf

portuguesa. O romance cresce em complexidade ao enlaçar o momento histórico e a memória pessoal dos envolvidos, os quais se voltam para aquela Lisboa do passado, demonstrando certo saudosismo, ao rememorar as situações e os lugares de enfrentamento, cada qual a seu modo.

Também o chefe Nunes, o primeiro entrevistado, colocou seu corpo a serviço da conflagração contra o regime agonizante de Marcelo Caetano. O cozinheiro, logo que avistou a coluna militar a marchar em direção ao Rossio, pronunciou-se aos gritos: "Levem-me a mim, pessoal, arranquem-me a cabeça do corpo e façam dela uma bala..." (JORGE, 2014, p. 74-75).

Às declarações de Nunes e Tião Dolores soma-se uma profusão de vozes acerca do ocorrido em 25 de abril de 1974 e nos anos subsequentes, compondo um texto polifônico, que cambia do mais puro entusiasmo à mais flagrante decepção com a ansiada mudança pós-revolução que se mostrou falhada. Há que relembrar como o desenrolar dos acontecimentos arrefeceu a esperança dos ativistas que abraçaram de forma apaixonada a causa democrática. Para a protagonista, no entanto, que estivera alheia à política portuguesa nos últimos anos, a paisagem local perdura imutável:

> E a rua era a mesma rua. Ou pelo menos eu assim desejava que fosse. A Avenida da Guerra Peninsular mantinha o mesmo tráfego intenso, a meio do trajecto encontrava o mesmo monumento[1] em pedra lioz, representando uma águia a voar sobre a ameaça de espadas, e bem lá ao fundo, encontrava-se o mesmo café dos cinemas onde eu tinha previsto aguardar pelos meus companheiros de faculdade durante algum tempo (JORGE, 2014, p. 61).

Após renegar Portugal por conta de problemas familiares, Ana Maria sente-se assaltada pelas lembranças de sua vida pregressa no país de origem, o que nos permite entrever outro nível de testemunho – o dela própria – que interage com os testemunhos dos insurgentes e se constitui em axioma da narrativa. É chegado o tempo de a repórter se haver com o passado:

> Dirigi-me para as ruas que conduziam ao antigo *Memories*. Passei pelo mesmo parque, a mesma superfície relvada, o mesmo leão a ser levado pela trela pela mão do

> mesmo Marquês, expostos lá no alto da mesma pedra. Uma alegria inexplicável empurrava-me Avenida da Liberdade[2] abaixo, e passando sob as árvores, eu tinha a sensação de que fazia um encontro com alguma coisa gémea que injustamente, durante anos, havia evitado (JORGE, 2014, p.71).

O discurso da protagonista desvela mágoas antigas e percepções despidas de fantasias, indicativo de uma rede de afetos que ruiu no plano privado, a começar pela separação dos pais e o retorno da mãe, Rosie Honoré, para o país de origem, por amor a outro homem. A saída "à francesa" de Rosie significou para a criança o primeiro abalo na fé revolucionária, pois a estrangeira permanecera em Portugal graças a António Machado e ao entusiasmo do povo português com a deposição do regime ditatorial.

No entanto, ao chegar à maioridade, Ana Maria também se evade de Portugal, aceitando um trabalho no exterior, para fugir do seu passado. Seu retorno reveste-se de forte simbolismo, porque, mais que o resgate da voz dos memoráveis, estando seu pai incluído nesse seleto grupo, a repórter é chamada a refazer seu percurso, em sua própria terra, para resgatar a si própria.

O trauma gerado na "Machadinha" pela separação do casal símbolo, entre os ativistas, redundou na mais completa incomunicabilidade entre a menina, fruto da paixão revolucionária, e seus genitores. A começar pela recusa peremptória de Ana Maria em tornar a ver Rosie Honoré, embalde os esforços da mãe em reconquistá-la.

O apreço pela profissão foi o liame que perdurou entre pai e filha. No entanto, como não partilham sentimentos ou impressões de mundo, Ana Maria demora a compreender que algo vai mal com António Machado. A paisagem mais uma vez comparece como evidência, porque o renomado jornalista, tendo abandonado o cargo de colunista na redação do jornal, passa os dias estacionado no Campo Pequeno, esperando dar a hora para tornar à casa.

Enquanto se defronta com os dissabores paternos, Ana Maria e equipe seguem em busca dos demais revolucionários. Ainda que suas memórias apaixonadas busquem reavivar os momentos de efervescência que o prazer da conquista fez eternos, suas próprias palavras fazem emergir, a partir da progressiva consciência diante dos fatos, o lado não glorioso da Revolução. A fal-

Figura 2 – Monumento aos Heróis da Guerra Peninsular.
Fonte: Wikimedia, [s.d]. Disponível em: https://commons.wikimedia.org/wiki/File:Monumento_aos_Her%C3%B3is_da_guerra_Peninsular_(Lisboa)1883.JPG

ta de reconhecimento oficial arrasta Tião Dolores e Ernesto Salamida para a penúria. Mas quem é tomada de surpresa pela constatação do fato é a viúva de Charlie 8, uma vez que seu marido se constituíra em herói ao encarar a morte de frente, como narra Margarida Lota:

> Nessa manhã, lá no Terreiro do Paço, ele aproximou-se do carro de combate sob o comando do brigadeiro de Cavalaria 7, o brigadeiro mandou atirar sobre o seu rosto, e tudo o que estivesse atrás dele, e ele manteve-se imóvel, a dois passos, a olhar

para o ponto de mira, de onde poderia partir o projétil que o despedaçasse. Foi a cena de coragem mais bela que eu já li na minha vida (JORGE, 2014, p. 237).

O oficial de patente, no entanto, após o 25 de abril, foi tratado pela hierarquia militar como um traidor; foi enviado a lugares distantes e não recebeu as promoções que lhe eram devidas, o que o impediu de chegar ao último nível da carreira militar - beneplácito que, por sinal, foi concedido aos *pides*, elementos que integravam a polícia secreta do regime ditatorial - e fez postergar *ad eternum* a pensão que lhe seria concedida pelos serviços prestados à nação, enquanto herói da revolução.

Outro herói que luta para reaver o lugar que lhe é de direito é chamado pelo embaixador como *the biggest red oak*. Mas, para os portugueses, passou à história como El Campeador, porque "tinha feito deslocar naquela noite não uma ou duas colunas, mas todas as unidades de combate que haviam saído para a rua, [...] havia dominado os espaços, os espíritos, as horas, o aeroporto, os portos, incitara, invectivara, desenhara rotas utilizando os mapas das estradas (JORGE, 2014, p. 211).

Trata-se de um verdadeiro vulto nacional e está a se preparar para, no dia seguinte à entrevista com Ana Maria e equipe, protagonizar o documentário *O Herói do Mar*. Seu empenho é justificado, porque como diz *off the record* aos entrevistadores, "se não nos impusermos, contando a verdade à BBC ou à CBS, como é o vosso caso, iremos passar à posteridade como um bando de idiotas, ou pior, como um grupo de canalhas" (JORGE, 2014, p. 217). A paisagem paradisíaca faz jus à magnificência do empreendimento:

> [...] quando finalmente chegamos à Praia Grande, mal começámos a descer a ravina, não só deparamos com aquele que procurávamos, como o encontrámos montado sobre um cavalo, e isso nenhum de nós o poderia ter imaginado. Não escondo que vivemos nesse lugar um momento inesquecível em face daquele que na fotografia do Memories tinha o nome de El Campeador (JORGE, 2014, p. 212).

No entanto, Ana Maria pôde pessoalmente, no dia seguinte, confirmar suas suposições mais funestas. Todo o esforço do herói resultou inútil, porque a filmagem para a BBC História não passava de uma broma dos adversários para torná-lo risível, o que repercute na mais profunda desilusão e inevitável silêncio.

Outros dois memoráveis que eternizaram suas impressões junto aos três jornalistas foram Ingrid e Francisco Poiais, evadidos há tempos do espaço urbano. Ambos os poetas decidiram-se pelo autoexílio, o que levou a equipe de reportagem a percorrer 280 quilômetros ao Sul para entrevistá-los. Ana Maria que, quando criança, ficara aninhada nos braços de um e de outro, traz no semblante as lembranças vivas dos amigos de seu pai. Mas eles não a reconhecem, assim como os demais ativistas. Optaram por outro modo de vida e, onde quer que habitassem, haveriam de buscar a essência da poesia:

> O poeta desligou a luz do pátio e ficamos a falar do papel da paisagem que, entretanto, tinha desaparecido da poesia como motivo, desde que nada mais interessava do que o som do mundo interior reduzido à sua essência. Seria um desperdício descrever a oliveira. O que interessava era o espírito do seu fruto, a oliva. E esse onde estava? Era preciso procurar. Por isso a vida de ambos era uma permanente busca (JORGE, 2014, p. 284-285).

Nesse excerto, a autora deixa clara a crise por que passa a literatura contemporânea que, tendo rompido com a descrição, busca outros caminhos para a plena expressão. Mas, como problematiza Michel Collot, "o essencial da representação literária do espaço não residirá precisamente na construção de um universo imaginário o qual deriva do ponto de vista de um sujeito e de uma composição de texto?" (COLLOT, 2012, p. 24). Antônio Carlos Mousquer e Alberto Lopes de Melo continuam a reflexão em torno da subjetividade lírica, calcada nas teorias do estudioso francês, com especial apreço pelo conceito de *la pensée-paysage*:

> Para Collot, o fenômeno da paisagem é que, implicado nas contingências do horizonte da percepção, instaura o movimento pelo qual a consciência sai de si para ir ao encontro do mundo, fora de si, de *ek-sistir*. Em outras palavras, considerando-se que assim como a vida de nosso corpo, nossas vivências intelectuais efetivam-se através das relações que mantemos com o mundo que nos é exterior, en-

quanto alteridade, a forma como este mundo nos é manifesto dá conta, por conseguinte, da própria constituição de nossa subjetividade (MOUSQUER; MELO, 2017, p. 119).

Foi preciso que Ingrid e Francisco, que se conheceram enquanto observadores, no calor do embate de 24 de abril, saíssem daquele contexto permeado por indecisões e pequenas traições, para que se mantivessem íntegros na sua relação com o mundo. Até porque, no encontro do Memories, com a foto emblemática a registrar os últimos minutos antes de se instaurar a mais completa desarmonia, ficou claro que a partida não estava ganha e o percurso para a democracia se mostraria cheio de tropeços e contradições, como é próprio da condição humana.

No entanto, outro entrevistado, Ernesto Salamida, o "advogado das causas perdidas" – como sua própria mãe o nomina –, entende que, ainda que a revolução não tenha atingido os propósitos sonhados e mesmo com seus principais atores menosprezados e esquecidos, a iniciativa deliberada que ganhou corpo com o massivo apoio popular foi um bem mais do que necessário para a nação, pois os tempos anteriores a 1974 mostraram-se assaz difíceis para o povo português. Haja vista o desenho que o advogado faz da paisagem lisboeta, à época, redundando na desromantização do relato oficial:

> Que querem que vos diga? Vocês são tão jovens que mal podem imaginar como era a vida de então. Na altura, Lisboa era uma cidade mal iluminada, as ruas tortas tinham pavimentos tortos, o lixo empilhava-se em torno dos caixotes, pela noite fora, os gatos viravam-nos com estrondos de zinco, as cascas das laranjas de mistura com as borras de café enlameavam-nos os pés. Quando entrámos na Rua da Misericórdia, era a hora de as prostitutas beberem ginjinha, só bares desse tipo se encontravam abertos e deles vinha rumor, e além de uns moços deslizando pelas travessas, também aí, pela rua acima, os passeios estavam desertos (JORGE, 2014, p. 178).

A verdade é que aqueles homens e mulheres eternizados na foto, que perderam o anonimato que o corpo compacto dos "cinco mil homens" lhes conferia, foram os mais prejudicados com o passar dos anos. O reconhecimento que receberam na primeira hora não se mostrou suficiente para preservá-los do gradativo desmerecimento a que foram sujeitos, de sorte que vieram a se tornar "memoráveis" de fato, segundo o apelo popular, mas não de direito, em virtude das contradanças do regime e da maledicência daqueles que perduram nos postos-chave das instituições, por mais que as cadeiras mudem de lugar. E foi essa a verdade que a equipe da CBS pôde atestar junto aos que narraram com tanto fervor os feitos gloriosos de 1974, melancolicamente conduzidos na contemporaneidade ao fosso do esquecimento. Essa realidade, a emergir nua e crua, mobiliza os entrevistadores. Haja vista

> Margarida Lota [que] continuava imparável. Detinha-se em frente ao Parque de São Sebastião[3], e pasmava por não haver pelas paredes uns outdoors que narrassem como por ali abaixo, cerca das duas da madrugada, trinta anos antes, tinham descido cento e vinte soldados, em marcha silenciosa, para arrombarem a porta do Quartel-General (JORGE, 2014, p. 137).

Ana Maria, Margarida Lota e Miguel Ângelo chegam, por fim, a desvelar uma história que adquire uma dimensão mitológica, pela força de cinco mil rebelados que fizeram valer a vontade de todo um povo. Aqueles que realizaram o feito de uma revolução "sem sangue", sem que, no entanto, fossem reconhecidos pelo feito notável.

Ana Maria, mais do que ninguém, tem de se defrontar com António Machado, dando-lhe conta que surrupiara o retrato de certa noite que, um ano depois do golpe democrático, veio a tornar-se, também ele, memorável. Retornando à condição de filha, ela entende que chegou ao *coração da fábula* ao perceber que seu pai "não queria Rosie, não me queria a mim, pretendia resistir em solidão absoluta, e queria impedir que eu assistisse à sua capitulação derradeira" (JORGE, 2014, p. 328).

Estamos diante de uma cena de resistência e luto que não mais tem fim, porque, como Lucília Maria Pinho pondera: "António Machado, de certa forma, simboliza em si mesmo todas as personagens entrevistadas e impõe-se, na narrativa, toda a verdade que nele se alastra" (PINHO, 2017, p. 63). Simbolismo esse que dá sustentação à narrativa e desperta a esperança de que o futuro da nação seja inspirado pelo senso ético e pelo humanismo que pauta, desde então, a vida e a obra dos revolucionários. Como Lucília Maria Pinho observa:

> O código ético colectivo constitui-se como nuclear no romance: ele permanece um para sempre, dá sentido à vitória que protagonizaram e deixa entrever o sonho uma espécie de epifania sem fim do novo. Faz parte integrante do que se procurava na investigação jornalística: linha luminosa identificadora para sempre da luz primordial desse dia (PINHO, 2017, p. 99).

É a luz primordial que Ana Maria Machado propõe captar nas últimas onze páginas do romance. Trata-se do "Argumento para Robert Peterson", que a jornalista levou seis anos para redigir, atando, por fim, os fios da memória:

> A cidade deve ser escura, as ruas devem estar desertas, os carris dos eléctricos devem parecer veias, o Arco da Rua Augusta deve surgir ao fundo, mas as agulhas do relógio não devem existir, e o mostrador deve estar cego. A sua face redonda deve engrandecer na nossa frente, o seu vazio deve dizer-nos que o tempo parou há muito. [...] As fachadas amarelas das prisões devem surgir trancadas, as altas portas das igrejas deverão estar mudas, as cornijas dos palácios estarão dormentes, as instalações da Rádio Renascença têm as janelas do segundo andar iluminadas. É de lá, de uma delas que provém o som da canção *cante* (JORGE, 2014, p. 331).

Ana Maria, agora roteirista, defende que o documentário em questão "deve sustentar, do início ao fim, o princípio de que existiu um intervalo luminoso. Não nos interessa dirimir esse conflito. Não nos interessa escurecer o que pode ficar claro. A nós só interessa recuperar a metralha de flores que o tempo deixou intacta." (JORGE, 2014, p. 333). O mergulho na história de Portugal, pela voz da geração precedente, fez nascer em seu peito um profundo respeito pela história que ela mesma, Margarida Lota e Miguel Ângelo acordaram e que, no entanto, não seria de todo revelada, para não esmaecer a força do mito. A filha de Machado vislumbra a grandeza do gesto e a profunda generosidade de seu pai e dos demais memoráveis e quer eternizá-los na memória coletiva, antes que seja demasiado tarde.

Pelas ruas de Lisboa, por onde andou e procurou, Ana Maria Machado se encontrou. Assim como Margarida Lota que encontrou nos braços de Ernesto Salamida o caminho para um mundo igualitário e fraterno.

Para que nunca se calem, para que nunca se esqueçam, vale evocar os últimos versos de Francisco Pontais: "Mas um dia, este dia, será o dia do idílio. Os rapazes ainda não desistiram de soltar os braços dos escravos. E os escravos ainda não renegaram a cor dos cravos. Ainda estamos no princípio desse dia." (JORGE, 2014, p. 284).

Referências

COLLOT, Michel. Tradução Ida Ferreira Alves. "Rumo a uma geografia literária." In: *Niterói*, n. 33, p. 17-31, 2012.

JORGE, Lídia. *Os Memoráveis*. Alfragide: Publicações Dom Quixote, [2014] 2014.

MARTINS, Guilherme d'Almeida. "Prefácio. Compreender Portugal". In: JORGE, Lídia Guerreiro. *Os Memoráveis*. Alfragide: Coleção Essencial, Publicações Dom Quixote, p. 9-11, [2014] 2018.

MELO, Alberto Lopes de; MOUSQUER, Antônio Carlos. "Fenomenologia e subjetividade lírica em Michel Collot." In: *Aletria: Revista de Estudos de Literatura*, Belo Horizonte, v. 27, pp. 113-127, 2017.

PINHO, Lucília Maria. *Sobre Os Memoráveis*: Ao encontro da luz primordial. 2017. 119 f. Dissertação (Mestrado em Estudos Românicos) – Faculdade de Letras, Universidade de Lisboa, Lisboa, 2017.

VIVIANE VASCONCELOS[1]

O Rio de Janeiro e o futebol: formas de pensar o espaço em "páginas sem glória", de Sérgio Sant'anna

"Páginas sem glória", novela de Sérgio Sant'Anna que retrata a cidade do Rio de Janeiro dos anos de 1950, parece apresentar algumas das possibilidades de reinvenção do espaço apontadas por Luiz Antonio Simas, em "A cidade enfeitada", texto que integra o livro *O corpo encantado das ruas* (2019). Simas defende uma associação direta entre o futebol e a cidade:

> A cidade, a rigor, anda sendo pensada como o futebol: disciplinada onde devia ser espontânea, esculhambada onde devia ser organizada, mais gerenciada que vivida, mais pensada como empreendimento de gestão que como paixão. Parece que estamos nela e ela não está em nós, a não ser como lembrança. Não nos reconhecemos na cidade como não reconhecemos o jogador na camisa do clube (SIMAS, 2019, p. 74-75).

Por meio de fatos jornalísticos e notas de rodapé que oferecem à novela uma forma ensaística, a narrativa apresenta diferentes perspectivas de leitura acerca da importância do futebol para a paisagem da cidade do Rio de Janeiro na década de 50 do século XX. Embora a novela descreva a trajetória do pro-

---

1. Professora de Literatura Portuguesa da Universidade do Estado do Rio de Janeiro (UERJ).

tagonista José Augusto do Prado Almeida Fonseca, o Conde, também conhecido como Zé Augusto, são os acontecimentos paralelos que permitem contar parte da vida do jogador e, ao mesmo tempo, o cenário em que ocorrem ações relevantes à compreensão do espaço urbano proposta por Simas (2019), que é a necessidade de identificação de uma cidade que se confunde com o pensamento sobre a história do futebol.

No caso da narrativa de Sérgio Sant'Anna, acontece também uma integração da cidade através dos estádios de futebol, que se tornam espaços fundamentais para o entendimento da ligação entre a manifestação cultural e transformação social da capital fluminense.

José Augusto, o Conde, era herdeiro de família tradicional de São Paulo e que percebe na atividade futebolística uma maneira de não depender financeiramente do pai e continuar a viver no Rio de Janeiro: "Quando o pai do rapaz soube que a matrícula dele numa faculdade particular de direito não passava de fachada para a boa vida, cortou-lhe a parte da mesada destinada à mensalidade" (SANT'ANNA, 2012, p.78). Revelado no futebol de praia, em Copacabana, por um "olheiro" do Fluminense, que é o profissional responsável por descobrir novos talentos, Conde residia no bairro da Gávea, mas frequentava Copacabana, mais especificamente a Sá Ferreira e a Miguel Lemos, ruas do bairro em que se formavam os times adversários dos jogos da praia: "Até morava na Gávea, e se não saía de Copacabana era porque lá era o bairro onde se vivia de verdade" (SANT'ANNA, 2012, p. 77).

É curioso notar a menção a uma vida verdadeira, que seria traduzida por uma efervescência cultural e cotidiana de Copacabana nos anos 50, década em que o crescimento populacional do bairro aumenta de forma expressiva.

No entanto, à medida que o protagonista começa a jogar profissionalmente, no Fluminense e, posteriormente, no Bonsucesso, a narrativa acompanha os deslocamentos do Conde, apresentando ao leitor os estádios, muitas vezes conhecidos pelas ruas em que foram construídos, como os verdadeiros espaços de sociabilidade e de memória, o que nos faz lembrar da conhecida passagem do texto de Roland Barthes, em *A aventura semiológica*, quando afirma que a "cidade é um discurso, e esse discurso é verdadeiramente uma linguagem" (BARTHES, 2001, p. 224).

Figura 1 – Cartão-postal de Copacabana, 1950
Fonte: http://multirio.rio.rj.gov.br/

Em oposição a uma realidade socioeconômica retratada inicialmente na narrativa, exemplificada pelo pertencimento de Conde a uma classe abastada, com acesso ao Jockey Club Brasileiro, por exemplo, ambiente frequentado por grande parte dos torcedores do clube que o descobriu, vão sendo tecidas outras "cidades". O comportamento do atleta, considerado "antiprofissional", segundo o narrador, não condizia com as expectativas dos sócios da alta sociedade carioca. Em 1955, o passe de José Augusto seria concedido provisoriamente ao Bonsucesso Futebol Clube para o campeonato do mesmo ano, empréstimo que transferia ao clube da rua Teixeira de Castro a responsabilidade do pagamento do salário do Conde, o "anti-herói" do futebol.

Nos dois primeiros turnos do campeonato carioca de 1955, o Bonsucesso fez a sua melhor campanha de todos os tempos na competição. Ganhou, entre outros

> jogos, de 1 a 0 do Vasco na rua Teixeira de Castro, onde fica seu estádio, e de 2 a 1 do Fluminense, nas Laranjeiras. E chegou entre os seis primeiros colocados, eliminando do terceiro e decisivo turno o Botafogo, que, se tinha em seu elenco alguns cabeças de bagre, contava também com Nílton Santos, Garrincha, Paulo Valentim. Tal campanha teve a ver com Zé Augusto? Na verdade não, ou muito pouco, para não dizer que de forma negativa, por causa de certos percalços, incidentes. Lembrem-se de que entreguei desde o princípio que se tratava de um anti-herói. Mas nem por isso menos craque (SANT'ANNA, 2012, p. 95-96).

A história do "anti-herói", que também pode ser lido como um "malandro" às avessas, aquele que, nascido em um privilegiado contexto econômico, distancia-se das etiquetas da época e não cumpre as regras sociais, é contada por meio de relatos atribuídos ao tio do narrador, das sensações da infância do narrador-escritor e de imagens guardadas e não partilhadas:

> A história maior, incluindo a esportiva, não precisa de mais testemunhos, pois aí estão, documentando-a, para além do boca a boca entre gerações, os arquivos todos, os livros e as revistas ilustrada, os filmes e depois os vídeos, os jornais microfilmados nas bibliotecas públicas, os DVDs e a internet. Mas a história dita menor, quem a documentará? Quanta coisa digna de registro não se carrega para o túmulo: imagens e sensações inesquecíveis, conhecimentos adquiridos depois de longa observação e aprendizado, grandes ideias, sentimentos fundos que nunca foram passados para o papel? No futebol, quantas jogadas espetaculares ou de fina técnica, para uma platéia ínfima, embora muitas vezes seleta naquele campo específico do saber? (SANT'ANNA, 2012, p.107).

Ainda acerca da malandragem, Giovanna Dealtry, em *A malandragem como resistência e negociação: Silviano Santiago e Sérgio Sant´Anna*, observa que:

> [...] para sobreviver no anonimato tão necessário à malandragem, nossos personagens contemporâneos despem-se do chapéu panamá e da ginga reconhecível nas ruas cariocas. Escapam à caricatura sem, no entanto, abandonar a astúcia, o engano, o drible como formas de negociação e estilo (DEALTRY, 2011, p. 114).

A construção de uma personagem que só pode ser conhecida por meio da história não oficial, embora haja na novela elementos que tentam confirmar a veracidade das ações por meio dos jornais da época, reafirma a relevância dos pequenos saberes para o desenvolvimento de outros olhares para a cidade, vivências afetivas que permanecem mesmo com o desaparecimento das construções e com o envelhecimento do narrador-escritor.

A forma buscada pelo narrador nos lembra outro livro do historiador Luiz Antonio Simas, *Pedrinhas Miudinhas: Ensaios sobre ruas, aldeias e terreiros* (2013), no "esclarecimento sobre as pedras", quando Simas afirma que interessam a ele "foliões anônimos, bêbados líricos [...], goleiros frangueiros e romances de subúrbio [...] as pedrinhas miúdas [...]".

Levado pelo fascínio por essa personagem e pelo futebol, o narrador percorre a cidade, assiste a partidas do Bonsucesso, do Fluminense, sem saber que essas memórias seriam retomadas na idade adulta:

> Ambos os clubes nos levavam, então, a verdadeiras expedições por ruas com nomes de cidadãos já falecidos e que, apesar de terem servido para batizá-las, só se tornaram amplamente conhecidos por causa dos estádios e clubes que tais ruas abrigavam: Teixeira de Castro, General Severiano, Figueira de Melo, Conselheiro Galvão, Caio Martins, Álvaro Chaves e até um santo: São Januário. Nomes de ruas que, para os torcedores e locutores esportivos, adquiriam uma verdadeira aura pelos acontecimentos esportivos que nelas transcorriam (SANT'ANNA, 2012, p. 107-108).

Importante pensar na "aura" à qual o narrador se refere para explicar a relação das ruas e dos nomes que passam a ter outra dimensão do espaço simbólico, que é o estádio de futebol. Retornarmos outra vez a Roland Barthes (2001) para uma breve consideração acerca da complexidade de não haver uma única significação da cidade e da impossibilidade de existir a tradução, por exemplo, da aliança invisível entre o cidadão que lê a cidade e a experiência secreta das lembranças, que são ressignificadas com o tempo.

Interessante notar que não só as ruas assumem uma posição diferente no conhecimento da população da cidade por meio dos estádios, mas como esses espaços também passam a ser locais de disputa, territórios definidos pela atuação de times e torcidas, rememorados pela existência de episódios que só fazem sentido aos que estabelecem com esses locais um caráter aurático, que é mencionado pelo narrador. Não é sem propósito que o narrador inicia a novela com perguntas acerca da arte:

> Beleza pura também tem função? A arte deve ser aplicada? A esfera é a mais perfeita das formas? O gol bonito junta o útil ao agradável? (já o gol de pênalti costuma ser apenas útil, a não ser quando o cobrador joga o goleiro para um lado e a bola de mansinho no outro canto, às vezes na trave ou para fora.) Mas útil exatamente para quê? Ganhar ou perder faz diferença diante da morte? Quem se recorda de que o time do Fluminense foi campeão em 1951 e 1959, a não ser aqueles coroas de bermudas nas arquibancadas, ou cadeiras, que são capazes de desfiar os times campeões do goleiro ao ponta-esquerda [...]. O passado existe? Perguntas são mais sábias do que respostas? (SANT'ANNA, 2012, p. 71).

Temos mais um exemplo a confirmar que, segundo o narrador, todos os elementos que caracterizam o futebol são da ordem da aura da obra de arte, o que nos remete à conhecida definição de Walter Benjamin para aura: "uma figura singular, composta de elementos espaciais e temporais: a aparição única de uma coisa distante, por mais perto que ela esteja" (BENJAMIN, 1994, p. 170).

Os estádios passam a ser, dessa maneira, espaços que representam a corporeidade da arte, se compreendermos que, de acordo com o texto de Sérgio Sant'Anna, uma partida é sempre autêntica e única, além de conter determinadas características que só quem entende a dimensão simbólica da linguagem que é construída, será capaz de perceber a relevância dos sentidos e das imagens para tal experiência.

Um dos exemplos é o estádio da Rua Bariri, do clube Olaria, nome também do bairro:

> O bairro tem esse nome porque, na primeira metade do século XIX, Francisco José Pereira Rego comprou terras – entre o Caminho da Matriz, atual Estrada do Itararé, e o Morro da Penha – que pertenciam ao Engenho da Pedra. Ali instalou

> várias fábricas de tijolos para aproveitar o barro vermelho do solo, tornando o lugar conhecido como Região das Olarias. No final dos anos 1800, outras manufatureiras de cerâmica ali se fixaram. Em 1886, a localidade já era conhecida como Olaria, pois a estação de trem foi inaugurada com este nome. Outra figura importante na ocupação da região é Custódio Nunes que, em 1892, ganhou da Prefeitura uma permissão temporária para abater seis cabeças de gado, semanalmente, para abastecer seu açougue. Alugou uma parte das terras da Fazendinha da Penha para instalar um matadouro e uma área onde os bois pastavam, antes de irem para o abate. [...] A outra parte das terras compradas por Custódio Nunes foi destinada ao matadouro e ao campo de pasto, área que passou a ser chamada de Invernada de Olaria (ou Campo da Boiada) (PIMENTEL, 2020).

Os primeiros anos da história do clube Olaria, segundo Márcia Pimentel, relacionam-se com os funcionários do matadouro, que jogavam em um campo da Rua Bariri. O estádio só seria inaugurado[2] anos depois, em 1947, com o nome de Antônio Mourão Vieira Filho (1911-1972),[3] mas é conhecido como o campo da rua Bariri até hoje.

Em função das suas dimensões, o estádio ficou sendo chamado de "alçapão" da Bariri, fato que é lembrado pelo narrador de *Páginas sem glória*: "O estádio do Olaria, qualificado pelos locutores e jornalistas esportivos de 'alçapão da rua Bariri' e de 'galinheiro' por muitos engraçadinhos, entre outras coisas por suas dimensões mínimas cercadas por um alambrado, estava cheio [...]" (SANT'ANNA, 2012, p. 115).

Observamos mais uma denominação que não se relaciona ao clube, mas à rua, transformada em sinônimo de estádio cuja qualidade é a de um alçapão. Se é um tipo de construção favorável à comunicação da torcida com o campo, não podemos esquecer que a palavra também pode ser uma armadilha na captura de pequenos mamíferos, característica que, historicamente, ainda reserva alguma aproximação com o território original.

---

2. Outras informações sobre a construção do estádio: http://memoria.bn.br/pdf/182664/per182664_1947_00465.pdf.
3. Médico e vereador. Fonte: http://basearch.coc.fiocruz.br/index.php/antonio-mourao-vieira-filho.

Ainda sobre a importância da rua como um espaço que, ao dar lugar ao estádio, se transforma em outra dimensão de entendimento, temos a Figueira de Melo, "território do São Cristóvão de Futebol e Regatas – isso mesmo, Regatas, uma competição oxfordiana" (SANT'ANNA, 2012, p. 109). O clube aparece em outros textos de Sérgio Sant'Anna, como "Na boca do túnel", o conhecido conto que faz parte do premiado livro *O concerto de João Gilberto no Rio de Janeiro* (2014). A estratégia do autor/narrador, um técnico de futebol que analisa uma partida em Figueira de Melo, se aproxima com a novela analisada neste artigo.

O estádio do São Cristóvão, hoje Ronaldo Luís Nazário de Lima, homenagem do clube por ter revelado o jogador Ronaldo "Fenômeno", localizado na rua Figueira de Melo, é um dos mais antigos clubes do Brasil. Campeão carioca de 1926, o clube fica localizado até hoje no bairro imperial, lugar que sofreu diversas modificações urbanas na segunda metade do século XX (BORELLI, 2021).

Figura 3 – Rua Figueira de Melo, esquina com a Rua Antunes Maciel, anos 50.
Fonte: https://rioquepassou.com.br/

O narrador de *Páginas sem glória* ratifica a tese de que eram os clubes que formavam a identidade dos bairros e das ruas do Rio de Janeiro. Uma vez conhecidos e pertencentes à memória da cidade, os clubes cediam lugar às ruas, verdadeiros espaços não só de disputas, como afirmamos anteriormente, mas também de celebração.

Como sugere José Miguel Wisnik (2008), em *Veneno Remédio: o futebol e o Brasil*, o futebol permite uma compreensão sobre a formação da identidade, como também se coloca como uma linguagem complexa que acompanha as modificações sociais e econômicas do Brasil. Suas práticas tornam-se um "desafio ao entendimento geral da experiência brasileira" (WISNIK, 2008, p. 402).

Os dois exemplos de ruas que estão na novela de Sérgio Sant'Anna e foram analisados neste artigo indicam as relações conflituosas que envolvem os estádios por meio das ruas que sofreram os impactos do mercado imobiliário do Rio de Janeiro ou que foram esquecidas com o tempo. O desempenho dos times, que também prevê administração do clube e patrocínio, implicou, de algum modo, valorização ou não dos espaços do entorno. Além disso, os projetos de reformulação urbana da cidade alteraram a configuração espacial e visual de muitos bairros, com a demolição de casas e diminuição da área verde. No caso do estádio da Figueira de Melo, o mais antigo do Rio, vemos que:

> Circulando pelos arredores, nota-se que poucos são os que sabem que existe um estádio ali perto, o que é bastante compreensível pois a rua Figueira de Melo vive encoberta, o que torna pouco agradável – e nem sempre seguro – andar pelo local que tem pouca iluminação e pequeno tráfego de pessoas. Desde o final da década de 1970, o mencionado viaduto foi construído para ligar o Campo de São Cristóvão ao Elevado Paulo de Frontin que, por sua vez, já havia descaracterizado o bairro vizinho, Rio Comprido. Nos anos de 1990 as obras da Linha Vermelha por conta da ECO-92 alteram definitivamente a paisagem local, modificando sensivelmente a vida de uma região que há tempos sofria com o processo de deterioração urbana (COSTA, 2018).

Sem deixar de mencionar as estruturas políticas que fazem parte da história dos clubes, o narrador de *Páginas sem glória* lembra de um outro clube importante para o Rio de Janeiro, o América, mais especificamente um dos estádios mais conhecidos do clube, o da Rua Campos Sales, na Tijuca:

> Campos Sales. Este foi até presidente da República, embora o torcedor, em geral, só o reconheça pela rua que leva o seu nome, onde se localizava o estádio do América Futebol Clube. Seu governo se destacou pela austeridade e por uma ordem rara nas finanças públicas, o que propiciou a seu sucessor, Rodrigues Alves, um mandato de grandes e dispendiosas realizações (SANT'ANNA, 2012, p. 112-113).

Voltamos às primeiras considerações do texto de Luiz Antonio Simas, para quem as histórias da cidade e do futebol devem ser pensadas da mesma forma. Da carreira do Conde, segundo o narrador, ninguém mais teve conhecimento. Muitos dos clubes ressignificados pela memória do narrador já não integram o imaginário do morador do Rio de Janeiro, que até décadas atrás frequentava as ruas que simbolizam um modo de funcionamento da cidade. A tradicional sede do América Football Club, na Campos Sales, local em que existiu o estádio até o início dos anos de 1960, foi demolida para a construção de um shopping. Simas, em *A cidade vive e arde* (2019), descreve a destruição do Museu Nacional após um incêndio, em 2018, e afirma: "Um lugar não se limita à matéria de seus alicerces. Nele estão amalgamados memórias, aspirações, anseios, sonhos, alegrias e invenções de vida de incontáveis gerações" (SIMAS, 2019, p. 128).

A novela de Sérgio Sant'Anna, um torcedor apaixonado pelo Fluminense, clube das Laranjeiras, bairro em que residiu até sua morte por coronavírus, em 2020, reflete sobre a importância dos heróis subversivos, da experiência de viver a cidade, de não perder a memória dos espaços e das ruas:

> Reencantar a cidade, subverter o território em terreiro, entender a cidade como um lugar de encontro, comer pelas beiradas driblando os perrengues, malandreando entre o horror e o gozo, é seguir vivendo e sobrevivendo para fazer o gol na partida que não termina: num lance rápido e certeiro do contra-ataque que nos resta para salvar a rua (SIMAS, 2019, p. 75).

Grande parte das narrativas de Sérgio Sant'Anna faz parte desse exercício de reinvenção dos espaços por meio do futebol. Como uma partida que não acaba, as ruas/estádios devem ser espaços encantados pelas narrativas e pelos relatos que sobrevivem, lugares de reconhecimento da história do Rio de Janeiro.

Referências

BENJAMIN, Walter. *A obra de arte na era de sua reprodutibilidade técnica*. Obras escolhidas: Magia e técnica, arte e política. São Paulo: Brasiliense, 1994.

BARTHES, Roland. Semiologia e urbanismo. In: *A aventura semiológica*. São Paulo: Martins Fontes, 2001. p. 224.

BORELLI, Ana. *São Cristóvão*: bairro imperial. Rio de Janeiro: TIX Edições e Arte, 2021.

COSTA, Leda. Figueira de Melo, um estádio na casa dos 102 anos. *Ludopedio*, 18 jan. 2018. Disponível em: https://ludopedio.org.br/arquibancada/figueira-de-melo/. Acesso em: 22 mar. 2022.

DEALTRY, Giovanna. A malandragem como resistência e negociação: Silviano Santiago e Sérgio Sant´Anna. *Estudos de Literatura Brasileira Contemporânea*, n. 22, 2011, p.113-123. Disponível em: https://periodicos.unb.br/index.php/estudos/article/view/8948. Acesso em: 22 mar. 2022.

PIMENTEL, Márcia. O leopoldinense bairro de Olaria. *Multirio*, 26 nov. 2020. Disponível em: http://www.multirio.rj.gov.br/index.php/leia/reportagens-artigos/reportagens/16873-o-leopoldinense-bairro-de-olaria. Acesso em: 25 mar. 2022.

SANT'ANNA, Sérgio. *Páginas sem glória*. São Paulo: Companhia das Letras, 2012.

SANT'ANNA, Sérgio. *O concerto de João Gilberto no Rio de Janeiro*. São Paulo: Companhia das Letras, 2014.

SIMAS, Luiz Antonio. *O corpo encantado das ruas*. Rio de Janeiro: Civilização Brasileira, 2019.

SIMAS, Luiz Antonio . *Pedrinhas miudinhas:* ensaios sobre ruas, aldeias e terreiros. Rio de Janeiro. Mórula Editorial, 2013.

WISNIK, José Miguel. *Veneno remédio:* o futebol e o Brasil. São Paulo: Companhia das Letras, 2008.

Sites acessados:

DE COURT, André. Rua Figueira de Melo, esquina com Rua Antunes Maciel anos 50. *Foi um Rio que passou*, 16 nov. 2018. Disponível em: https://rioquepassou.com.br/2018/11/16/rua-figueira-de-melo-esquina-com-rua-antunes-maciel-anos-50/. Acesso em: 11 mar. 2022.

BIBLIOTECA Nacional Digital. Disponível em: http://memoria.bn.br/pdf/182664/per182664_1947_00465.pdf. Acesso em: 10 mar. 2022.

CASA de Oswaldo Cruz. Disponível em: http://basearch.coc.fiocruz.br/index.php/antonio-mourao-vieira-filho. Acesso em: 10 mar. 2022.

O RIO de Janeiro: metamorfoses urbanas. MultiRio, [seção História do Brasil – Rio de Janeiro], [s.d.]. Disponível em: http://multirio.rio.rj.gov.br/index.php/estude/historia-do-brasil/rio-de-janeiro/66-o-rio-de-janeiro-como-distrito-federal-vitrine-cartao-postal-e-palco-da-politica-nacional/2927-o-rio-de-janeiro-metamorfoses-urbanas. Acesso em 11/03/2022.

FLAVIO GARCÍA[1]
LUCIANA MORAIS DA SILVA[2]

História que se atravessa nas paisagens citadinas de Lisboa

A paisagem lisboeta remete para memórias e sonhos que se ajustam a lembranças e ficcionalizações de diferentes atravessamentos que se testemunham pelos caminhos da cidade e pelos monumentos que nela se encontram desde os primeiros tempos de sua história. Em narrativas de muitos autores portugueses, os leitores são conduzidos a fortuitos passeios por ruas e avenidas, tendo o "mundo real como pano de fundo" (ECO, 1994, p. 89). Nesses mundos de ficção, compostos a partir do acesso dos escritores a referentes da realidade,

1. Flavio García é professor titular da Universidade do Estado do Rio de Janeiro (Brasil); editor do *Dicionário Digital do Insólito Ficcional* e da revista *Abusões*, dedicada aos estudos do gótico, fantástico e insólito ficcional; diretor da editora extensionista Dialogarts; autor de *Discursos fantásticos de Mia Couto* – mergulhos em narrativas curtas e de média extensão em que se manifesta o insólito ficcional; Cv http://lattes.cnpq.br/4242057381476599; OrcId https://orcid.org/0000-0003-0761-8092.

2. Luciana Morais da Silva é doutora pela Universidade do Estado do Rio de Janeiro (Brasil) e pela Universidade de Coimbra (Portugal); pós-doutora pela Universidade do Estado do Rio de Janeiro; professora da Unyleya (Brasil); autora de *Novas insólitas veredas: leitura de A varanda do frangipani, de Mia Couto, pelas sendas do fantástico*, com diversas publicações no âmbito das Literaturas de Língua Portuguesa, dedicadas aos estudos da memória, personagem, insólito ficcional, novos discursos fantásticos; Cv http://lattes.cnpq.br/2847441618182578; Orcid https://orcid.org/0000-0001-7757-801X.

personagens, em (con)vivência em espaço e tempos da história, garantem a configuração de universos plenamente significativos, especialmente por suas imagens serem ancoradas no quotidiano corriqueiro e palpável do "mundo de nossa experiência" (ECO, 1994, p. 83).

Como bem observa Umberto Eco:

> os leitores precisam saber uma porção de coisas a respeito do mundo real para presumi-lo como o pano de fundo correto do mundo ficcional. A essa altura, porém, deparamos com uma dificuldade. Por um lado, na medida em que um universo de ficção nos conta a história de algumas poucas personagens em tempo e local bem definidos, podemos vê-lo como um pequeno mundo infinitamente mais limitado que o mundo real. Por outro lado, na medida em que acrescenta indivíduos, atributos e acontecimentos ao conjunto do universo real (que lhe serve de pano de fundo), podemos considerá-lo maior que o mundo de nossa experiência. Desse ponto de vista um universo ficcional não termina com a história, mas se estende indefinidamente (1994, p. 91).

Para o semiólogo, teórico, crítico e também ficcionista italiano, ler ficção é como jogar um jogo, é adentrar um mundo parasitário do mundo real (1994, p. 91-93). Em sua visão, a ficção é um mundo de experiência subjetiva, que, muitas vezes, é ainda mais real do que o mundo objetivo da realidade tida por seu pano de fundo.

Nas cenas ilimitadamente compostas nesses mundos de ficção, os escritores se permitem caminhar por avenidas, ruas, vielas, becos, que se bifurcam entre diferentes leituras reais e imaginárias, e visitar tempos próximos ou distantes, que se encontram inusitadamente em suas narrativas. Essas cenas inauditas dão vez à figuração de personagens díspares em relação ao tempo e espaço em que se encontram, contrapondo e ressignificando os mundos que habitam. O cenário em que atuam leva a que essas figuras aparentemente desconexa(da)s exerçam ou sofram ações inesperadas e incompreendidas por elas próprias e pelos leitores, reafirmando o caráter insólito das narrativas.

O escritor português Mário de Carvalho é um dos autores que, em muitas de suas narrativas, visita avenidas, ruas, becos de muitas cidades portuguesas, percorrendo diferentes espaços físicos e cronológicos e desnudando diversos momentos históricos dessas cidades e, por extensão, do país. Carvalho arquiteta grande parte de sua obra no entrelugar da memória e da história, jogando ludicamente com os limites e níveis da ficção, mesclando-os ou, até mesmo, fazendo-os colidir.

Ao se referir a nuances de uma de suas obras, a antologia orgânica *Casos do Beco das Sardinheiras*, Carvalho destaca a vivacidade do cenário que lhe foi inspirador:

> É difícil dissociar o sorriso dos *Casos do Beco das Sardinheiras* do declive brando das velhas colinas de Lisboa, a uma luz doce, com um casario ancestral a escorrer sobre um rio vasto, cansado de História. As personagens moram numa cidade que veio do fumo dos tempos, que já abrigou fenícios, cartagineses, romanos, visigodos, mouros, e nunca deixou de ser de "muitas e desvairadas gentes", como Fernão Lopes menciona.
>
> [...]
>
> [P]elo emaranhado de vielas e becos, corre, numa pincelada festiva, o amarelo dos carros eléctricos (a que aqui no Brasil chamam bondes) sacudindo o tinir vivo e álacre de campainhas, zunindo vertiginosamente nas ladeiras estreitas, roçando milimetricamente as esquinas (CARVALHO, 2008, p. 10).

Não apenas em *Casos do Beco das Sardinheiras*, mas em muitas das narrativas de Carvalho, as personagens adentram diferentes espaços e tempos da cidade e trazem à luz fatos da memória local e nacional. Os atos de leitura de sua obra propícia ao leitor vivências daquele mundo parasitário a que Eco se refere e, ainda, o conhecimento acerca das pinceladas festivas a que ele mesmo alude. Eco observa que "temos de admitir que, para nos impressionar, nos perturbar, nos assustar ou nos comover até com o mais impossível dos mundos, contamos com nossos conhecimentos do mundo real. Em outras palavras, precisamos adotar o mundo real como pano de fundo" (1994, p. 89), e as instruções textuais sequenciadas (ECO, 1994, p. 22) que Carvalho dá ao seu leitor modelo estruturam cenários de sobrevida infinita de paisagens nos mundos de ficção que compõe.

Carvalho despontou no mercado editorial, em 1981, com a publicação de *Contos da Sétima Esfera*. Já nesse livro de estreia, ele comporia mundos de ficção em que personagens, espaço, tempo e efabulação são estruturados com base em procedimentos discursivos próprios do insólito, causando "surpresa pelo inesperado da abordagem ficcional e pela peculiar atmosfera, entre o maravilhoso e o fantástico".[3] Desde então, vem publicando romances, novelas, contos, textos teatrais, folhetins, literatura para crianças e jovens, ensaios, uma vasta obra, cuja ficção se nutre de vieses do inaudito, promovendo, em geral, revisitações críticas da história de Portugal.

Em 1982, vem a público *Casos do Beco das Sardinheiras*, em que, no Prólogo, a figura que assume o discurso reúne os papéis de autor, narrador e personagem e transita, de modo farsesco, entre o relato ficcional e o não ficcional. Essa figura apresenta espaço, tempo, personagens e refere-se a acontecimentos em recortes cronológicos distintos, afirmando que:

> O Beco das Sardinheiras é um beco como outro qualquer, encafuado na parte velha de Lisboa. Uns dizem que é de Alfama, outros que é já da Mouraria e sustentam as suas opiniões com sólidos argumentos topográficos, abonados pela doutrina de olisiponenses egrégios. Eu, por mim, não me pronuncio. Tenho ideia de que ali é mais Alfama, mas não ficaria muito escarmentado se me provassem que afinal é Mouraria. Creio que o nome lhe vem das sardinheiras que exibem um carmesim vistoso durante todo o ano, plantadas num canteiro que rompe logo à esquina, não longe da drogaria que já fica na Rua dos Eléctricos. A gente que habita o Beco é como as demais, nem boa nem má. Tem sobre os outros lisboetas um apego ainda maior ao seu sítio e às suas coisas. Desde há muito tempo que não há memória de que algum dos do Beco tenha emigrado de livre vontade (CARVALHO, 1991, p. 13).

Em 1983, Carvalho publicou *A inaudita guerra da Avenida Gago Coutinho e outras histórias*, um conjunto de seis narrativas nas quais, como nas obras

3. Disponível em: https://24.sapo.pt/autor/mario-de-carvalho. Acesso em: 15 de mar de 2022.

anteriores, surgem situações absolutamente insólitas. O conto que empresta título à antologia já havia sido publicado separadamente, em 1982, inaugurando a Coleção Fantástico das Edições Rolim. Em todos os seis contos da obra, o leitor se depara com o insólito, que emerge dentro de um universo racional, corriqueiro, fazendo com que surja algo incoerente, incomum, em desacordo com esse universo (PRADA OROPEZA, 2006, p. 58).

Em "A inaudita guerra da Avenida Gago Coutinho", a Deusa Clio, musa da História e da criatividade, sentindo-se enfadada da imensa tapeçaria milenária a seu cargo, adormece, mas seus dedos continuam a trama da tessitura da História. Com isso, dois fios do tecido se embolam e amalgamam-se as datas de 4 de junho de 1148 e de 29 de setembro de 1984. O cruzamento desses fios do tecido da História transtorna o quotidiano do mundo mais próximo e, em decorrência desse transtorno, personagens, cujas figurações remetem para as realidades dos séculos XII e XX, encontram-se na Avenida Gago Coutinho, surpreendem-se com seu entorno e quase entram em confronto bélico. O leitor de Carvalho visita e passa a conhecer ou revisita e revisa fatos históricos de Lisboa e, por extensão, de Portugal.

Esse encontro dos anos de 1148 e 1984 implica uma ruptura na regência própria ao eixo cronológico, mas propicia, no entanto, a inferência de possíveis diálogos entre dois momentos da História de Portugal. Em 1148, os mouros teriam tentado retomar Lixbona, cercada e conquistada aos mouros, no ano anterior, pelas forças de D. Afonso Henriques. Em 1984, o presidente Mário Soares declarou que Portugal abdicaria de aderir à Comunidade Econômica Europeia (CEE), se uma decisão não fosse tomada até junho, e o Conselho de Ministros da CEE fixou 30 de junho como data limite para a conclusão das negociações, vindo a aprovar a integração a partir de 1 de janeiro de 1986. Esses fatos históricos, separados por oito séculos, envolvem situações concernentes à ideia de nação. Portugal, como estado-nação, surge ainda no tempo de D. Afonso Henriques, que viria a ser seu primeiro rei, e a CEE foi o embrião da União Europeia (EU), cuja concepção originária previa a reunião dos estados que a compusessem em uma única célula estatal. Assim, ainda que não se possa afirmar que a escolha de 4 de junho de 1148 corresponda a qualquer tentativa de os mouros retomarem o Castelo e, consequentemente, Lixbona, nem que a seleção de 29 de setembro de 1984 tenha por pano de fundo as negociações em torno da adesão de Portugal à CEE, é possível arriscar essa intensionalidade autoral.

O embolar insólito desses fios da tessitura do tempo da história, incompreendido e questionado pelas personagens, interfere de modo crucial no plano das ações, pois:

> A noção de tempo está implicada nos dois níveis [– ponto de partida e de chegada da atividade mimética, ação –] distintos a que remetem esses significados: o nível da história relativo aos fatos que ocorrem exteriormente numa certa ordem, e o do enredo, que os ajusta ou configura na unidade orgânica, sistemática, da ação interna à obra [...] (NUNES, 2000, p. 8-9).

David Roas, atendo-se a cronologias alteradas que implicam a perversão fantástica do tempo, adverte que "nossa experiência do real se rege pela inexorável linha do tempo, que nos diz que não se pode inverter nem deter o curso dos acontecimentos" (2012, p. 106). Roas procura identificar possíveis transgressões da temporalidade convencional na composição de mundos ficcionais do fantástico, catalogando algumas situações que identifica.

Em "A inaudita guerra da Avenida Gago Coutinho", há "tempos convergentes" (ROAS, 2012, p. 107-108), "justaposição de tempos paralelos" (ROAS, 2012, p. 108) e "ingresso em outro tempo" (ROAS, 2012, p. 109). Essa narrativa de Carvalho encena um mundo de ficção estruturado sobre uma impossível continuidade entre duas dimensões espaciotemporais, fazendo conviver dois universos paralelos.

Conforme Roas, o tempo convergente "se manifesta a partir da confluência de dois (ou mais) tempos em um mesmo instante. Ou seja, produz-se a impossível comunicação entre dois estados temporais e, portanto, entre duas ordens da realidade" (2012, p. 109-110). Segundo ele, na justaposição de tempos paralelos, "a história nos mostra dois tempos (e às vezes dois espaços) narrados de forma paralela sem que haja uma relação entre ambos, até que se produz a impossível confluência e justaposição dos mesmos" (2012, p. 110). Na perspectiva de Roas, "tal e como ocorre nas transgressões antes comentadas"

(2012, p. 111), ingressando em outro tempo, "a personagem abandona seu plano temporal para ingressar em outro, que pode ser anterior, futuro ou inclusive paralelo" (2012, p. 111).

Em "A inaudita guerra da Avenida Gago Coutinho", as cronologias se apresentam alteradas, implicando cenas insólitas, uma vez que os tempos convergem inusitadamente, em consequência de sua justaposição paralela no tecer adormecido da Deusa Clio, e levando as personagens de um tempo, figuradas em consonância com seu tempo próprio, a ingressarem em outro tempo, figurado em conformidade com os referentes de sua realidade.

Nesse recontro do medievo com o contemporâneo, em que o imaginário expectável dos cenários e das personagens é absolutamente distinto entre si, defrontam-se:

> automobilistas que nessa manhã de Setembro entravam em Lisboa pela Avenida Gago Coutinho, direitos ao Areeiro, [com] a tropa do almóada lbn-el-Muftar, composta de berberes, azenegues e árabes em número para cima de dez mil, [que] vinha sorrateira pelo valado, quase à beira do esteiro do rio [Tejo] que ali então desembocava, com o propósito de pôr cerco às muralhas de Lixbuna, um ano atrás assediada e tomada por hordas de nazarenos odiosos (CARVALHO, 1992, p. 27-28).

A tropa comandada por lbn-el-Muftar vem do Norte e se dirige ao centro de Lisboa a fim de recuperar o Castelo de São Jorge, construção de origem medieval, de onde, em 1984, avista-se, olhando à sua frente, a Praça Martim Muniz, centro de comércio tipicamente mourisco, e onde se localiza o ponto de partida do elétrico 28, linha de bonde que percorre a parte mais antiga de Lisboa e leva até o Castelo. Vindo do Norte para chegar ao Castelo, era natural que a tropa seguisse o caminho desde a Portela, onde se localiza o Aeroporto Humberto Delgado e a Gare de Comboios do Oriente. lbn-el-Muftar e sua tropa se espantaram e morreram de medo com o que viram, detendo-se próximo ao Largo do Areeiro e se preparando para um combate com as figuras que estavam ao seu redor.

Não só lbn-el-Muftar e sua tropa se viram envoltos em episódios que não lhes faziam sentido, mas os automobilistas também foram tomados por:

um grande susto, e, por instantes, foi, em toda aquela área, um estridente rumor de motores desmultiplicados, travões aplicados a fundo, e uma sarabanda de buzinas ensurdecedora. Tudo isto de mistura com retinir de metais, relinchos de cavalos e imprecações guturais em alta grita (CARVALHO, 1992, p. 27).

Não fazia sentido, para nenhum dos dois grupos de personagens, o que viam ao seu redor.

Nesse mundo de ficção composto insolitamente, os mouros se surpreenderam com veículos automotores de metal ou fibra, reluzindo diferentes cores, com cabines envidraçadas, buzinando e em nada se assemelhando aos seus veículos; com edifícios de quatro ou mais andares, em que havia janelas também envidraçadas, bastante diferentes das edificações que conheciam. O insólito mundo de ficção armado por Carvalho tripudia com as expectativas, transita entre exageros e surpresas e recorre a bases históricas e mitológicas para rever e ressignificar tanto o passado – 1148 –, quanto o presente – 1984.

Impactados com a surpresa e tementes, lbn-el-Muftar e sua tropa apearam dos cavalos, ajoelharam-se e se puseram a rezar: "Alá era grande" (CARVALHO, 1992, p. 28). lbn-el-Muftar não compreende o pandemônio à volta: "– Teriam tombado todos no inferno corânico? Teriam feito algum agravo a Alá? Seriam antes vítimas de um passe da feitiçaria cristã? Ou tratar-se-ia de uma partida de jinns encabriolados?" (CARVALHO, 1992, p. 29). Levantado seu bastão, trava o avanço da vanguarda da tropa que lhe segue "até chegar à derradeira retaguarda, já muito próxima da Rotunda da Encarnação: – Que ninguém se mexesse!" (CARVALHO, 1992, p. 28). As únicas possíveis explicações que lbn-el-Muftar encontra para a experiência que está vivenciando apontam para a intervenção do religioso, místico, maravilhoso, mágico, retornando tanto ao seu tempo histórico, quanto às bases de sua cultura.

A partir do olhar igualmente surpreso das personagens novecentistas, um agente da Polícia de Segurança Pública (PSP), que a tudo assistia, ridiculamente "meio escondido por detrás das colunas de um prédio, no propósito sábio e louvável de surpreender contraventores aos semáforos, entendeu que aquilo não estava certo e que havia que proceder" (CARVALHO, 1992, p. 29). Não lhe pareciam naturais aqueles homens, em grande quantidade, montados a cavalo, vestidos desconformes ao seu tempo e com uma adereçaria estranha. As imagens compostas a partir do acesso a referentes reconhecidos, seja no que tange a 1984, seja no que remete historicamente a 1148, são os elementos discursivo-textuais que permitem a compreensão da história, mas, ainda assim, o mundo de ficção composto por Carvalho gera surpresas para as personagens que o habitam.

O agente da PSP transmitiu mensagem aos seus superiores relatando o inusitado episódio. Estes o orientam a apenas observar, mas a informação do polícia provocou "imediato telefonema para o governador civil e deste para o ministro" (CARVALHO, 1992, p. 29), e, confirmando-se:

> que não se encontravam previstos desfiles, de forma que a máquina policial se viu movida a ingerir-se no caso. Soaram as sirenes no quartel de Belém e, poucos minutos depois, alguns pelotões da Polícia de Intervenção vinham a caminho, com grande alarde de sereias e pisca-piscas multicores (CARVALHO, 1992, p. 29-30).

Em Belém, encontram-se o Mosteiro de Jerônimos e a Torre de Belém, que remontam ao reinado de D. Manuel I (1495 – 1521); o Palácio Nacional de Belém, sede da Presidência da República Portuguesa, ocupada por Mário Soares entre 1986 e 1996, que também foi primeiro ministro entre 1976 e 1978 e 1983 e 1985; e, ainda, o Quartel de Belém, fora das funções que tivera no Século XX, vindo a ser transformado em centro cultural. Os referentes extratextuais acessados por Carvalho, que alicerçam as imagens que compõe em sua narrativa, levam a conflitos discursivo-textuais entre o sólito e o insólito, expressos pelas surpresas e perplexidades de que as personagens são tomadas. O mundo de ficção armado por Carvalho não chega a se contrapor efetivamente ao mundo objetivo que ele acessa, uma vez que esse mundo se metamorfoseia, corrompe-se e, paradoxalmente, chega a se transformar em outro distinto dele mesmo (VAX, 1965, p. 17).

Se, para o agente da PSP, lbn-el-Muftar e sua tropa, com suas indumentárias, pareciam estar em trajes de carnaval, porque não lhe fazia sentido, em 1984, deparar-se com homens montados a cavalo, vestidos arabescamente, para "os automobilistas que haviam saído dos carros e que, entre irritados e divertidos[, aquilo devia] ser algum reclame, [ou] era para um filme" (CARVALHO, 1992, p. 30).

A suposição dos automobilistas é bastante justificável, uma vez que o episódio transcorre, como a própria narrativa refere, à volta do Bairro dos Actores, que se espraiava desde o Areeiro até Arroios, de um lado, e Alvalade, de outro. A toponímia de muitos logradouros dessa região homenageia astros e atrizes, cantores e cantoras. Carvalho recorre, portanto, a um mundo possível, primeira condição para que se estruturem mundos de ficção semelhantes, diferentes ou mesmo alternativos, por mais insólitos que estes pareçam com os mundos que lhes servem de base (ARÁN, 1999, p. 32).

Os dois grupos de personagens, igualmente surpreendidos pelo que viam diante de si, mantiveram-se estanques, um frente ao outro, na Avenida Gago Coutinho, próximo ao Largo do Areeiro. A tropa mourisca formou em posição de defesa e ataque, e lbn-el-Muftar não se deixou:

> impressionar com os trejeitos pouco amistosos que lhe vinham de dentro dos objectos metálicos com rodas que havia por toda a parte, nem com as caras que o fitavam por detrás de um estranho material transparente. Se era uma encantação, melhor era deixar que passasse – segredou para ben-Yussuf que lhe respondeu, desconfiado e muito pálido: – inch Allah! (CARVALHO, 1992, p. 30).

Um dos motoristas, que dirigia um caminhão carregado de caixas de cervejas, irritado com aquele aparato que impedia o tráfego, jogou uma pedra "que foi ecoar no broquel do beduíno Mamud Beshewer que, por ainda não ter acordado de tudo isto, era um dos mais quietos da tropa" (CARVALHO, 1992, p. 30). Em resposta:

> Ibn-Muftar deu uma ordem e logo vinte archeiros enristaram os arcos, apontaram aos céus, e expediram, com um zunido tenso, uma saraivada de setas, que obrigou toda a gente a meter-se nos automóveis e a procurar refúgio nas portadas dos prédios ou atrás dos camiões. Veio do Areeiro um grande apupo, desta vez convicto, em uníssono (CARVALHO, 1992, p. 31).

Um comissário de polícia, que vinha do sentido oposto àquele que a tropa de Ibn-Muftar seguira, tendo acabado de cruzar a Alameda Dom Afonso Henriques em Direção ao Largo do Areeiro, sem entender bem o que estava acontecendo, porque não lhe fazia sentido a cena que vislumbrava à sua frente, procura repor a ordem e dispersa a multidão para o Bairro dos Actores. "– Toca a varrer isto tudo até ao Areeiro – disse. E, puxando do apito, pôs a equipa em acção, à bastonada, a eito, por aqui e por além" (CARVALHO, 1992, p. 31). Neste momento, como é comum em Lisboa e em quase todas as cidades portuguesas, nas quais se põem roupas para secar e se regam plantas nas sacadas e janelas, cai água sobre lbn-el-Muftar, deixando-o irritado, pois tal realidade não condiz com a sua.

Ao ver "aqueles peões de escudo e viseira, formados em frente, pensou que era, enfim a guarda avançada de Ibn-Arrik, o cão tomador de Lixbuna, que vinha aí travar-lhe o passo, a coberto de um encantamento mágico" (CARVALHO, 1992, p. 32). lbn-el-Muftar confunde os polícias portugueses de 1984 com os soldados de Dom Afonso Henriques de 1148, imaginando que estes estivessem adereçados daquela forma por obra de algum feitiço. Assim, "rompeu uma carga de cavaleiros berberes, aos gritos de guerra, de alfanje em riste, ladeando automóveis, amolgando capots, e aproximando-se inexoravelmente dos rapazes do comissário" (CARVALHO, 1992, p. 32). Essa cena se desenrola exatamente junto à Alameda Dom Afonso Henriques, cuja toponímia resgata o rei fundador, aquele que, em 1147, conquistara Lixbuna aos mouros.

Os polícias portugueses de 1984, não se vendo "preparados para enfrentar cargas de cavalaria moura" (CARVALHO, 1992, p. 32), porque disso nada sabiam, esconderam-se atrás de ônibus, correram para dentro da Cervejaria Munique, que se localizava do lado esquerdo do Paço Alentejano, na esquina do lado direito, quando se entra na Avenida Almirante Reis. Sabe-se que "[n]a esquina do lado direito quando se entra na Almirante Reis ficava a Cervejaria Munique e na do lado esquerdo o Paço Alentejano. Que foram pólos culturais de relevante interesse para diversas gerações".[4] E entre os que fugiram do ata-

4. Disponível em: https://biclaranja.blogs.sapo.pt/569631.html. Acesso em: 15 de mar de 2022.

que da tropa moura, houve os que "[l]argaram as viaturas em frente do Vavá, na Avenida dos Estados Unidos, e abalaram em passo de corrida por ali abaixo, pela faixa relvada, até estabelecerem contacto com a tropa de lbn-el-Muftar, no cruzamento com a Gago Coutinho" (Carvalho, 1992, p. 32-33).

> O Vá-Vá era o ponto de encontro de intelectuais que simbolizavam uma nova geração urbana e cosmopolita, que se dava mal com o bafio salazarista. Discutia-se política e arte, aos activistas e artistas juntavam-se estudantes universitários em busca de diálogos abertos e ideias novas. Muitas relações amorosas terão começado naquelas mesas, já agora, que a malta era nova e as moças que frequentavam o Vá-Vá ostentavam padrões de comportamento bem mais liberais do que os então vigentes. [...] Rapidamente, o café transformou-se em referência, um símbolo geracional de abertura e modernidade num país amordaçado pelo regime fascista. Corria a década de o do século passado.[5]

Um capitão das forças portuguesas, que vinha com "instruções para proceder a um reconhecimento, avaliar a situação e agir em conformidade, mas sempre com moderação" (Carvalho, 1992, p. 33), aproximou-se cautelosamente dos milhares de mouros que tinha à sua frente, a maior parte deles montados a cavalo. Diante daquela cena insólita na Lisboa de 1984, e sem entender o que poderia estar acontecendo, ele lamenta: "Estas coisas só me acontecem a mim!" (Carvalho, 1992, p. 33). Os dois grupos se estudaram à média distância, uma vez que nenhum deles entendia o que estava acontecendo, percebia a realidade que os circundava, reconhecia o outro que tinha à sua frente. O estranhamento era o sentimento comum aos dois grupos de personagens, cujo momento de existência na realidade histórica referencial distava oitocentos e trinta e seis anos.

O capitão das forças policiais portuguesas decide acenar para os mouros:

5. Disponível em: https://www.publico.pt/2007/07/25/jornal/vava-o-que-torna-este-cafe-tao-especial-223661. Acesso em: 15 de mar de 2022.

com um trapo branco, emprestado pelos locatários de um rés-do-chão da vizinhança. Ao árabe, por instinto, afigurou-se-lhe serem aqueles homens militares e, embora não percebesse bem o significado do pendão branco que o capitão brandia, não lhe pareceu que as intenções fossem suspeitas. As circunstâncias, por outro lado, com toda aquela estranha balbúrdia em volta, aconselhavam a contemporização (CARVALHO, 1992, p. 33).

lbn-el-Muftar "dirigiu-se ao capitão, e saudou, de mão no peito: – Salam aleikum. E o capitão Soares, que tinha feito uma comissão na Guiné, em contacto com gente muçulmana, respondeu automaticamente, curvando-se um pouco: – Aleikum salam" (CARVALHO, 1992, p. 34), levando a crer que as personagens dos diferentes recortes cronológicos, 1148 e 1984, fossem se comunicar e, possivelmente, os dois tempos históricos pudessem se harmonizar, o que, com certeza, levaria a narrativa ao ápice do inaudito.

A inaudita guerra não se dá, pois, "[n]este momento, a deusa Clio acordou do seu sonho, num sobressalto, e logo atentou no erro cometido. Num credo, desfez a troca de fios e reconduziu cada personagem a seu tempo próprio" (CARVALHO, 1992, p. 34). Os árabes sumiram:

da Avenida Gago Coutinho, deixando o capitão [...] e todos os outros a coçar a cabeça, abismados. lbn-el-Muftar, por seu lado, logo que viu despejarem-se os campos daquelas gentes, daqueles objectos e daqueles prédios, soltou um suspiro de alívio e resolveu arrepiar caminho, desistindo de atacar Lixbuna onde, aliás, e ao contrário do que pensava, já lbn-Arrik o esperava, com máquinas de guerra e fogos acesos nas muralhas. O árabe considerou todas aquelas aparições de mau agoiro, pouco propiciadoras de investidas felizes contra Lisboa, e desistiu da cidade" (CARVALHO, 1992, p. 34).

A Deusa Clio não tinha poderes para desfazer os acontecimentos insólitos resultantes de seu descuido, mas teve para apagá-los da memória das personagens que neles se envolveram. Assim, nenhuma delas, nem as advindas de 1148 para 1984, nem as deste tempo, soube entender o que se lhe acontecera. As personagens de 1984 ficaram a perguntar e a buscar explicações sobre o espaço revolvido à sua volta. As de 1148, tornadas a seu tempo, não mantiveram, como as de 1984, os acontecimentos guardados na memória.

Os questionamentos, acerca do espaço revolto, que envolvem as personagens de 1984, tempo dos acontecimentos narrados, permitem, ainda, alargando as teorizações que tratam do tema, associar a narrativa de Carvalho à ficção fantástica. O fantástico, como defende Tzvetan Todorov, nutre-se da dúvida experienciada por personagens que hesitam em relação a possíveis explicações para acontecimentos da história, e essa hesitação, transmitida ao leitor, mantém-se para além do desfecho da história, sem que se resolva. Para Todorov:

> o fantástico ocupa o tempo dessa incerteza; assim que escolhemos uma ou outra resposta, saímos do fantástico para entrar num gênero vizinho, o estranho ou o maravilhoso. O fantástico é a hesitação experimentada por um ser que não conhece as leis naturais, diante de um acontecimento aparentemente sobrenatural (2006, p. 148).

Ao intervir a tempo de evitar a guerra e apagar da memória das personagens os acontecimentos em que se envolveram, a Deusa Clio contribui para a associação da narrativa ao fantástico, pois faz com que o desfecho da história permaneça em aberto quanto ao seu deslinde. Os domínios do natural e do sobrenatural mantêm-se, portanto, insolúveis, pervivendo nas sensações de incerteza vividas pelas personagens (BESSIÈRE, 2001, p. 86-87).

Como punição por seu desastrado descuido, deixando que dois fios do tecido da História se embolassem, o que quase culminou em uma inaudita guerra entre figuras cuja existência fatual dista mais de oito séculos, "Clio, foi privada de ambrósia por quatrocentos anos o que, convenhamos, não é seguramente castigo dissuasor de novas distracções" (CARVALHO, 1992, p. 35).

Carvalho compôs um mundo de ficção com imagens que se estruturam a partir da seleção intencional de referentes do mundo objetivo por ele acessado, e sua história estabelece diálogos com a História. A Deusa Clio ficou privada da ambrósia, mas os leitores de Carvalho foram conduzidos pelas personagens de 1148 e 1984, que se encontraram insolitamente, por diferentes tempos e espaços da História de Portugal, vislumbrando Lixbuna e Lisboa.

Referências:

ARÁN, Pampa O. *El fantástico literario: aportes teóricos*. Madrid: Tauro, 1999.

BESSIÈRE, Irène. El relato fantástico: forma mixta de caso y adivinanza. In: ROAS, David (intr., comp. y bibl.). *Teorías de lo fantástico*. Madrid: Arco/Libros, 2001. p. 83-104.

CARVALHO, Mário de. "Prólogo". *In*: CARVALHO, Mário de. *Casos do Beco das Sardinheiras*. 5ª ed. Lisboa: Caminho, [1982] 1991, p. 13-16.

CARVALHO, Mário de. "A inaudita guerra da Avenida Gago Coutinho". *In*: CARVALHO, Mário de. *A inaudita guerra da Avenida Gago Coutinho e outras histórias*. 3ª ed. Lisboa: Caminho, [1983] 1992, p. 27-35.

CARVALHO, Mário de. "Prefácio". *In*: CARVALHO, Mário de. *Era uma vez um alferes e outras histórias*. São Paulo: Companhia das Letras, 2008, p. 9-14.

ECO, Umberto. *Seis passeios pelos bosques da ficção*. São Paulo: Companhia das Letras, 1994.

NUNES, Benedito. *O Tempo na Narrativa*. São Paulo: Ática, 1988.

ROAS, David. Cronologías alteradas. La perversión fantástica del tiempo. *In*: GARCÍA; Flavio; BATALHA, Maria Cristina (Orgs.). *Vertentes teóricas e ficcionais do insólito*. Rio de Janeiro: Caetés, 2012, p. 106-112.

VAX, Louis. *Arte y Literatura fantásticas*. Buenos Aires: EUDEBA, 1965.

TODOROV, Tzvetan. *As estruturas narrativas*. 4ª ed. São Paulo: Perspectiva, 2006.

JÚLIA GARCIA SANTOS[1]
ANDREIA ALVES MONTEIRO DE CASTRO[2]

Milhas de angústia no mar da saudade: a Lisboa de Ruffato

Dialogando com Tuan, Eduardo Marandola Jr., em "Viagens por Paisagens: experiências do sentir e do querer", aponta que a viagem, como deslocamento de longa duração, corresponderia "ao lançar-se ao desconhecido, ao perigo máximo expresso pela saída do lugar" (2014, p. 3). O migrante, ao mover-se, deixaria o lugar de proteção e segurança, lançando-se ao mundo, aos perigos do desconhecido, sem "sistemas de proteção, sem tais quais aqueles constituídos em torno do lar" (2014, p. 3). Já Edward Said, ao discorrer sobre suas memórias em *Fora do lugar*, assinala que, juntamente dos deslocamentos da geografia dos afetos, as desarticulações vividas na linguagem são as principais

1. Graduanda em Letras - Português e Francês - pela Universidade Federal Fluminense. Em Iniciação Científica com a professora Andreia Castro, no projeto "Escritoras portuguesas na imprensa periódica do Brasil: laços transatlânticos feministas (1890-1930)". Membro do grupo Pesquisas Literárias Luso-Brasileiras, sediado no Real Gabinete Português de Leitura.
2. Professora Adjunta de Literatura Portuguesa e de Literaturas Africanas de Língua Portuguesa no Instituto de Letras da UERJ (2019). Doutora em Literatura Comparada pela Universidade Estadual do Rio de Janeiro (2017). Mestra em Literatura Portuguesa pela Universidade Estadual do Rio de Janeiro (2010). Graduada em Letras - Português e Literaturas de Língua Portuguesa - pela Universidade Federal do Rio de Janeiro (2007). Colíder do grupo Pesquisas Literárias Luso-Brasileiras, sediado no Real Gabinete Português de Leitura. Membro associado ao Centro de Estudos Clássicos da Faculdade de Letras da Universidade de Lisboa.

cisões enfrentadas por aqueles que deixam a sua terra natal: "Cada pessoa vive sua língua; suas experiências, em função disso, são vividas, absorvidas e relembradas nessa língua" (2004, p. 14).

Em consonância com Marandola Jr. e Said, são, justamente, esses os conflitos encenados por Luiz Ruffato no romance *Estive em Lisboa e lembrei de você,* publicado em 2009. As errâncias decorrentes do processo de desterritorialização física e cultural narradas, em fluxo contínuo, por Sérgio de Souza Sampaio, um mineiro de Cataguases, que se arrisca a "demudar pra Portugal" (RUFFATO, 2009, p. 27) na esperança de conseguir um trabalho com remuneração satisfatória e de ascensão social no retorno ao Brasil, mas que acaba por mergulhar em uma existência ainda mais subalternizada, solitária, marginalizada e linguisticamente deslocada.

Iludido pela conversa de um dono de bar sobre as facilidades que encontrariam os brasileiros em Portugal, o narrador decide partir rumo a um objetivo, porém sem encontrar os meios necessários para alcançá-lo, como ele mesmo afirma: "na-raça, sem amparo" (RUFFATO, 2009, p. 16). Ironicamente, as opções de emprego elencadas pelo "seu Oliveira" não são as mais valorizadas no Brasil: "no que enfileirou pedreiro, bombeiro, eletricista, ladrilheiro, pintor-de-parede, motorista, garçom (os homens), arrumadeira, atendente de loja, manicure, cabeleireira, tomadeira-de-conta-de-criança e garçonete (as mulheres)" (RUFFATO, 2009, p. 26). Somente "no estrangeiro" e "ganhando em euro" essas opções se tornaram desejáveis.

Interessante também notar como essa trajetória migratória se constitui textualmente através da comparação com o hábito do consumo de cigarros. No romance, tensionando os mitos da meritocracia, a superação das reações adversas, as recaídas e a tenacidade, comumente associadas à jornada de quem decide lutar contra a dependência em nicotina, são também metáforas para os desafios de quem resolve emigrar. O fato de que o livro se inicia e se encerra com a confissão de retorno ao consumo de cigarros, bem como a sua divisão em "Como parei de fumar" e "Como voltei a fumar" parecem ser indícios claros dessa intenção. Mas não são os únicos. O desejo de Sérgio de "viajar pra fora", de ter contato com tudo o que o Brasil não ofereceria e de voltar com alguma distinção é motivado pelo encontro com um contrabandista do produto:

> O rapaz, bem-falante, óculos escuros, motorista uniformizado, me mostrou o maço preto, caligrafia dourada, "Conhece?", respondi que *de-vista*, me ofereceu um, aceitei, agradeci. "Aqui no Brasil não tem desses", garganteou, perguntei onde ele *adquiria*, explicou que carreava, fretado, o povo da cidade dele, Presidente Prudente, praqui e prali, "Até pro Paraguai", e negociamos uma garrafa de Cavalo Branco, que, dizem, é o melhor uísque que existe, não sei, não estimo o paladar, comprei mais pra não desfeitear o coitado, e de brinde ofertou seis cigarros *picados* (que resguardei pra exibir aos amigos, pintoso, por anos), e acho que, naquele dia, pela primeira vez, me roeu uma vontade danada de viajar pra-fora, invejoso da ladinice do fulano (RUFFATO, 2009, p. 17).

Do mesmo modo, a revisitação memorialística feita pelo protagonista, quando se inicia o tratamento da adição, estabelece uma relação entre a sua vivência na cidade de Cataguases e os tipos e marcas de cigarro conhecidos por ele:

> Saí do prédio, atravessei a praça Rui Barbosa, aviei a receita na Drogaria do Povo, quase desistindo por causa da carestia, e, em cima da minha Biz, vagueei sem pressa pela cidade, rememorando todas as marcas que me acompanharam vida afora, desde os matarratos da infância, os semfiltro afanados do meu pai e das visitas domingueiras, até os John Player Special que vestiam a Lotus do Emerson Fittipaldi, campeão da Fórmula 1 em 1972, cartaz que ilustrava a parede do quarto que dividia com meu tio ZéCarlim, irmão caçula da minha mãe, fanático por automobilismo, e que, por ironia, morreu cedo (RUFFATO, 2009, p. 16).

A falta de oportunidades somada ao peso das faltas e dos insucessos, sobretudo em um lugar onde não só todos se conhecem, mas julgam a conduta alheia, fazem com que a permanência de Sérgio em sua pequena cidade natal se torne insuportável. Assim como consumo de cigarros, aquela vivência também o levaria "logo-logo [a] contrair uma doença grave, um enfisema, um câncer" (RUFFATO, 2009, p. 15). Para se livrar daquele mal, era preciso lançar mão do mesmo recurso terapêutico indicado pelo amigo médico em relação ao vício: "'Aproveita que está de férias', pra tomar um porre, 'Fume o máximo que conseguir', porque, no dia seguinte, de ressaca, provavelmente não ia poder nem sentir cheiro de fumaça" (RUFFATO, 2009, p. 16). Seguindo duplamente o conselho do Dr. Fernando, para se livrar de todo aquele mal-estar, Sérgio procura embriagar-se, intoxicar-se da cidade "namorando amadoristicamente" mais de uma dezena de mulheres, revelando também uma parcela da paisagem humana de Cataguases:

> Se a desilusão com a Karina me impingiu a certeza de que no Brasil vence o mais bem motorizado, ao mesmo tempo me apartou por lustros de compromissos sérios, quando apenas namorei amadoristicamente (da lista a seguir consta somente o nome daquelas com quem mantive relação afetiva por, no mínimo, um mês): Josélia, operária da Industrial, e Selene, da Manufatora; Ana Clara, colega da Pagadoria, desquitada; Kátia e Maíra, balconistas na rua da Estação; Silvana, Kênia e Lídice, estudantes de letras da Fafic (tomei antipatia por pedagogia); Mariana e Janaína, Janaína, professoras, uma primária, outra secundária; Zilma, cabeleireira (casada, fato por mim desconhecido e sinceramente deplorado); Verônica, auxiliar de enfermagem; Leda, caixa-de-banco, encostada no INSS, problema de coluna; Bia, que mexia com enfeites de biscuí; Irineia, proprietária de uma banca-de-camelô, perto do Mercado do Produtor; e Bete, que olhava pessoas doentes (RUFFATO, 2009, p. 21-22).

O resultado de tal procedimento foi o mesmo nos dois casos, da mesma forma que o uso excessivo de bebida e nicotina trouxe malefícios imediatos à saúde do narrador. A profusão de amores teve como consequências a união quase involuntária com uma mulher de "ideia fraca", a chegada de um filho acidental e a imperiosa necessidade de prover o futuro para aquela malfadada família:

> Por azar, engravidou justo a Noemi, do-lar, vizinha nossa, malfalada no bairro, que engraçou comigo quando finalmente consegui trocar a Biz por uma 125 retirada novinha em folha da concessionária, filha do seu Ponté Carvalho, caboclo das-antigas, bronco e sistemático, que adentrou a sala, munido de um trabuco, zurrando que ia haver matrimônio, "Nem que seja na delegacia!", contra a geral

opinião que opunha dúvida à paternidade, assustando minha mãe, que, ciosa de decoros e honradezas (Irmã de Maria), mandou o homem beber um copo de Maracugina e submeteu à palavra dela a combinação de data, "Filho meu não falta com família de ninguém!" (RUFFATO, 2009, p. 22).

Após uma sucessão de tragédias – a internação de Noemi em uma clínica de repouso, a perda da guarda do filho para os a família materna e a demissão por justa causa do trabalho na "Seção de Pagadoria da Companhia Industrial de Cataguases" (RUFFATO, 2009, p. 15) –, só havia dois caminhos para Sérgio: a aceitação passiva do total falhanço ou o êxodo. Obviamente, o narrador optou pela fuga. Durante os preparativos da viagem, a notícia correu por Cataguases, fazendo com que Sérgio fosse valorizado pelos conterrâneos – estes que antes o desprezavam – e até mesmo fosse convidado à rádio da cidade, para falar sobre a sua façanha. O narrador é, então, aclamado pela sua terra natal e reconhecido pela sua coragem, embarcando com esperança de o seu plano dar certo e poder voltar o mais rápido possível para o Brasil.

Como Tânia Regina Oliveira Ramos e Amanda Cadora observam, ao tomar a decisão de partir para a Europa, Sérgio é notado como mais um cidadão de Cataguases que será bem-sucedido e que trará dinheiro para a cidade. "Não é em vão o seu prestígio entre os políticos locais" (2011, p. 150). O trecho da despedida na estação rodoviária ilustra muito bem essa visão:

> E, na manhã que parti, impossível esquecer, uma multidão amontoou na frente de casa, a rua enformigada que nem dia de festa de São Cristóvão, faixas estendidas, "A Taquara Preta se orgulha de Serginho, seu filho querido – Vereador Professor Anacleto", "A Associação dos Moradores da Taquara Preta saúda Serginho – Vereador Todinho do Gás", o taxista, prevenido da importância do *transportado*, engalanou de terno e gravata, aguardando, compenetrado, o término do rapapé, abraços comovidos e apertos de mão emocionados, aconselhamento e chororô, e, quando adentramos o carro, a Semíramis e o Josias, endomingados, fizeram questão de acompanhar, alastraram as palmas e os assobios, "Vai, Serginho!", pipocou o foguetório, "Viva o Serginho!", uma latomia, soluçando, minha irmã falou, "Até parece casamento", e, confesso, eu, que não costumo dobrar a essa bobiça de sen-

timentalismos, desatei o nó da garganta, e umas lágrimas extravasaram, reclamei, "Ô merda, sô!" (RUFFATO, 2009, p. 35).

Mas, em pouquíssimo tempo, a efêmera alegria da nomeada daria lugar ao ressentimento. "O 'mal-estar' no país de origem se desloca para o sentimento que o imigrante brasileiro desenvolve por sua pátria colonizadora" (RAMOS; CADORE, 2011, p. 149). A frustração é explicitamente mencionada nas primeiras linhas da segunda parte do livro, que aborda a chegada de Sérgio à capital portuguesa:

> [...] quando pus os pés em Lisboa, o rapaz olhou o retrato no passaporte, falei bom dia, nem respondeu, bateu um carimbo e mandou seguir, e já fui desgostando desse sistema, pensei comigo que ele não devia estar bem dos bofes, mas toquei pra frente, especulei de um e outro e descobri minha mala rodando sozinha numa esteira, arranhada e amachucada, o que me deixou bem nervoso, porque, quando despachei, contra a minha vontade, no Brasil, estava estalando de nova, e receber ela assim, toda estropiada, achei muita desconsideração (RUFFATO, 2009, p. 39-40).

A forma fria com a qual o agente da imigração dispensa a Sérgio em Lisboa, que em tudo contrasta com a distinção que lhe foi dada em sua despedida em Cataguases, somada às condições em que recebe a sua mala na chegada, provocam-lhe uma terrível sensação de fragilidade e de insignificância. Essas circunstâncias parecem prenunciar a relação topofóbica[3] que o narrador desenvolverá em relação à capital portuguesa ao longo do romance. Michel Collot, em "Poesia, Paisagem e Sensação", aponta que a paisagem "está mais ligada ao ponto de vista de um indivíduo, indivíduo a quem o horizonte, ao mesmo tempo, limita e abre para o invisível. Ela confere ao mundo um sentido que não é mais subordinado a uma crença religiosa coletiva, mas, sim, o produto de uma experiência individual, sensorial e suscetível de uma elaboração esté-

3. Considerando os estudos do geógrafo chinês Yi-Fu Tuan.

tica singular" (2015, pág. 18). Dessa forma, a paisagem de Lisboa, aos olhos do protagonista, de acordo com sua experiência individual, apresenta-se, então, de forma distante, complexa e topofóbica. Durante todos os acontecimentos, Sérgio não vê na capital tudo aquilo que falaram para ele. Na realidade, apenas sente-se sufocado e diminuído, sem esperanças e precisando continuar a trabalhar em um país que é estranho.

> Lisboa *cheira* sardinha no calor e castanha assada no frio, descobri isso revirando a cidade de cabeça-pra-baixo, de metro, de eléctrico, de autocarro, de comboio, de a-pé, sozinho ou ladeado pela Sheila. Com ela de-guia, visitamos um monte de sítios bestiais, o Castelo de São Jorge, o Elevador de Santa Justa, Belém (pra comer *pastel*), o Padrão dos Descobrimentos, o Aquário, na estação Oriente... (RUFFATO, 2009, p. 67).

Outra parte do desencanto se inicia com o contato do protagonista com as imaginações e preconceitos a respeito do Brasil e dos brasileiros reveladas nas falas dos lisboetas. Logo na chegada, a atendente do aeroporto, de certa forma, reduz todo país ao identificá-lo com as paisagens física, cultural e humana próprias à cidade do Rio de Janeiro:

> [...] me percebendo brasileiro, abriu em simpatias, contando de parentes no Rio de Janeiro, um tio, primos etc., e indagou se conhecia a cidade, respondi que, *claro*, "Já estive lá umas cinco vezes", ela suspirou, "Ah!", as praias, o povo, a música, confessando que tinha muita vontade de visitar o país, mas que até aquela ocasião não houve *oportunidade* (RUFFATO, 2009, p. 40).

A associação do "jeitinho brasileiro" com a quebra de normas sociais e com a violação da lei é revelada na fala da dona do hotel no qual o protagonista se hospedara, quando ele, tentando ser solidário, permanece na entrada até que ela tomasse o seu posto: "como não havia ninguém no balcão, achei perigoso, *alguém* podia entrar, roubar qualquer coisa, a velha olhou pra mim, com raiva, disse, 'Isso aqui não é o Brasil não, ó estúpido!', e voltou a praguejar, brava" (RUFFATO, 2009, p. 43). Também é possível perceber que a imagem erotizada e sexualizada, difundida desde a carta do Caminha, fixara no imaginário social a ideia de que muitas imigrantes brasileiras são promíscuas ou prostitutas: "Brasileira? Então é rameira" (RUFFATO, 2009, p. 62). A recusa e a falta de identificação que acometem o narrador estão presentes desde a primeira descrição da cidade, para ele, Lisboa é um espaço envelhecido, antiquado e frio:

> Passei dormindo meu primeiro dia em Portugal debaixo das cobertas no Hotel do Vizeu, na Madragoa, um bairro antigo pra caramba, de ruinhas estreitas e casario maquiado, uma antiguidade tão grande que até as pessoas são passadas, velhas agasalhadas em **xailes** pretos, velhos de boinas de lã subindo-descendo devagar o ladeirame, sem ar, escorados nas paredes, gente extravagante que parece uma noite deitou jovem e acordou, dia seguinte, idosa, cheia de macacoa, vista fraca, junta dolorida, dente molengo, perna inchadas, e, assustados, passaram a desconfiar de tudo, sempre enfezados, resmungando pra dentro, incompreensíveis, respondendo as perguntas com irritação... (RUFFATO, 2009, p. 39).

Contrariando a noção corrente de que um brasileiro teria como facilitadores, ao migrar para Portugal, a afinidade idiomática e a identificação cultural, para Sérgio, o desconhecimento de determinados códigos sociais e linguísticos é justamente o maior fator de incompreensão e a rejeição. Confirmando o enunciado pessoano "a minha pátria é a minha língua", as distinções entre o português brasileiro (ou o "mineirês" como afirma Ruffato em entrevista[4]) e o português europeu, na narrativa, acabavam sendo pretextos para humilhações e funcionavam como elementos de segregação:

> "É brasileiro, o **gajo**", e notei que ele tinha em alta conta o nosso povo, porque de imediato virou e pediu, "Enuncie alguma coisa, ó brasileiro, quero ouvir a música da tua fala", e eu, que nunca cantei, expliquei, "Rapaz, sou passarim na muda!", e ele,

4. Disponível em: https://www.companhiadasletras.com.br/detalhe.php?codigo=12862. Acesso em: 29 mar. 2022.

> curioso, indagou da minha região, porque não compreendia *patavina* do meu sotaque, "De Cataguases, Minas Gerais, terra de gente ordeira e trabalhadora", respondi, e ele gargalhou, e os comensais **troçaram**, e até eu ri pra agradar o Poeta. Daí, todas as vezes que me via, requeria que eu palestrasse um pouquinho com o pessoal pra escutar meu **acento** e se divertir, "Estes brasileiros!" (RUFFATO, 2009, p. 50).

Sobre esse atrito linguístico, cabe ressaltar que, ao mesmo tempo em que vai perdendo as esperanças de acumulação financeira e do laureado retorno a Cataguases, Sérgio começa a incorporar ao seu vocabulário expressões do português europeu. As marcações dessas palavras em negrito exercem a função de destacar, com alguma ironia, para o leitor, esse movimento:

> Encontrei a Sheila desacorçoada, o **telemóvel** em cima da mesinha, o maço de cigarro, o cinzeiro, a xícara vazia, os olhos vermelhos lembrando uma menina-colegial que tivesse acabado de perder o namorado, "Quê que aconteceu?" Ela disse que *infelizmente* não podia falar sobre *aquilo*, "Um dia, quem sabe", suspirou, e perguntou se eu podia acompanhar ela a Oeiras, onde ia ter com *uma pessoa*, "Faz isso por mim?" apertando minha mão, aflitiva. Eu respondi que "Claro, conte *sempre* comigo", e, então, mais aliviada, ali mesmo tomamos o **pequeno-almoço**, ela candeando a conversa pra uma estrada baldia. Depois, apressados pela chuvinha miúda, atravessamos a **passadeira** e pegamos o trem na estação de Santos (RUFFATO, 2009, p. 74, grifo do autor).

Desse modo, como afirma Rita Olivieri-Godet, "o contato com outros referentes culturais termina por favorecer a recomposição identitária". Para representar essa possibilidade de abertura para o diálogo com o outro, a narrativa ruffatiana elege os itinerários cruzados da língua portuguesa como espaço interativo privilegiado" (2012, p. 137). Antes de completar tal processo de assimilação, o narrador, que passa a ser chamado de Serginho, diminuído até no nome, cultiva uma relação de amizade com Rodolfo, que, segundo Ruffato,[5]

5. Disponível em: https://www.companhiadasletras.com.br/detalhe.php?codigo=12862. Acesso em: 29 mar. 2022.

representaria a solidariedade entre os emigrantes. Essa aproximação também é assinalada pela questão da língua:

> cumprimentou simpático, levantei, "Você é brasileiro?" confirmou, e, satisfeito, eu disse, "Puxa vida, que bom encontrar alguém que fala a mesma língua da gente", apertamos as mãos, "Sérgio de Souza Sampaio, às suas ordens", apresentei, "Rodolfo...", não entendi o sobrenome, e convidou pra tomar um café, andamos umas duas quadras, paramos num Segafredo, e ele contou que era do interior da Paraíba, esqueci o nome da cidade, e morava em Lisboa (RUFFATO, 2009, p. 46).

Assim como faz com Rodolfo, o narrador também procura o Brasil em Sheila, parecendo se apegar à prostituta como se aquele relacionamento amoroso fosse a sua última esperança do retorno à pátria. Sérgio chega a propor casamento à moça, porém, ao lado dela, ele acaba por encontrar novamente o fracasso. Enganado pela amada, ele perde até o passaporte, mergulhando no anonimato, na ilegalidade e no subemprego:

> [...] percebi sujeira por debaixo daquele angu, e, não tomasse tento, ainda ia derramar problemas no meu colo. Pés e mãos atados, impossibilitado de dar parte na polícia do sumiço da Sheila e do extravio do meu passaporte, imaginei perseguido pelo Senhor Almeida nos **autocarros** e **eléctricos**, **metro** e **comboio**. No desespero, fugi clandestino do Hotel do Vizeu e homiziei no apartamento do Rodolfo, na Damaia, até o Jerê conseguir me arrumar uma vaga numa pensãozinha sem nome na Buraca e um emprego de ajudante de pedreiro na construção de um conjunto habitacional na Amadora (RUFFATO, 2009, p. 83).

A ligação do narrador com a prostituta brasileira deságua criticamente na "sucessão de bem articulados lugares-comuns e estereótipos a esperteza e a malandragem sempre delineadas nas abordagens da cultura e da sociedade brasileira" (RAMOS; CADORE, 2011, p. 149). Contudo a existência de Sheila apresenta, sobretudo, mais um retrato de mais uma vítima do sistema imigratório, do estrangeiro que chega ao novo país buscando oportunidades e depara-se com poucas chances. Sua profissão, de certa forma, já evidencia o lugar marginal que pode ocupar na capital portuguesa" (RAMOS; CADORE, 2011, p. 149).

A viagem sem retorno de Sérgio acaba por descrever a migração ilegal na capital portuguesa como uma vivência bastante solitária, violenta e profundamente marcada pela desigualdade. Tanto o interior de Minas Gerais quanto a Lisboa cosmopolita são apresentados de forma crua pela personagem. O título *Estive em Lisboa e lembrei de você* evoca a experiência prazerosa do turista, mas o que se lê é o desespero das vítimas das novas formas de exploração que, fugindo de suas origens, "terminam enredadas no labirinto de uma urbe monstruosa que, como qualquer outra metrópole, alimenta-se da desestruturação dos indivíduos desvalidos" (OLIVIERI-GODET, 2012, p. 133). Estar em Lisboa também faz lembrar o Brasil. Os deméritos, os preconceitos e a intolerância constantemente enfrentados e denunciados pelo narrador, de certo modo, atam as duas pontas da sua vida, a falta de oportunidades e as humilhações advindas da subalternização estão presentes tanto no "chão perdido" como no "chão encontrado". Assim como Sérgio, os outros imigrantes que cruzam o caminho do narrador deixaram os seus países pelo mesmo motivo: a procura por uma vida melhor, na esperança de acumular algum dinheiro e voltar ao seu lugar de origem para ajudar aqueles que amam. O que eles encontram, no entanto, é a exclusão:

> O Rodolfo avivou a conversa, "Nós estamos lascados, Serginho", aqui em Portugal não somos nada, "Nem nome temos", somos os *brasileiros*, "E o que a gente é no Brasil?", nada também, somos *os outros*... (RUFFATO, 2009, p. 78).

Essa, talvez, seja a paisagem mais recorrente nas obras de Ruffato: uma profunda e crítica cartografia do desconforto provocado pelo vazio entre um passado desolador a ser esquecido e a desditosa busca de um futuro melhor em outro lugar. Em *Estive em Lisboa e lembrei de você,* o autor nos lembra que a dor da invisibilidade e da marginalização é a mesma em todo o mundo. Como no verso do poema de Miguel Torga, são mesmo muitas as "milhas de angústia no mar da saudade!"

Referências

COLLOT, Michel. Poesia, Paisagem e Sensação. Rev. de Letras, n. 34, v. 1, jan./jun. 2015.

MARANDOLA JR., Eduardo. "Viagens por paisagens: experiências do sentir e do querer". In: *Colóquio Internacional e Interdisciplinar Literatura e Paisagem*: estudos de paisagem nas literaturas de língua portuguesa; Literatura, viagens e turismo cultural no Brasil, na França e em Portugal, II, 2013, Rio de Janeiro, Niterói. 2013.

OLIVIERI-GODET, Rita. "Entre o chão encontrado e o chão perdido": Estive em Lisboa e lembrei de você, de Luiz Ruffato. *Aletria:* Revista De Estudos De Literatura, n. 22, v. 3, p. 131-138, 2012. https://doi.org/10.17851/2317-2096.22.3.131-138.

RAMOS, Tânia Regina Oliveira; CADORE, Amanda. Desamores Expressos – Estive em Lisboa e lembrei de você. In: *Navegações*. n. 2, v. 3, p. 148-153, 2010. Disponível em: https://revistaseletronicas.pucrs.br/ojs/index.php/navegacoes/article/view/8434. Acesso em: 29 mar 2022.

ROCHA, Lurdes Bertol. Fenomenologia, Semiótica e Geografia da Percepção: Alternativas para Analisar o Espaço Geográfico. *Revista da Casa de Geografia de Sobral*, Sobral, v. 4/5, p. 67-79, 2002/2003.

RUFFATO, Luiz. *Estive em Lisboa e lembrei de você*. Edição do Kindle. São Paulo: Companhia das Letras, 2009.

SAID, Edward W. *Fora do Lugar*: Memórias. Editora São Paulo: Companhia das Letras, 2004.

TUAN, Yi-Fu. *Topofilia*: Um Estudo da Percepção, Atitudes e Valores do Meio Ambiente. São Paulo: DIFEL, 1980.

RENATA FERREIRA DE OLIVEIRA[1]

Caosmo vibrante: paisagens do Rio de Janeiro, visualidade e processos de subjetivação na poética de Angela Melim

Na área da literatura, mais precisamente nos estudos poéticos contemporâneos, a *problematização da paisagem* tem provocado, segundo Ida Alves, em *Poesia e paisagem urbana* (2001), reflexões "sobre a organização poemática como experiência de visualidade e de espaços, estabelecendo em paralelo trajetos de questionamento sobre as figurações do sujeito lírico, a alteridade e a experiência de mundo no contexto cultural atual" (ALVES, 2012, p. 172).

Para Michel Collot, em *Poesia, paisagem e sensação* (2015), os modos de encenação da paisagem mudaram, permitindo-nos compreender melhor não só a poesia moderna e contemporânea, mas também alguns processos de subjetivação. Isso ocorre porque, na tradição poética, a paisagem estava ligada à ordem da representação, "tratar-se-ia de uma realidade exterior, oferecida totalmente ao olhar, que a arte e a literatura teriam por missão reproduzir tão fielmente quanto possível, pelos meios da figuração ou da descrição". Mas, com a modernidade, a expressão literária da paisagem libertou-se "dos cons-

1. Doutoranda em Literatura Comparada (UFF) e atualmente pesquisadora da Fundação Casa de Rui Barbosa (FCRB). Foi bolsista do Real Gabinete Português de Leitura (RGPL/PPLB – Fundação Calouste Gulbenkian) no período de agosto de 2021 a julho de 2022, sob orientação da Profa. Ida Alves. Como poeta, publicou *Clarão desassossego* (Patuá, 2020).

trangimentos e das ilusões de uma mimese pretensamente objetiva; liberando a expressão dos componentes subjetivos da paisagem, das sensações e dos sentimentos que a ela estão ligados" (COLLOT, 2015, p. 18-19).

Já para Florencia Garramuño, em *O império dos sentidos* (2008:87), um dos modos de construção da poesia contemporânea é a viabilização de uma intensa circulação de sensações diante do meio, isto é, trata-se de uma poesia centrada sobre a percepção e os sentidos, revelando um sujeito em contato com o mundo, um sujeito despersonalizado ou ainda vulnerável. Fazendo coro com Florencia, Collot (2015) ainda pontua que o germe da poesia moderna vive em uma sensação e em uma emoção, e estaria ligado ao caos dos sentidos, revelando no poema uma "intensidade sensorial e afetiva" (COLLOT, 2015, p. 19-20).

Seguindo a trilha desses estudos, proponho, neste artigo, uma análise da poética de Angela Melim a fim de evidenciar alguns modos de construção que tocam a relação entre paisagem, percepção e processos de subjetivação. A obra de Melim se inscreve na esteira das relações entre *corpo e experiência*, privilegiando, sobretudo, a experiência do olhar, sem ignorar os outros sentidos e as sensações. Trata-se, assim, de uma poética que insiste na encenação da experiência perceptiva, apresentando-nos sujeitos poéticos cuja atitude existencial evoca, de maneira intensa, a relação com a paisagem.

Para tal leitura, optei por uma abordagem fenomenológica, a partir de Merleau-Ponty, e de estudos contemporâneos de poética e de arte que dialogam de forma atualizada com esta filosofia, como os de Michel Collot. Recorri, também, como já indicado, aos estudos de Ida Alves, Florencia Garramuño e de outros pesquisadores que têm em comum o interesse por abordagens teórico-críticas que se aprofundam na reflexão sobre percepção e paisagem no âmbito da poesia contemporânea.

A poeta e o Rio de Janeiro

Angela Melim estreou na literatura na década de 1970, com a publicação de *O vidro o nome* (1974), em meio à *geração marginal carioca*. De lá para cá, já publicou dez livros, entre prosa e poesia, sendo o último uma coletânea com toda a sua produção poética, intitulado *Día más día menos* (2019).

A conexão da poeta com o Rio de Janeiro pode ser observada não só em sua obra, como veremos a seguir, mas também em sua biografia. Nascida em Porto Alegre, em 1952, não ficou por muito tempo no território gaúcho. Com um ano de idade veio morar no Rio de Janeiro, onde permaneceu, a princípio, até os dez anos. Em seguida, foi morar no exterior, em Moscou e em Nova York, até completar dezesseis anos. No final da década de 1960, retornou ao Brasil, ficou um tempo em São Paulo, mas regressou ao Rio de Janeiro, sua cidade de adoção, onde publicou livros autorais de forma independente; participou de saraus e recitais organizados pelos poetas marginais; e inaugurou uma livraria, a *Noa Noa,*[2] situada no shopping Cassino Atlântico, em Copacabana.

Vivendo a urbe carioca desde a infância, a poeta já morou em vários bairros da cidade, tais como Copacabana, Laranjeiras e Méier. Já morou também em Arraial do Cabo, cidade situada na Região dos Lagos do estado do Rio de Janeiro. É interessante notar que todos esses lugares e paisagens habitados e visitados são revisitados em sua poética. Não como uma simples reprodução da geografia íntima, mas como mecanismo produtivo no âmbito da poesia, que possibilita o imbricamento entre o *espaço poético e paisagístico*, entre *corpo e paisagem*, revelando construções marcadas pela abertura ao mundo e pela afetividade. Como bem pontou Michel Collot, em *A matéria-emoção* (2018), a afetividade e a emoção não deveriam ser lidas como fenômenos puramente subjetivos, e sim "como resposta afetiva de um sujeito ao encontrar um ser ou alguma coisa no mundo exterior que ele pode tentar interiorizar ao criar um outro objeto, fonte de uma emoção análoga, porém nova: o poema ou a obra de arte" (COLLOT, 2018, p. 15).

Entre as paisagens e/ou evidências geográficas encenadas por Angela Melim a fim de evocar a conexão entre sujeito e o meio, escolhi as do Rio Janeiro não só pela relação de afetividade e pelo diálogo com a biografia da poeta, mas também por perceber que ao encenar subjetividades corpóreas que se

2. No local, em 1979, foram lançados livros tais como Correspondência e Cenas de Abril, de Ana Cristina Cesar. Chacal relançou, à época, a trilogia Cara a cores, composta pelos títulos Nariz aniz, Boca roxa e Olhos vermelhos, e apresentou uma Artimanha (performance criada, em 1975, pelo grupo Nuvem Cigana).

constituem *com* e *envolta entre* paisagens, revelando pensamentos, memórias, sensações e percepções, a poeta privilegia tanto os quadros urbanos cariocas, bairros da Zona Sul e da Zona Norte, como também paisagens da Região dos Lagos do estado do Rio de Janeiro. Lendo a obra, nota-se que há movimentos de itinerância e errância que apontam para uma espécie de transfiguração da paisagem e da imagem poética: ora natural, vegetal, repleta de mares, planícies e dunas, ora urbana, marcada pelo fluxo de pessoas e carros, "os vidros dos apartamentos refletindo os vidros dos apartamentos" e "edifícios muito mais altos que a serra".[3]

Experiência poética: paisagem como caosmo vibrante

A paisagem, enquanto *fenômeno* vivido, espécie de *caosmo* vibrante, encenada como campo de possibilidades para a experiência perceptiva e sensível, tem papel significativo na obra poética de Angela Melim: não é apenas tema literário, mas, sobretudo, meio para formulação de uma linguagem lírica cuja matéria fundamental nasce da relação sensível-visível entre sujeito, palavras e mundo. Para tal formulação, a poeta prioriza a experiência da visualidade, por intermédio de perspectivas diversas: ora numa visão panorâmica, ora numa visão que estrutura o horizonte, articulando o visível, invisível e os sentidos.

Assim, diante da paisagem: os olhos dilatam "espantados, abertos/ sem criar casca";[4] olhos esses que "recortam mapas/ em dois pedaços/céu e oceano",[5] e, ao mesmo tempo, deixam o meio e a "chama encarnada"[6] do mundo invadir o corpo: "passa por minha carne/ a matéria imprecisa/".[7] Correlacionando-se com a paisagem, os "poros da pele" também "chupam íntimos do

3. Trechos do livro *Caminhos do conhecer* (MELIM, 1981, p. 12).
4. Verso do poema "Faca na água" (MELIM, 1996, p. 138).
5. Verso do poema "Cítara" (MELIM, 1974 (1996), p. 24).
6. Verso do poema "Revelação celeste veneno" (MELIM, 1996, p. 113).
7. Verso do poema "Poema de manhã cedo" (MELIM, 2006, p. 47).

chão a umidade".[8] Vemos, assim, uma troca mútua na qual a terra também "traga/ a carne aberta/ desesperada"[9] do ser. Dessa forma, não se trata de lançar no poema uma mera evidência geográfica ou cenário de cartão-postal.

É exemplar, nesse sentido, um metapoema sem título publicado no livro *Possibilidades* (2006). Nele, a relação entre o sujeito poético e paisagem é a chave para captarmos dois modos de construção privilegiados na poética meliniana: a experiência da visualidade e a atitude fenomenológica:

> Uma casa no ar
> é a minha:
> vejo do alto
> casas antigas, panos ao vento, a luz do mundo
> – o verão no Rio –
> e sou feliz.
>
> Poeta:
> verde e sol
> me atravessam.
>
> Fotossintética
> clorofílica
> transparente
>
> puro ar puro, moro aqui.
> (MELIM, 2006, p. 31).

Nesse metapoema, para além da encenação da geografia íntima e da projeção da afetividade, Angela encena a redefinição de uma subjetividade fora de si, ou seja, uma subjetividade que não é mais definida em termos de in-

---

8. Verso do poema "Limão irmão" (MELIM, 1996, p. 127).
9. Id.

terioridade, mas por sua abertura ao mundo. No entrecruzamento desses dois modos de encenação, vislumbramos o espaçamento do sujeito, que, no poema, instaura uma relação paradoxal de intimidade e alteridade. No que tange à construção de imagens, a poeta parte de uma visualidade objetivante, marcada pelo estilo descritivo: "casas antigas, panos ao vento, a luz do mundo". Mas vai perdendo o tom objetivo para dar espaço a uma subjetividade encarnada vinculada a um sujeito incapaz de travar as intrusões exteriores, e, por essa via, evidencia a atitude fenomenológica de sua poética. Reparem que paisagem afetiva do Rio de Janeiro não é um mero cenário ou simples código-objeto, e sim segmento da carne durável do mundo, do sujeito-poeta. Nesse sentido, é rompida a dicotomia entre sujeito e objeto – rompimento tão trabalhado pela fenomenologia merleaupontyana através da *noção de carne*. Segundo Michel Collot, em *O sujeito lírico fora de si* (2013:223), a *noção de carne* permite pensar, ao mesmo tempo, "o pertencimento ao mundo, ao outro, à linguagem, não no modo da exterioridade, mas em uma relação de inclusão recíproca". Tal relação, no poema meliniano, evoca formas de subjetivação em devir atrelada à experiência corpórea do ser: "Poeta:/ verde e sol/ me atravessam./ Fotossintética/ clorofílica/ transparente".

Outro ponto interessante a destacar nesse metapoema é experiência da visualidade associada à *poesia de perspectiva.*[10] A paisagem nos é apresentada a partir da altitude: "Uma casa no ar/ é a minha:/ vejo do alto". Na poética meliniana, o olhar, direcionado à paisagem, às vezes, "usurpa os demais sentidos fazendo-se cânone de todas as percepções".[11] Noutras, os olhos "apalpam" a paisagem, que não é apenas vista, mas "percebida por outros sentidos, cuja intervenção não faz senão confirmar e enriquecer a dimensão subjetiva desse espaço, sentido de múltiplas maneiras e, por conseguinte, também experimentado".[12] E, assim, por mais que o olho – sendo o órgão sensorial mais

10. Segundo Antonio Candido, em *O discurso e a cidade* (1993), a *poesia de perspectiva* é "aquela na qual a meditação, sucedendo a uma andança implícita, é feita a partir da altitude" (CANDIDO, 1993, p. 262-263).
11. (CHAUÍ, 1988, p. 41).
12. (COLLOT, 2013, p. 26).

"intelectualizado" –, tenda a organizar a paisagem, o corpo, a sensibilidade e as sensações não negam o caosmo vibrante, não negam a relação entre sujeito e paisagem em sua multiplicidade.

Um bom exemplo de encenação dessa multiplicidade e desse caosmo vibrante, associados ao trabalho de transfiguração da paisagem e da subjetividade, é o livro *Os caminhos do conhecer*, prosa poética publicada em 1981, que desde o título aponta para a pluralidade. Nele, Angela articula o visível, invisível, a imaginação e o pensamento, convocando o mundo da percepção num agrupamento de perspectivas parciais, que se modificam e se completam, ao passo que o sujeito da enunciação se desloca pelos bairros cariocas em direção à Região dos Lagos do estado do Rio de Janeiro. Tal deslocamento colabora para uma prosa poética cuja estrutura é fragmentada. Logo, as paisagens e seus elementos, bem como os pensamentos do sujeito se entrecruzam num movimento cujo fluxo é interrompido. No que tange à relação entre corpo e espaço, os deslocamentos são feitos de carro, janelas abertas:

> L.M. se viu dentro do carro, no meio do trânsito da Lagoa, indo na direção do túnel Rebouças. Então não tinha abandonado o carro, como pensava, de portas abertas, no meio da rua. Tinha sido um sonho talvez. Desses sonhos de engarrafamento [...] Engatou a primeira e avançou alguns metros" (MELIM, 1981, p. 1-2).

Na primeira cena, o sujeito da enunciação está no trânsito da Lagoa, bairro da Zona Sul do Rio de Janeiro. A cada movimento, um instante é capturado e novos pontos de vista são apreendidos e revelados no texto. A composição, *a priori*, apresenta um modo narrativo. Angela faz o sujeito da enunciação deslizar de uma posição a outra: ora como um narrador onisciente, em terceira pessoa, narrando a história de L. M. (protagonista), ora em primeira pessoa, com ares de sujeito poético. Ou seja, o livro põe em cena uma oscilação entre uma existência subjetiva e objetiva:

> Naquela faixa estreitíssima de terra cabia outro universo. Um mundo de lazer, esportivo, cromado: umas meninas queimadas de sol passavam lentamente, montadas em suas bicicletas prateadas; [...] havia um grupo de patinadores – movi-

mentos curtos de listas coloridas; no fundo dois barcos de velas amarelas escorregavam. Tudo isso no mesmo ritmo e peso do calor (MELIM, 1981, p. 3).

Embora haja um ritmo – "tudo isso no mesmo ritmo e peso do calor" –, reparem que na passagem de um espaço a outro, a paisagem vai sendo transfigurada, há uma espécie de metamorfose do espaço paisagístico e do olhar do sujeito da enunciação, corroborando para encenação de um movimento que ora organiza, ora desorganiza sujeito-paisagem. Noutras palavras, à medida que o sujeito se desloca, a cidade é encenada por intermédio de uma presença não articulada, os quadros urbanos vão perdendo a "moldura": não é possível enquadrá-los, bem como a dicção poética, que oscila entre narrativa, meditativa e descritiva:

> Um milhão de buzinas soando [...]. Pela janela não entrava vento nenhum, mas só a cidade mais bonita do mundo: as linhas de água brilhante e as montanhas azuis um tanto esfumaçadas, e aquela confusão de formas retas, quadradas e brancas, que eram as casas e os edifícios entre elas (MELIM, 1981, p. 11).

Sendo assim, a partir da encenação da experiência da paisagem, a poeta evoca um confronto entre pausa e movimento, entre visibilidade e invisibilidade, entre rastro e apagamento. Vê-se um movimento de (des)orientação, cujos (des)caminhos parecem simbolizar não só possibilidades que a imagem poética pode alcançar, mas, sobretudo, os processos de subjetivação que supõe alteridade e abertura ao mundo. Nota-se, assim, um redimensionamento da subjetividade, da paisagem, da imagem e da linguagem poética: "o pensamento de L.M. mergulhou nas poças do chão – a água, misturada com óleo, devia estar desconfortavelmente morna – e, de súbito, tomou a decisão que vinha adiando, já há algum tempo" (MELIM, 1981, p. 6).

Do pensamento em movimento à confusão de formas evocadas pela paisagem, lê-se que a cidade é um espaço potencial e seus sentidos nascem de uma latência. A visão percorre a multiplicidade do meio, do visível e do invisível, e só partir desse *modo de ver* plural que seria possível uma (des)organização da perspectiva e/ ou *penseé-paysage*, nos termos de Michel Collot (2013), "que permite, ao mesmo tempo, sugerir que a paisagem provoca o pensar e que o pensamento se desdobra em paisagem" (COLLOT, 2013, p. 12).

Viagem. Ainda no percurso dos *Caminhos do conhecer*, dirigindo a partir da Lagoa, passando pelo Humaitá, Túnel Rebouças, Centro, ponte Rio-Niterói etc., chega-se à Região dos Lagos do estado do Rio, a Arraial do cabo:

> Não é difícil matar um árabe nessas condições, pensou, já na subida do viaduto sobre a avenida do Humaitá (MELIM, 1981, p. 4).

> Lá estava a boca cavernosa do túnel, sugerindo refrigério. L.M. esperava com paciência a hora do prazer, sentindo, com a aproximação vagarosa, a delícia da pedra fria. [...] Os ventiladores holandeses voavam como aviões e a rocha pingava água, mas sem trazer alívio. O ar abafado e úmido se misturava à gasolina queimada, queimando e engrossando os ruídos, ainda intensos, mas surdos (MELIM, 1981, p. 6).

> Iria, rodando ligeiro, sobre a ponte, altíssimo acima do mar [...] acima das duas cidades na bruma [...] Planícies costeiras, luzes tênues e sons provocantes [...] olhar dessa janela, dunas de areia. Dunas compridas e virginais, com tufos de capim fininho e verde claro (MELIM, 1981, p. 10-11).

No trajeto encenado, a prosa poética bifurca-se entre o real e o imaginário, entre paisagens urbanas e naturais. Emerge uma busca por paisagens que dialoguem com as paisagens da memória e/ou da imaginação: "era, às vezes, imaginar um caminho na montanha e seguir por ele com pés de ar" (MELIM, 1981, p. 12). Paisagens afastadas de lugares comuns, permitindo uma intimidade maior entre o sujeito e o mundo: "Que nada as interrompesse, nenhuma casa inacabada, tijolo à mostra, nenhum canteiro de obra de grandes empreendimentos, nenhum *outdoor*, nenhum sinal luminoso" (MELIM, 1981, p. 10-11). Nesse sentido, trata-se de um projeto poético que soube trabalhar as novas demandas de enunciação do espaço, expressando a estética da urbe, mas não desconsiderou a natureza e as paisagens naturais, que muitos artistas modernos e contemporâneos renegaram devido à urgência crítica de abordar a degradação e a crise do espaço:

> Era uma figura de contorno esfumaçado... Dentro de uma nuvem, sobre uma pedra alta, revestida de vegetais pontudos, sentava e escrevia, apoiada nos joelhos dobrados, em folhas de papel: o céu, quando entra em mim. O vento não faz voar esses papéis (MELIM, 1981, p.17-18).

Nesse trecho, Angela nos oferece uma descrição mais "romântica" da paisagem: temos uma figura de contorno esfumaçado que se move dentro de uma nuvem branca colecionando "palavras à beira da possibilidade". Ao sentar-se numa pedra alta para ver a paisagem, coloca-se como *Skópos* – aquele que observa do alto e de longe, vigilante, informante, mensageiro. A mensagem versa sobre a relação entre sujeito e paisagem, fazendo alusão a uma consciência perceptiva. O céu que invade o corpo por meio do olhar aponta para a interação entre o interior e o exterior, para um estado no qual se confundem o dentro e o fora, e o que é visto pelo sujeito também o olha. E o vento, este corpo simbólico, esta força errante vinda de fora, toca o corpo, mas não faz voar os papéis, isto é, não desfaz a imagem oriunda da relação estética e poética com a paisagem. Por esse viés, trata-se de encenar o além dos limites do espetáculo visível, revelando e ocultando "um fundo abissal, que é, ao mesmo tempo, interior e exterior, natural e sobrenatural". Ou ainda, trata-se de uma experiência da paisagem que "instaura uma relação desconhecida e emocional" (COLLOT, 2013, p. 70).

Flagrar o instante

Outro modo de analisar a relação entre sujeito e paisagem ou, ainda, entre lírica e visualidade, na poética meliniana, é a partir do diálogo com a estética fotográfica. Nota-se, em alguns poemas, uma tentativa de flagrar o instante, de apreender o corpo-paisagem e seus efeitos a fim de reconstruí-lo no espaço do poema: fenômenos, variações, dispersão da luz, cores do céu, mudanças (seja pela ação da natureza, seja pela ação humana) etc. No entanto, diante da paisagem manifesta, o sujeito poético evidencia não só ângulos, perspectivas, formas, mas também a ilusão da captura.

Como exemplo dessa visualidade relacionada à estética fotográfica, temos o poema “Metro de Maré”, publicado no livro *Mais dia menos dia* (1996). Nele, o sujeito poético observa a cidade de Arraial do Cabo de cima do morro da igreja de Nossa Senhora dos Remédios:

> Do morro
> da igreja
> de Nossa Senhora
> dos Remédios
> um e outro coqueiro roxo contra o céu cor de rosa.
> Contra casas baixas –
> tábuas de janela à altura dos joelhos.
>
> A montanha e suas roças tortas, cercadas,
> de milho e pedra
> são cor de rosa
> contra o céu cor de rosa.
>
> Na praia
> dos anjos
> o mar, a areia, os barcos
> sobre a areia e os barcos
> sobre o mar
> são cor de areia
> e rosa.
> (MELIM, 1996, p. 41-42).

Nesse poema, a paisagem é apresentada a partir da altitude. Logo, também faz coro com a *poesia de perspectiva* na qual observamos imagens que não derivam do deslocamento no espaço, mas do movimento da vista a partir de um lugar alto. O sujeito poético, assim, observa os elementos da paisagem de Arraial do Cabo, explora as linhas e formas que eles criam, mas acaba fixando o olhar em um dos pontos mais importantes da região: a Praia dos Anjos. Nesse caso, a poeta privilegia os horizontes fugidios e nos apresenta combinações das perspectivas de apreensão do espaço paisagístico: "Na praia/ dos anjos/ o mar, a areia, os barcos/ sobre a areia e os barcos/ sobre o mar/ são cor de areia/ e rosa". Reparem que temos uma expressão poético-fotográfica, que apesar da estrutura fragmentada, tenta formar um todo harmônico.

Contudo, a harmonia ou a tentativa de apresentar os elementos de forma equilibrada, tal como numa composição fotográfica, não é possível, pois a paisagem escapa e suscita uma intensidade de sensações que foge às convenções da mera reprodução. Angela Melim, então, nos remete a uma sensação de profundidade espacial e, ao mesmo tempo, a um além espacial, evidenciando a experiência ambígua de aproximação e distanciamento, de percepção e sensação. Nesse sentido, não se trata de figurar uma orientação no espaço, numa ótica cartesiana, e sim de encenar a experiência perceptiva-sensível. Por essa via, lembrou-me as reflexões de Merleau-Ponty, em *A fenomenologia da percepção* (1999), ao dizer: "por meu campo perceptivo, com seus horizontes espaciais, estou presente à minha circunvizinhança, coexisto com todas as outras paisagens que se estendem para além dela" (MERLEAU-PONTY, 1999, p. 443).

É importante dizer que céus, mares e montanhas são elementos importantes e parecem orientar a poética meliniana, que, para Flora Süssekind (2005), em *Desterritorialização e forma literária* (2005:77), está marcada por uma "ênfase metódica nas margens de indeterminação" e por uma "preocupação com os espaços limítrofes e transicionais". Ainda segundo Süssekind (2005), a noção do horizonte é transportada para o espaço poético meliniano, sobretudo, enquanto espaço-entre, zona de deslocamento e de indeterminação.

Pelas ruas do Méier

Em "Pelas ruas do Méier", poema publicado no livro *Possibilidades* (2006), temos uma *noção de visualidade* que difere dos poemas supracitados. Nele, a relação entre sujeito e paisagem dá-se, *a priori*, a partir de uma experiência do olhar afetada por problematizações, temporalidades e reminiscências:

Jovem de novo
quando o verão vem.
O voo nas mãos
na voz.
Mesmo o verão assim desornado
fora de época
exagerado pelo buraco de ozônio
e outras alterações climáticas
produzidas pelo egoísmo dos homens e das mulheres ricos
e ignorância de homens e mulheres pobres
O calor incha
enche
intumesce
emprenha.
Pelas ruas irregulares do Méier
vou feliz
me sinto no passado
tudo em escala de gente
ao alcance de gente
chinelo de borracha gasta
distâncias
a custo vencidas – vencidas? por lotações poeirentos.
Cascateia o trem
(como em Riabina, Riabina:
poiezdi catchaietsa).
No Méier, os novos tempos
apenas salpicaram lembranças
pela metade e já enferrujadas.
Com o rigor vegetal
a pobreza,
rápida,
domina.
Temos que dar importância às ruínas.

A cada templo
cada tijolo esfarinhado.
Andaimes corroídos
espetados no ar
um dia sustentaram nossas sujas cidades!
Beleza tristealegre do incompleto e misturado –
outra vez jovem no calor do Méier
outra vez jovem no calor desolado do Méier
(MELIM, 2006, p. 34-35).

Nesse *poema-percurso*, que explora não só o deslocamento do sujeito poético pela cidade, mas também traz à tona a relação entre sujeito, paisagem e memória, nota-se que o ponto de vista revela uma experiência na qual sujeito e paisagem parecem coexistir. Angela constrói uma paisagem que produz uma espécie de dialética do lugar. Dessa forma, ao caminhar pelas ruas do Méier, bairro histórico do Rio de Janeiro, o sujeito poético recorda o passado, evocando uma sensação física do tempo e da paisagem de outrora. Noutras palavras, temos um cruzamento entre a paisagem do presente e a da memória.

O que está em cena no poema é o regresso ao bairro do Méier. Sendo assim, a poeta evoca um processo importante para refletirmos sobre a figuração do espaço geográfico e/ou paisagístico: o processo de reterritorialização. *A priori*, o sujeito poético reconhece a paisagem do território que habitou no passado, mas a readaptação ao novo espaço, repleto de mudanças e degradação, não parece fácil. Os "novos tempos" transformaram o bairro numa nova paisagem que, tal como um quadro, exige um certo distanciamento, exige o espaçamento do sujeito: "No Méier, os novos tempos/ apenas salpicaram lembranças/ pela metade e já enferrujadas./ Com o rigor vegetal/ a pobreza,/ rápida, domina" (MELIM, 2006, p. 34-35). Para Ida Alves, esse sentimento de insatisfação e de perda em relação ao espaço corrobora para uma escrita poética com tom elegíaco, na qual "o sujeito manifesta o desencanto e o sentimento de desabrigo a envolver a memória afetiva pelo confronto violento com os não-lugares que abundam na supermodernidade" (ALVES, 2012, p. 184). Esse sentimento de perda, no poema, fica claro quando o sujeito poético problematiza a paisagem, percebendo o espaço como outro: um território (des)conhecido, modificado pelo tempo e "pelo egoísmo dos homens e das mulheres ricos/ e ignorância de homens e mulheres pobres" (MELIM, 2006, p. 34.), causando, assim, um estranhamento e distanciamento que o erradica de sua percepção imediata e da paisagem/morada da memória. Dito de outro modo, temos a figuração dum sujeito que percebe o bairro do Méier como um território atravessado não só pelo movimento de reterritorialização, mas também pelas linhas de fuga e pelos movimentos de desterritorialização.

Essa relação com a cidade, em meio ao percurso e itinerância do sujeito encenado, associada ao movimento rítmico irregular, que causa uma embriaguez não só no movimento de leitura, mas também no movimento do sujeito poético no horizonte das temporalidades, lembrou-me a figura do *flâneur*, que, segundo Walter Benjamin (2006), é aquele que vagueia pela cidade por um longo tempo, deixando a embriaguez apoderar-se de seu corpo: "essa embriaguez não se nutre apenas naquilo que lhe passa sensorialmente diante dos olhos, mas apodera-se frequentemente do simples saber, de dados inertes, como de algo experienciado ou vivido" (BENJAMIN, 2006, p. 462).

No entanto, no que tange ao vivido, o sujeito meliniano difere do *flâneur* benjaminiano, pois, ao se deslocar sob o efeito do forte calor carioca, um calor que "incha/ enche/ intumesce/ emprenha", deixando as ruas e a embriaguez anamnéstica conduzi-lo em direção a um tempo que desapareceu, ele evoca um passado que é, ao mesmo tempo, alheio e particular. Isto é, sua visão, direcionada à paisagem citadina, põe em jogo memória visuoespacial, trazendo à tona a dimensão aurática do Méier, ou melhor, os elementos que sobreviveram à passagem do tempo. Parafraseando Benjamin, em *Passagens* (2006:426), o bairro do Méier apresenta-se aos olhos do sujeito poético em seus polos dialéticos, abre-se para ele como paisagem e fecha-se em torno dele como quarto. Logo, não se trata dum espaço completamente desconhecido ou dum sujeito em busca de lugares separados de sua vivência.

Dessa forma, conforme o sujeito poético caminha pelas ruas do Méier, vivendo os novos tempos, as reminiscências ocupam o poema. Angela constrói, assim, um espaço que reúne diversos ativadores da memória: "Temos que dar importância às ruínas./ A cada templo/ cada tijolo esfarinhado./ Andaimes corroídos espetados no ar/ um dia sustentaram nossas sujas cidades!" (MELIM, 2006, p. 34-35). Os versos curtos e pausas dialogam com deslocamento do sujeito poético, que observa e caminha pelo bairro histórico, e com os movimentos da memória, evocando a relação entre a geografia interna e externa, entre o passado e o presente, entre o espaço memorialístico e o paisagístico. Temos, então, imagens-rítmicas com as quais se deixa fluir um movimento, ora numa fluência contínua/ livre, ora numa fluência interrompida, seja pelas ruas irregulares, seja pelas reminiscências do sujeito poético.

Por esse ângulo, a paisagem citadina do Méier não é figurada de forma passiva, ao contrário, é "apresentada com uma cena móvel, animada por um jogo de sombras e luzes" (COLLOT, 2013, p. 24). Um jogo possibilitado pela imagem dialética, pelo olhar anacrônico do sujeito, que percebe o presente, os novos tempos, mas sente as diferentes temporalidades que ele proporciona: "os novos tempos/ apenas salpicaram lembranças" (MELIM, 2006, p. 34). Logo, o sujeito e a paisagem, em "Pelas ruas do Méier", podem ser lidos como parte de um conjunto, já que se constituem mutuamente, numa confluência, e, dessa forma, não é só o verão, "assim desornado", que está "fora de época" ou os elementos da paisagem que sobreviveram, remetendo, assim, ao outrora, sem cessar de se reconfigurar; temos, também, encenada uma subjetividade poética que apresenta um ritmo semelhante ao do espaço observado. Trata-se de um sujeito que demonstra, por intermédio da memória e das percepções, suas sobrevivências, seus movimentos de eternos retornos: "jovem de novo/ quando o verão vem" (MELIM, 2006, p. 34).

Sujeito poético/ sujeito-poeta

Partindo dessa relação entre sujeito, paisagem e memória, amplio a reflexão sobre os modos de construção em "Pelas ruas do Méier", evidenciado o trabalho de rememoração do sujeito-poeta, ou seja, de Angela Melim. Ao figurar um sujeito poético num espaço que reúne diversos ativadores da memória, a poeta evoca não só um bairro que frequenta, ou seja, uma paisagem que viu, vivenciou e nos convida a ver – e nesse sentindo, "se vê vendo através da ficção subjetiva do eu poético"[13] –, como também um lugar que remete à sua infância: a cidade de Moscou, na Rússia, onde morou dos onze aos treze anos.

Quando aborda a estação de trem do Méier, as lotações – "tudo em escala de gente/ ao alcance de gente [...] Cascateia o trem" –, a poeta insere um verso que desterritorializa e desorienta o leitor – "como em Riabina, Riabina" (MELIM, 2006, p. 34). Nele, há uma alusão à figura da riabina, um fruto comum na Rússia. Como é sabido, Moscou é o centro da ampla rede ferroviária russa, e a história das principais estações de trem da cidade está intimamente entrelaçada com a do desenvolvimento do país, bem como no Méier, onde uma parte do passado do bairro está ligada diretamente à história dos trens. Assim, o bairro do Méier e seus elementos anacrônicos, como a antiga estação de trem, atuam no poema como um gatilho mnemônico, que apesar de remeter ao outrora, não é exatamente o passado, e sim a memória.

Nas palavras de Didi-Huberman (2015), "a memória decanta o passado de sua exatidão: e ela que humaniza e configura o tempo, entrelaça as fibras, assegura suas transmissões, devotando-o a uma impureza essencial [...] pois a memória é psíquica em seu processo, anacrônica em seu efeito de montagem, reconstrução ou decantação do tempo" (DIDI-HUBERMAN, 2015, p. 41, grifo nosso). Decantação essa que não ocorre só nas temporalidades figuradas, mas também no processo de construção do verso – "como em Riabina, Riabina/ poiezdi catchaietsa" (MELIM, 2006, p. 34) –, no qual a poeta "mistura" os idiomas (português e russo). No caso das palavras em russo, em vez de grafar o vocábulo, Angela apresenta a pronúncia (trem – Поезд – póiesd ou poiezdi). Nesse sentindo, o lugar da imagem poética meliniana não é determinado, ao contrário, seu movimento visa a uma desterritorialização generalizada. Em vista disso, em "Pelas ruas do Méier", temos evocada a dimensão aurática da paisagem, a imagem dialética, que Benjamin entende sob o modo visual e temporal de uma fulguração, isto é, lampejo, clarão.

13. PEDROSA, 2011, p. 87.

Significações que a urbe produz: o eu e o outro

Como vimos até aqui, Angela não está preocupada em fazer uma leitura da cidade por intermédio da poesia, e sim evidenciar as significações que a urbe produz no sujeito, ou ainda, evidenciar a correlação entre sujeito e paisagem. Essa última é entendida como *elo* entre sujeito e o mundo, ou, ainda, nas palavras de Michel Collot (2013:83): "a paisagem exprime o sujeito, mas ultrapassa-o e abre-o, a uma dimensão desconhecida".

Posto isto, na poética meliniana, não há mapas concretos: o foco parece ser a experiência que paisagem e seus elementos produzem. E sendo a urbe composta por elementos plurais – pessoas, vias, limites, bairros, cruzamentos, processos de urbanização, construções simbólicas, contexto socioespacial etc. –, provocando efeitos e combinações diversas, corrobora configurações poéticas que se formam através da sobreposição de imagens que tocam os modos de existência do ser no mundo, revelando subjetividades provocativas e abertas à alteridade, como podemos ler no poema "No peito", no qual a região central do Rio, mais precisamente à avenida Presidente Vargas, é lugar de trânsito e de conexão entre o *eu* e o *outro*:

O pivete de óculos escuros
a comerciária
de pé inchado e sapato alto
o bacana de cordão de ouro
a madame mandona chorosa avoada
as varizes tortas da lavadeira
[...]
o olho parado da empregada doméstica
a carapinha esticada
chinelos de dedo
pés derramados
dedos que faltam nas mãos dos operários
bocas sem dentes
e mães sem fim

de unhas escalavradas
a reproduzir toda cidade do Brasil
atravessam
meu peito
e as avenidas presidente Vargas.
(MELIM, 1996, p. 130).

Nesse poema, temos encenado um olhar cujo ritmo é dado pelo fluxo de pessoas que passam pela avenida Presidente Vargas, lançando-se, assim, na mobilidade dos que ocupam e percorrem o espaço citadino da região central do Rio de Janeiro. Averígua-se, então, um acúmulo de imagens em sucessão, que revelam uma paisagem desarmônica, problematizada a partir das subjetividades ambulantes e plurais. Do pivete de óculos escuros, passando pelo olho parado da empregada doméstica e chegando às mães sem fim, notamos uma busca pelo encontro com o outro. E é no encontro que a subjetividade poética se constitui. Os sujeitos estão de passagem e entrecruzam-se numa rua, numa avenida, formando um conjunto que reproduz toda a cidade. Trata-se de um conjunto heterogêneo que traz à tona a urbe em sua potência: a urbe que se torna paisagem à medida que é percebida e sentida pelo sujeito poético. E, ao se tornar paisagem, atravessa o sujeito: "a reproduzir toda cidade do Brasil/ atravessam/ meu peito/ e as avenidas presidente Vargas".

Conclusão: noções de visualidade

Com essa breve análise, a partir da relação entre sujeito e paisagem, vimos alguns modos de construção da poética de Angela Melim, evidenciando, sobretudo, a experiência da visualidade e os processos de subjetivação. É interessante ressaltar que há, pelo menos, três *noções de visualidade* que merecem destaque na poética meliniana: a primeira, está associada à atitude fenomenológica, à ordem natural das coisas, ao olhar encarnado que não ignora os demais sentidos. Dessa maneira, trata-se de uma experiência enraizada aos corpos, duma visualidade relacionada à ordem do ser bruto, do *eu sinto o mundo*.

A segunda, está atrelada à estética fotográfica, a uma tentativa de flagrar o instante, de captar o corpo-paisagem. Por fim, a terceira, está relacionada a um olhar crítico, à reflexão afetada por problematizações, à ordem do *eu penso o mundo*. Nesses olhares ou na oscilação entre eles, associados, geralmente, à *poesia de perspectiva*, ao *poema-percurso* e/ou à memória visuoespacial, a paisagem nos é apresentada como um espaço privilegiado, revelando-se, no poema, como uma forma provocadora de sentidos.

Referências

ALVES, Ida Ferreira. Poesia e paisagem urbana: diálogos do olhar. In: ALVES, Ida Ferreira; FEITOSA, Marcia Miguel. *Literatura e Paisagem* – perspectivas e diálogos. Niterói: EDUFF, 2010.

BENJAMIN, Walter. *Passagens*. Belo Horizonte: ed. UFMG; São Paulo: Imprensa oficial do Estado de São Paulo, 2006.

CANDIDO, Antonio. *O discurso e a cidade*. São Paulo: Duas Cidades, 1993.

CHAUI, Marilena. Janela da alma, espelho do mundo. In: NOVAES, Adauto. *O olhar*. São Paulo: Companhia das Letras, 1988.

COLLOT, Michel. O sujeito lírico fora de si. *Signótica*, v. 25, n. 1, p. 221-241, jan./jun. 2013. Trad. Zênia de Faria; Patrícia Souza Silva Cesaro.

COLLOT, Michel. *Poética e filosofia da paisagem*. Tradução Ida Alves *et al.* Rio de Janeiro: Editora Oficina, 2013.

COLLOT, Michel. *Poesia, paisagem e sensação. Rev. de Letras,* v. 1, n. 34, jan./jun. 2015. Trad. Fernanda Coutinho.

COLLOT, Michel. *A matéria emoção*. Rio de Janeiro: Oficina Raquel, 2018.

DIDI-HUBERMAN, Georges. *Diante do tempo:* história da arte e anacronismo das imagens. Trad. Vera Costa Nova e Márcia Arbex. Belo Horizonte: Editora UFMG, 2015.

GARRAMUÑO, Florencia. O império dos sentidos: poesia, cultura e heteronomia. In: PEDROSA, Celia; ALVES, Ida. *Subjetividades em devir* – estudos de poesia moderna e contemporânea. Rio de Janeiro: 7Letras, 2008.

MELIM, Angela. *O vidro o nome*. Rio de Janeiro: Vozes, 1974.

MELIM, Angela. *Os caminhos do conhecer*. Florianópolis: Noa Noa, 1981.

MELIM, Angela. *Mais dia, menos dia*. Poesia Reunida 1974-1996. RJ: 7letras, 1996.

MERLEAU-PONTY, M. *A fenomenologia da percepção*. Trad. Carlos de Moura. São Paulo: Martins Fontes, 1999.

PEDROSA, Celia. *Ensaios sobre poesia e contemporaneidade*. Niterói: Editora da UFF, 2011.

SÜSSEKIND, Flora. Desterritorialização e a forma literária. Literatura brasileira contemporânea e a experiência urbana. *Literatura e Sociedade*, [S. l.], v. 10, n. 8, p. 60-81, 2005. Disponível em: https://www.revistas.usp.br/ls/article/view/19619. Acesso em: 4 fev. 2022.

TAMARA AMARAL[1]
EDUARDO DA CRUZ[2]

A configuração da cidade como elemento crítico em *Vim porque me pagavam*, de Golgona Anghel

> Arrumarás num canto do mapa as ruas que levam a nós,
> colocarás cartazes em cima dos destroços
> enquanto um néon publicitário da Boticario
> executará o papel do ocaso.
> (ANGHEL, 2011, p. 47).

Dentre poetas do século XXI, podemos perceber, nos poemas de Golgona Anghel,[3] a tematização do cotidiano como eixo central. O tom lírico, embora

1. Mestranda em Literatura Portuguesa (UERJ), Especialista em Literatura Portuguesa pela mesma universidade (2019) e Graduada em Letras Português/Literatura (UFRRJ), em 2017. Foi bolsista da Fundação Calouste Gulbenkian, em cooperação com o Real Gabinete Português de Leitura, de 2020 a 2021, como pesquisadora júnior. Atualmente integra o grupo de pesquisa Polo de Pesquisas Luso-Brasileiras e concentra seus estudos na temática da paisagem na poesia portuguesa contemporânea, principalmente nas obras de Golgona Anghel e Inês Dias.
2. Professor de Literatura Portuguesa na UERJ – Universidade do Estado do Rio de Janeiro; doutor em Estudos de Literatura pela UFF (2013); bolsista de produtividade PQ2 do CNPq; realizando estágio de pós-doutorado como pesquisador colaborador na FFLCH (USP); líder do grupo Pesquisas Literárias Luso-Brasileiras, do Real Gabinete Português de Leitura..
3. Golgona Luminita Anghel das Neves nasceu no extremo noroeste das Bálcãs, na Romênia, em 1979. Vive em Lisboa desde que se mudou com sua família para acompanhar o pai, um cônsul desse país em Portugal. Anghel é poeta e pesquisadora de literatura. Ela estudou licenciatura em Línguas e Literaturas Modernas pela Faculdade de Letras da Universidade de

pareça ter desaparecido, é, na verdade, modificado, e permanece à medida em que a representação dos problemas do sujeito contemporâneo e seus dramas existenciais são apresentados como desdobramento da experiência *in loco*, ou seja, na partilha efetiva de vivência na cidade, marcada pelo caos ao qual todos parecem não escapar.

A poesia de Golgona Anghel pode ser definida por seu viés crítico e de cunho social acerca do tempo presente. No livro *Vim porque me pagavam* (2011), a autora se utiliza de uma variada acumulação de temas e referências, compondo, assim, uma paisagem poética. Esse processo oculta e revela camadas de sentidos e imagens no poema, como indica Michel Collot, ao se debruçar sobre a paisagem na poesia. A partir de suas contribuições no livro *Poética e filosofia da paisagem* (2013), podemos identificar um processo de acumulação de diversas camadas textuais que se desdobram nos contrastes da paisagem. Desse modo, como Collot coloca:

> O horizonte da paisagem nada mais é que uma manifestação exemplar desta ocultação recíproca das coisas. Ele não nos dá a ver a extensão de uma região [de um país] senão ocultando outras regiões do olhar, das quais, no entanto, deixa-nos pressentir a presença, fazendo com que nosso aqui se comunique virtualmente com o próprio mundo inteiro, que é o horizonte de volta horizontes, e como tal, inesgotável (COLLOT, 2013, p. 24).

Lisboa (2003), e pós-graduação em Estudos Europeus – Direito Comunitário, pela Faculdade de Direito da mesma universidade (2004). Depois, cursou seu doutorado em Literatura Portuguesa. Atualmente é investigadora auxiliar na Universidade Nova de Lisboa. Ao todo, Golgona Anghel publicou quatro livros de poesia. O primeiro, de 2007, intitula-se *Crematório Sentimental – Guia de Bem-Querer*. Já o segundo tem por título *Vim porque me pagavam* (2011), pela editora Mariposa Azual. O terceiro, *Como uma flor de plástico na montra de um talho* (2013), foi editado pela Assírio & Alvim, assim como o último, *Nadar na piscina dos pequenos* (2017). Além de poesia, Golgona Anghel também publicou três ensaios sobre a obra do poeta português Al Berto. O primeiro deles, em 2006: *Eis-me acordado muito tempo depois de mim – uma biografia de Al Berto*. Mas tarde, em 2012, publica Al Berto em *Diários*, e *Cronos decide morrer, viva Aiôn, Leituras do tempo em Al Berto*. Recebeu o prêmio P.E.N CLUB, oferecido pela Sociedade Portuguesa de Autores, em 2013.

O pesquisador francês destaca a importância em se analisar a paisagem como uma parte do ponto de vista. Através do olhar, ou seja, de uma escolha de perspectiva, tem-se o que ele denomina por camadas do horizonte e ocultação recíproca das coisas. Nesse sentido, aquilo que é manifestado diante do olhar do sujeito poético não é a dimensão total de uma paisagem, mas sim as marcas e os resquícios com os quais se deixa entrever de nuances dela, acumuladas por camadas. No entanto, essa escolha das informações, ainda que privilegie algumas dimensões de paisagem, não exclui a presença de outras imagens, mesmo que essas estejam mais ocultas. Esse processo de relação entre as camadas históricas, próxima à atividade arqueológica, mantém as imagens presas à origem, o horizonte posterior.

Se pensarmos, a partir de Michel Foucault, que a linguagem constrói objetos culturais, podemos ler os poemas de Golgona Anghel como (re)construções das imagens a cada camada, sobre as quais repousam todos os discursos sobre aquelas imagens. Diferentemente do processo arqueológico, no qual cada nível está preso à origem – uma cidade está sobre as civilizações que a precederam –, podemos perceber, nas imagens dos poemas de Anghel, o dinamismo entre as várias construções desses objetos culturais, ampliando-se seus sentidos pela ligação com os anteriores e com os posteriores, que Foucault identifica como genealogia:

> A genealogia seria, portanto, com relação ao projeto de uma inscrição dos saberes na hierarquia de poderes próprios à ciência, um empreendimento para libertar da sujeição os saberes históricos, isto é, torná-los capazes de oposição e de luta contra a coerção de um discurso teórico, unitário, formal e científico. A reativação dos saberes locais – menores, diria talvez Deleuze – contra a hierarquização científica do conhecimento e seus efeitos intrínsecos de poder, eis o projeto destas genealogias desordenadas e fragmentárias. Enquanto a arqueologia é o método próprio à análise da discursividade local, a genealogia é a tática que, a partir da discursividade local assim descrita, ativa os saberes libertos da sujeição que emergem desta discursividade (FOUCAULT, 2013, p. 269-270).

Desse modo, o desafio imposto pela poesia de Golgona Anghel é, justamente, desvendar os significados das múltiplas sobreposições temáticas e referenciais para agrupá-las em algumas de suas temáticas maiores que, embora sejam tecidas, às vezes, nas menções mais breves, juntam-se a uma crítica contundente e rica em exemplificações. Por isso, também podemos dizer que essas referências se inscrevem de modo direto, mas breves, em sucessão, criando uma alegoria do mundo contemporâneo a partir de imagens transparentes, como aponta Ana Maria Martelo:

> Há actualmente, na poesia portuguesa, uma linha de escrita que se caracteriza por tematizar o mundo contemporâneo sob um olhar intensamente marcado pela perda. A esse olhar, tudo evidencia uma condição de pobreza, de falta, ou falha, com a qual a linguagem entra em sintonia ao usar de grande parcimónia na evidenciação de sinais de poeticidade, assim se produzindo um efeito de transparência discursiva. Este tipo de poesia recorre de forma bastante moderada à metáfora e à imagem que, quando estão presentes, muitas vezes se inscrevem no domínio mais amplo, e distinto, da alegoria (MARTELO, 2008, p. 291).

A busca por tematizar uma realidade dura advém da necessidade de reflexão crítica diante da *práxis* do próprio sujeito e de como ele constrói o presente. Nessa linha, podemos dizer que, na poesia de Golgona Anghel, para além de pôr em xeque os valores do mundo contemporâneo, há a construção desse pensamento crítico que também reflete acerca da função da lírica contemporânea. Diante disso, o compromisso da poesia lírica no tempo presente é se construir, tanto a partir de um movimento crítico em sua temática como também de uma reformulação estrutural, como já prenunciavam as vanguardas modernistas. Então, o lirismo, que remontava aos sentimentos mais nobres, é transposto para um discurso antilírico, isso, porque o tom crítico propõe essa mudança: a referência ao real demanda uma ruptura estética que convoca a poesia contemporânea a se acomodar sob outros modelos. Assim, a poesia de Golgona Anghel luta, ela mesma e consigo mesma, diante de um mundo desencantado, no qual o valor mercadológico se posiciona acima de valores morais.

Nesse mundo, Anghel compreende a cidade como um sistema de conexão entre a vida corriqueira e comum a todos os sujeitos e as situações centradas tanto nas experiências internas, fechadas, íntimas, quanto naquelas vivências externas, das ruas, praças, locais comuns. Essa leitura da cidade condiciona o olhar justamente pela perspectiva de captar a experiência total do sujeito na oposição entre o privado e o público, entre o dentro e o fora, interno e o externo. A exemplo da comunicação interna, tem-se o seguinte poema do livro *Vim porque me pagavam*:

> Passas horas a olhar-me em silêncio
> enquanto invocas o sono
> à beira de uma corona com limão.
> Que tipo de cadáver sou eu neste preciso instante?
> Quero pensar que não vês em mim
> a decadência do império romano
> pintado por cima desta linda vista de Lisboa.
> Não sou nenhuma sobremesa
> flambée ao lume das velas
> no deserto de Atacama.
> Quero acreditar que neste bordel ruidoso
> a luz ténue e intermitente do despertador
> mostra ainda com rigor científico
> Os resultados dos nossos electrocardiogramas.
> Vá, apaga lá esse cigarro e vem!
> Regressemos aos lugares-comuns!
> Sentemo-nos na nossa cama. (ANGHEL, 2011, p. 32).

O ambiente descrito no poema poderia ser o espaço interno de um bordel, um lugar de características decadentes. Na cena, dois sujeitos olham-se e, logo após, um deles questiona-se acerca da memória do passado que pode incidir no papel dele naquele momento e lugar: "que tipo de cadáver sou eu neste preciso instante?". Além de possivelmente se ver apenas como um corpo-objeto, visto que não há representação sentimental na descrição do poema – os corações funcionam ainda porque se veem os eletrocardiogramas, mas indicando rigor científico do órgão, não o símbolo do amor –, essa relação de troca faz esse sujeito, que não tem marca de gênero, questionar-se sobre o papel que está exercendo, já realizado por muitos outros sujeitos em tempos passados. E, ao se dar conta de que está a se colocar em uma situação prostituível, esse sujeito adverte não ser "nenhuma sobremesa / flambée ao lume das velas", mas logo em seguida conforma-se: "Vá, apaga lá esse cigarro e vem! / Regressemos aos lugares-comuns! / Sentemo-nos na nossa cama". Assim, esses personagens estão na mesma condição de decadência do espaço físico em que se encontram. Não à toa, a lembrança da "decadência do império romano / pintado por cima desta linda vista de Lisboa" é um traço em diálogo com o lugar e os personagens, além de exemplo da sobreposição das camadas de referências escondidas na vista da cidade. Lisboa, que já foi cidade do império romano (Fig. 1), revela a permanência de sentidos dessa genealogia, de modo que os vários tempos e as várias paisagens da cidade se conjugam.

Em *Vim porque me pagavam* (2011), a autora propõe uma paisagem descentralizada e, embora haja convergência entre os temas abordados, a divisão do livro em três subcapítulos, "sem destino", "sem personagem principal" e "sem tempo", serve para traçar um perfil desses inúmeros sujeitos sem rosto e sem nome, que movem a experiência contemporânea da massa e a engrenagem mercadológica da cidade. De igual modo e com certo tom de ironia, a autora tece sua crítica aos cidadãos que, apáticos, continuam a assistir aos problemas de braços cruzados. Por isso, ela encontra no poema uma forma de

Figura 1 – Lisboa romana
Fonte: https://documentariofundeadouroromano.wordpress.com/tag/lisboa-romana/

intervenção, e mesmo que a arte também resida neste lugar de ruína, é preciso, de alguma forma, mover o pensamento crítico através da possibilidade de contestação no plano da poesia. Assim, o vasto trabalho de intertextualidade com a literatura e outras artes faz da poética de Anghel um processo de autoirrisão porque se mostra autocrítica acerca não somente da realidade, mas também do lugar que a literatura ocupa no presente. Vejamos:

Porque falta meia hora antes de
tomar o comprimido para dormir,
porque mesmo depois de tanto tempo
fazes de mim o filho com síndroma de Down
de Arthur Miller,
porque escrever não é só abrir cabeças
com o bisturi de Lacan,
e porque um poema não é a Isabella Rossellini
a chorar todos os sábados à noite,
nem o casal encontrado abraçado
na paralisia bucal do Vesúvio.
Porque a poesia não é a ponte Mirabeau
num cartaz de néon da adolescência,
Porque hoje, quando ligaste,
Era apenas porque tinhas enganado no número,
Porque estou cansado, *voilà*,
e não consigo evitar a noite
penso agora em ti, Juliana,
heroína no sentido naturalista do termo,
penso sobretudo no teu arzinho
de provocação e de ataque.
Podias ter sido Maria Eduarda
do cinema norte-americano,
a rapariga que ajudou a pôr fim à guerra do Vietname,
a Frida Kahlo e o Kofi Annan,
a estátua de Notre Dame.

O teu sentido reformista,
o teu olhar de Eça socialista,
cá está,
tinhas cabeça para embaixadora da boa vontade,
pés para andar nos corredores da ONU,
o feitio da botina, a mania, a despesa.
Mas continuas a dormir no teu cacifo húmido,
de cara para a parede
enquanto 20 repúblicas foram perpetuando
campanhas eleitorais e golpes de estado
nos jornais com os quais limpas os vidros da cozinha.
Coitada, coitadinha, coitadíssima,
Permaneces na sala, um pouco pálida e fraca,
Mas restituída aos deveres domésticos
e aos prazeres da sociedade!
O feitio da botina, a mania, a despesa,
o cheiro a terebintina,
Ó Juliana Couceiro Tavira, per *omnia saecula*,
chega para cá a garrafa e o cinzeiro;
temos assuntos por tratar e meia hora de critérios (ANGHEL, 2011, p. 7-9).

Nesse poema, fica clara a acumulação de imagens e de críticas sobrepostas. No primeiro verso, a menção aos comprimidos para dormir indica o estado de inércia que essa população se encontra. Anestesiados, não podem perceber tudo que se dão conta nesses últimos trinta minutos, antes de agir sobre eles os efeitos anestésicos das drogas lícitas que enriquecem as indústrias farmacológicas. É, então, nesse pequeno curso de tempo que um fluxo de consciência ascende ao eu lírico. Nas articulações tecidas, lembra um episódio da vida privada do dramaturgo norte-americano Arthur Miller, cujo filho com síndrome de Down, Daniel, foi esquecido por seu pai em uma instituição de Roxbury, tudo isso para reclamar o lugar de esquecimento em que se encontra o eu lírico e, por extensão de sentido, remete a literatura ao mesmo lugar de esquecimento.

Logo após, o sujeito poético reclama a necessidade de reflexão e crítica da poesia, "porque escrever não é só abrir cabeças/ com o bisturi de Lacan", tampouco serviria ao mecanismo da reprodução técnica do cinema, por metonímia representado na menção à atriz Isabella Rossellini, a chorar repetidamente em inúmeras telas, no sábado à noite, pois a poesia não é uma arte da distração e do entretenimento de massas. Ao mesmo tempo, o poema chama a atenção para a dispersão da sociedade adormecida: "Mas continuas a dormir no teu cacifo húmido,/ de cara para a parede/ enquanto 20 repúblicas foram perpetuando/ campanhas eleitorais e golpes de estado/ nos jornais com os quais limpas os vidros da cozinha." (ANGHEL, 2011, p. 8). Criticando, assim, a população incapaz de tomar partido, porque vê tudo acontecer sem assombro, porque o trabalho braçal e exploratório aliena. As informações contundentes para construir criticidade não são lidas por empregadas domésticas. As notícias, por mais revolucionárias, viram papel velho para a limpeza doméstica. Ao mesmo tempo, desvalorizam-se as mudanças políticas, que, mesmo as mais revolucionárias, não mudaram as condições da população mais pobre.

Ao mesmo tempo em que Golgona Anghel nos aponta não ser a poesia uma arte de massas, porque não é facilmente consumível, entende que a crítica do poema necessita de um estado de atenção. Dessa maneira, o trabalho alienante e o uso compulsivo de remédios anestesiantes ou calmantes pelos sujeitos contemporâneos os deixariam, então, em estado de desatenção. Concernente a isso, tem-se a menção à personagem de Eça de Queirós, Juliana Couceiro Tavira, Juliana "*per omnia saecula*", como um tipo social permanente no tempo. No livro *O primo Basílio*, Juliana é a empregada doméstica que quer mudar de vida. Ela renuncia à subserviência para sair pela cidade e senta-se em uma praça de Lisboa para exibir sua botina, retomada no poema. De certa forma, essa personagem evoca a cidade de Lisboa, paisagem central do romance de Eça. A Juliana de Golgona Anghel mantém uma relação dinâmica com a personagem queirosiana e as demais recriações que fazem com que essa personagem ganhe novos sentidos. Desse modo, a Lisboa do poema é atravessada pelos discursos que criaram e recriaram Juliana como objeto cultural, em processo genealógico entre eles.

Podemos relacionar o poema também à figura da tísica engomadeira do poema "Contrariedades", ou "Nevroses", de Cesário Verde, no qual o sujeito lírico também reclama que lhe dói a cabeça. Junto a elas, soma-se a empregada do trecho citado acima e, juntas, elas representam um conjunto de mesma classe social:

> Dói-me a cabeça. Abafo uns desesperos mudos:
> Tanta depravação nos usos, nos costumes!
> Amo, insensatamente, os ácidos, os gumes
> E os ângulos agudos.
> Sentei-me à secretária. Ali defronte mora
> Uma infeliz, sem peito, os dois pulmões doentes;
> Sofre de faltas de ar, morreram-lhe os parentes
> E engoma para fora.
> Pobre esqueleto branco entre as nevadas roupas!
> Tão lívida! O doutor deixou-a. Mortifica.
> Lidando sempre! E deve a conta na botica!
> Mal ganha para sopas... (VERDE, 2015, p. 97).

Ambas as personagens têm em comum a mesma situação econômica e trabalhista. São dois exemplos de mulheres que vivem de trabalho mal remunerado e exploratório. Quando Cesário Verde faz referência à engomadeira em seu poema, ela se transforma em um tipo social, afinal, o poema é tecido em volta das ideias de miséria e de doença, representados a partir dela. Com isso, quebra-se a expectativa inicial de se esperar que o poema aborde de maneira substancial a temática do suicídio e o sentimento de poeta rejeitado com o qual o poema se inicia. A dor de cabeça inicial no poema, "Dói-me a cabeça. Abafo uns desesperos mudos", é um sintoma de uma doença social, representada na doença da lavadeira. Lembremos o início do poema de Anghel: "Porque falta meia hora antes de / tomar o comprimido para dormir" (ANGHEL, 2011, p. 7), que estabelece relação com a dor de cabeça em Cesário Verde: tal mal, tal antídoto. Essa ideia de que algo está mal sugere a proximidade com o fim de nossa existência. Não à toa, o trecho que Anghel escolhe para a epígrafe de *Vim porque me pagavam* revela uma doença do mundo já no passado e permanente no presente:

Esperando que la aspirina empiece a trabajar, [...]
Hojeo revistas estúpidas, escucho discos viejos
Me pregunto en qué momento
Los dinosaurios sintieron
Que algo andaba mal.
(Fabián Casas) (ANGHEL, 2011, p. 5)

Ademais, o tema da doença ainda será retomado em outros poemas. No entanto, a paisagem move-se, e a Lisboa será referenciada explicitamente através de lugares comuns. É o que acorre com as referências à esquina do talho,[4] no Largo do Calvário, na esplanada e no jardim de Príncipe Real.[5] Como se pode ver na Figura 2, abaixo, o açougue fica quase na esquina com o Largo do Calvário.

Figura 2 – Esquina do Talho, Rua Morais Soares, ao Largo do Calvário, Lisboa
Fonte: Google StreetView - https://url.gratis/D5k65U

4. "Talho" é açougue em Portugal.
5. Próximo ao bairro do alto, de características românticas, o jardim do Príncipe Real foi construído no século XIX. É lá que fica a escultura do Mestre Lagoa Henriques, posta como homenagem ao primeiro centenário da morte de Antero de Quental. O lugar ainda conta com cafés e restaurantes, lago, parque infantil, quiosque e esplanada.

Conheci o Sandy na esquina do talho,
no Largo do Calvário,
Tinha o carro mal estacionado.
Estivemos depois juntos na China,
Durante a invasão japonesa;
e em França, no despontar da Segunda Guerra Mundial.
No Vietname, habitámos a mesma galeria escura.
Passávamos a vida a classificar ruídos e
a medir com os pés
o crescimento do arroz.
Quando Boccacio desvia no *Decameron*
os sintomas da peste,
nós estávamos em Veneza a queimar em grandes piras
os tártaros abatidos pela doença.
Às vezes ouvem-se cães a ladrar,
às vezes é tarde e o tempo se torna circular,
a felicidade deixa então de fazer parte
do nosso sistema solar.
Mas o Sandy está calmo e ponderado.
Se não tivesse problemas de asma,
fumaria cachimbo.
Uma tarde, numa esplanada
Com vista para o passado que não passa,
no Jardim do Príncipe Real para ser mais exacto –
disse: mantenham-se vivos,
façam isso por Michael Jackson. (ANGHEL, 2011, p. 69-70).

Nesse poema, a paisagem sobrepõe-se em dois tempos: no passado recente e no passado histórico. As marcas de sujeito passam de um "eu" indefinido e um "tu", o Sandy, para "nós" à medida que os momentos históricos são elencados. Porém, antes, na primeira estrofe, esse sujeito indeterminado e o Sandy se conhecem na esquina do talho, lugar relativamente novo em consideração aos acontecimentos históricos descritos em seguida. Adiante, "o tempo se torna circular" e, após a passagem por diversos países, retornam a Lisboa, desta vez na esplanada "Com vista para o passado que não passa,/ no Jardim do Príncipe Real. Dessa forma, o tempo do poema cumpre seu ciclo entre um passado pouco distante na esquina do talho, o passado distante com a viagem a tempos e lugares, e, por fim, ao passado recente na esplanada, numa sucessão de imagens sobrepostas cujos sentidos se articulam. O poema consegue assim associar Lisboa, o eu e o "tu" a um mundo globalizado no qual todos estão ligados, pelo passado, pela história e pelos pequenos problemas do cotidiano.

Portanto, a paisagem que se quer deixar em evidência nesses poemas não nos fornece uma unidade da cidade de Lisboa. Eles parecem construir uma visão multifacetada das questões fundamentais ocorridas em todas as metrópoles. Pedro Eiras já nos mostra, mesmo com a grande gama de referência a lugares, tanto de Lisboa quanto de outros países, que é impossível traçar um mapa nessa poesia:

> Eis uma colagem de lugares de Lisboa e arredores (e por vezes outras cidades, não muitas), colhidos na poesia de Golgona Anghel. Conhecemos, reconhecemos a generalidade desses locais; alguns são ímpares – existe um único Bairro Alto, um único Cais do Sodré –, outros repetem-se a uma escala globalizada – todos os Ikeas e Boticários se assemelham. Lojas, cafés, esplanadas são uma paisagem familiar, pano de fundo banal das cidades. Materiais para um mapa, dir-se-ia. E contudo – duvido que se possa desenhar um mapa a partir da poesia de Golgona Anghel; aliás, gostaria de experimentar a seguinte tese: talvez esta poesia se construa sobre a impossibilidade de desenhar um mapa, por mais que convoque obsessivamente a cidade – e decerto por isso mesmo (EIRAS, 2017, s/p).

Além disso, a crítica que se coloca é a da escassez de trabalho, a mesma do final do século XIX, ainda permanente nos dias de hoje. Por isso, as personagens são meios de entrada para se pensar a sociedade não só de Portugal, mas no mundo globalizado, com outros lugares como uma paisagem em que se deixa entrever a condição social de caos das cidades. E, nesse sentido, Lisboa assemelha-se a muitas outras capitais, pois participa dos mesmos problemas. É nesses termos que poderíamos definir a paisagem na poesia de Golgona Anghel: uma revelação dos problemas de seu tempo, onde as citações e os processos intertextuais ganham uma dimensão alegórica de sentido de modo que, cada verso é entrecortado por uma linha de raciocínio não retilínea, mas consegue dar conta de uma paisagem que abarca a interdependência das coisas, como Michel Collot define:

> A paisagem aparece, assim, como uma manifestação exemplar da multidimensionalidade dos fenômenos humanos e sociais, da interdependência do tempo e do espaço e da interação da natureza e da cultura, do econômico e do simbólico, do indivíduo e da sociedade. A paisagem nos oferece um modelo para pensar a complexidade de uma realidade que convida a articular os aportes das ciências do homem e da sociedade (COLLOT, 2013, p. 15).

A composição da paisagem, quando surge de forma explícita, manifesta dois polos de experiência que, embora sejam sujeitos distintos a percorrer a cidade pelo mesmo caminho, eles possuem trajetórias de vida diferentes, mesmo que, contudo, terminem na mesma sensação de pertencimento da cidade e, com isso, definam-se como personagens cujas vidas estão em aporia nessa cidade. Golgona Anghel evoca o eco dos passos das "empregadas de limpeza", mais uma vez ligando-as às botinas da Juliana de Eça e ao cantarolar da engomadeira de Cesário Verde. Como no poema deste, cria-se um espelhamento entre o sujeito lírico e essas mulheres, no percurso do itinerário do autocarro 738. Em "Contrariedades", um poeta sem reconhecimento, no poema de Golgona, o eu poético é pesquisador(a) de humanidades, no esforço das salas de leitura das bibliotecas e na bibliografia em francês, "novo modelo para o fracasso":

> *Na sala de leitura da insónia,*
> Quando o carro do lixo é
> a única resposta ao silêncio
> e cada instante é um amante
> que matamos num abrir e fechar de pernas,
> acompanho em eco, até à estação,
> os passos apressados das empregadas de limpeza.

Para elas, não há inferno. Simplesmente,
evitam sonhar.
Para nós, o autocarro 738 irá sempre ao Calvário,
mesmo se pago o bilhete.
No horizonte lento mas seguro de uma utopia light,
passo o dia a vender o meu terceiro mundo
em colóquios e palestras internacionais.
Mostro a toda a gente o canino de ouro,
a minha pele de girafa,
a bibliografia em francês.
Escrevo a palavra vazio
depois da palavra espera.
Pouso as mãos sobre os joelhos cansados.
Limpa
mas mal vestida
– olhai –
Sou o novo modelo para o fracasso (ANGHEL, 2011, 20-1).

Embora esteja-se fazendo o mesmo percurso, há uma dissonância entre dois tipos de sujeitos: elas e nós. "Elas" são as mulheres da limpeza, as trabalhadoras sem instrução que "evitam sonhar" porque andam com "passos apressados", pois necessitam vender todas as suas horas ativas para o trabalho alienante de sobrevivência. O "eu" é a definição da situação instável do intelectual: "passo o dia a vender o meu terceiro mundo/ em colóquios e palestras internacionais". E, embora "a bibliografia em francês" sugira alto grau de instrução e tentativa de valorização da pesquisa que realiza, trata-se aqui da precariedade do trabalho em que até os intelectuais se encontram. Portanto, durante o itinerário até o Calvário, tanto fim de trajeto de quem vai da Universidade até o largo com esse nome em Lisboa no 738 quanto o destino sofrido das trabalhadoras e do eu poético, o poema traça nessa viagem uma paisagem de instabilidades de dois grupos sociais. Quando, por fim, o sujeito poético se coloca na condição de fracassada "sou o novo modelo para o fracasso", representa a autoirrisão, na qual inclui a condição dos acadêmicos universitários, mesmo na Europa. E ela, tal como Cesário, poeta.

Considerando esta análise, podemos concluir que os lugares citados da cidade não compõem um panorama visual nem um mapa. A Lisboa de *Vim porque me pagavam* volta-se para as camadas sociais, políticas e econômicas que não podem ser apreendidas através da captura de imagens dos lugares referidos de Lisboa porque são referências simbólicas. Ao contrário disso, esses espaços só corroboram a crítica social de Golgona Anghel se estiverem relacionados com as referências textuais, históricas e imagéticas, ligadas genealogicamente. Então, a intertextualidade desencadeia uma função-chave que fomenta a crítica ao contemporâneo por meio das camadas, de horizontes, que são cavadas pelo uso da linguagem nos poemas, permitindo aos sentidos dessa crítica chegarem à superfície do poema. Esse processo exibe uma paisagem implícita de Lisboa, cidade essa com suas contradições e desdobramentos, assim como outras cidades contemporâneas.

Desse modo, percebe-se, nessa poesia, a múltipla demarcação de sujeitos e a vasta acumulação – e até sobreposição – de temas abordados. Desse modo, a autora tece uma crítica ao contemporâneo via muitas paisagens que, embora pareçam desarticuladas, traçam um ponto de convergência na disposição da cidade: a vida do sujeito comum, vivendo os problemas e as realidades urbanas da Lisboa enquanto metrópole, o sujeito que se desloca em busca de emprego, e se desdobra por ele, adoecendo sempre na tentativa de ganhar a vida. E, a isso, o tempo contemporâneo não se dissocia do passado, pois este último é anunciado como o começo do estado de ruína em que o presente se encontra. Há então o desdobramento da doença social de outrora, onde encontra espaço prolífero para se desenvolver. Por isso, a paisagem de Lisboa nesta obra é definível como um lugar de oposições justamente entre o plano econômico e o simbólico, deixando evidente o descarte da vida humana diante da perpetuação dos objetos e do valor mercadológico que tem o presente: "arrumarás num canto do mapa as ruas que levam a nós,/ colocarás cartazes em cima dos destroços/ enquanto um néon publicitário da Boticario/ executará o papel do ocaso." (ANGHEL, 2011, p. 47).

Referências

ANGHEL, Golgona. *Como uma flor de plástico na montra de um talho*. Porto: Assírio & Alvim, 2013.

ANGHEL, Golgona. *Nadar na piscina dos pequenos*. Porto: Assírio & Alvim, 2017.

ANGHEL, Golgona. *Vim porque me pagavam*. Lisboa: Mariposa Azual, 2011.

COLLOT, Michel. *Poética e filosofia da paisagem*. Trad. Ida Alves (org.). Rio de Janeiro: Oficina Raquel, 2013.

EIRAS, Pedro. Na cidade de Golgona Anghel. *Relâmpago*, Lisboa, n. 39/40, out. 2016-abr. 2017. Disponível em: http://www.relampago.pt/opoetanacidade/r-39-40-pedro-eiras.html. Acesso em: 20 out. 2021.

FOUCAULT, Michel. Genealogia e poder. In: q, Roberto (org.). *Microfísica do poder*. 27. ed. São Paulo: Graal, [1978] 2013.

MARTELO, Rosa M. Alegoria e autenticidade (a propósito de alguma poesia portuguesa recente). In: ALVES, Ida; PEDROSA, Célia. *Subjetividades em devir*: estudos de poesia moderna e contemporânea. Rio de Janeiro: 7Letras, 2008. p. 291-303.

QUEIRÓS, Eça de. *O primo Basílio*: episódio doméstico. São Paulo: Companhia das Letras, [1878] 2015.

VERDE, Cesário. *Cânticos do Realismo* – O livro de Cesário Verde. Introdução e nota biobibliográfica de Helena Carvalhão Buescu. Lisboa: Imprensa Nacional – Casa da Moeda, [1887] 2015.

JULIENY SOUZA[1]
IDA ALVES[2]

Em meio a "*Tantas Lisboas*", a Lisboa de Ana Marques Gastão e Pedro Mexia

> "[...] A cidade é partição, névoa
> bebida numa refeição livre, paisagem
> não vista no quotidiano, apesar da glória
> do verso. [...]"
> "A Cidade de Emily", em *L de Lisboa*, ANA MARQUES GASTÃO

> "Turista, passo as tardes nas ruínas."
> "Lisboa Romana", em *Eliot e Outras Observações*, PEDRO MEXIA

1. Mestranda em Literatura Portuguesa no Programa de Pós-Graduação em Estudos de Literatura da Universidade Federal Fluminense, com bolsa CAPES. Graduada em Letras – Português e Literaturas de Língua Portuguesa na mesma instituição. Integrante do grupo de pesquisa *Estudos de Paisagem nas Literaturas de Língua Portuguesa*, coordenado pela Prof.ª Dr.ª Ida Alves. Fez Iniciação Científica – PIBIC UFF 2020-2021, com orientação da mesma professora. Pesquisa a figuração da paisagem urbana na poesia portuguesa contemporânea, com ênfase em obras poéticas que integram as duas primeiras décadas do século XXI.
2. Professora Titular de Literatura Portuguesa do Instituto de Letras da Universidade Federal Fluminense. Docente do quadro permanente do Programa de Pós-Graduação em Estudos de Literatura na mesma instituição. Pesquisa a poesia portuguesa moderna e contemporânea, assim como as relações luso-brasileiras. Coordena o projeto *Páginas Paisagens Luso-Brasileiras em movimento, Rio de Janeiro e Lisboa*, com apoio FAPERJ, anos 2018-2022. Bolsista Cientista do Nosso Estado - FAPERJ. Pesquisadora do CNPq.

A Rádio e Televisão de Portugal (RTP), em 2013, elaborou e transmitiu em seu canal de comunicação uma reportagem sobre Lisboa, considerada a melhor cidade da Europa para viagens curtas pelo World Travel Awards (2013),[3] que reconhece e recompensa, anualmente, a excelência em todos os setores da indústria global de turismo. Com o título "Lisboa é Linda!", a jornalista Mafalda Gameiro apresentou, com a colaboração de António Gamito (fotógrafo), Cuca Roseta (fadista), Joana Vasconcelos (artista plástica) e Manuel Silva (estilista), assim como de David Xavier (estudante de cultura visual e fotografia), Isabel Madureira (estudante de pintura), Pedro Mateus (estudante de canto e guitarra clássica) e Rute Pinto (estudante de design de moda), a cidade lisboeta e os seus encantos. Como guias, as quatro personalidades e os quatro estudantes, com campos artísticos em comum, percorreram os principais pontos turísticos de Lisboa, apresentando o patrimônio cultural e comentando a importância em suas respectivas vidas pessoais e profissionais. O percurso teve como pano de fundo a presença constante de turistas atracando e/ou desembarcando, conhecendo e fotografando, contribuindo para o movimento frenético da cidade portuguesa. *"Lisboa é linda!"* ecoava frequentemente.

Em 2016, três anos após a reportagem "Lisboa é Linda!", a Rádio Renascença (RR) publicou uma reportagem um pouco distinta sobre Lisboa, desta vez elaborada pela jornalista Ana Carrilho. Apesar de não indicar uma relação direta com a reportagem anterior, o título "Lisboa é linda, mas tirem as pessoas e quero ver para que serve", assim como o conteúdo transmitido, provocam uma interlocução questionadora. A reportagem de Ana Carrilho apresentou alguns efeitos da turistificação, processo que "ocorre quando um espaço é apropriado pelo turismo, fazendo com que haja um direcionamento das atividades para o atendimento dos que vêm de fora, alterando a configuração em função de interesses mercadológicos" (DENCKER; ISSA, 2006, p. 2). Os depoimentos de comerciantes e moradores lisboetas, entrevistados para a elaboração da reportagem, evidenciaram problemas decorrentes da transformação progressiva da cidade, como a modificação e/ou desaparição do comércio

3. Lisboa também é considerada a melhor cidade da Europa para viagens curtas pelo World Travel Awards de 2019.

e da população tradicional. Ana Carrilho comentou, em certo momento, que "os turistas elogiam [...] a luz de Lisboa, o patrimônio, a gastronomia e o pitoresco", assim como os lisboetas, pela hospitalidade. Fabiana Pavel (arquiteta), que participou da reportagem, complementou dizendo que os turistas que visitam Lisboa atrás da sugestão de morar na cidade e conviver com a população local, podem queixar-se de "publicidade enganosa".

As reportagens de Mafalda Gameiro e Ana Carrilho, quando comparadas, permitem perceber que dentro de uma mesma extensão territorial, denominada Lisboa, existem duas (ou mais) cidades, duas (ou mais) Lisboas, e a descoberta dessas Lisboas depende, principalmente, da posição ocupada pelo(a) observador(a) e da sua capacidade de percepção. A letra da música "Tantas Lisboas", composta por Tiago Torres e cantada e interpretada por Marco Rodrigues, transcrita integralmente a seguir, problematiza essa questão.

TANTAS LISBOAS

Às vezes olho as luzes da cidade
Mas não consigo dar um passo em frente
Há dias em que é tanta a claridade
Que a gente fica cega de repente

Nos becos mais sombrios e escuros
Consigo ver a alma das pessoas
Correndo ruas e galgando muros
É que eu descubro haver tantas Lisboas

Existe uma cidade em cada esquina
E cada esquina guarda algum segredo
Quem a desvenda sabe ler-lhe a sina
Quem não o faz, sujeita-se ao degredo

São tantas as Lisboas, só um Tejo
O rio que é quase um mar quando aqui chega
São tantas que eu às vezes nem as vejo
Pois quando há luz demais, a gente cega

Como explicita a letra da música, "correndo ruas e galgando muros / é que eu descubro haver tantas Lisboas", mas "são tantas que eu às vezes nem as vejo / pois quando há luz demais, a gente cega". "A câmera-olho" precisa abdicar "da panorâmica, da visão globalizante, para" conseguir "fixar os fragmentos" (GOMES, 2008, p. 24). A cidade de Lisboa é formada por partes e, muitas vezes, a realidade presente em cada parte é distinta, o que origina uma multiplicidade de Lisboas. A Lisboa turística, visitada e fotografada, é uma; a Lisboa cotidiana, habitada e vivenciada, é outra. E mesmo dentro dessas Lisboas existe uma divisão em outras Lisboas. Em meio a "tantas Lisboas", dirigimos nossa atenção à Lisboa de dois poetas portugueses contemporâneos: Ana Marques Gastão e Pedro Mexia.

Lisboa: cidade escrita

Lisboa é a cidade de nascimento e/ou morada de muitos poetas e prosadores incontornáveis da literatura portuguesa, que agora dão nome a ruas e praças desse ambiente citadino. Luís de Camões, Almeida Garrett, Cesário Verde, Eça de Queirós e Fernando Pessoa (e seus heterônimos ou semi-heterônimos), por exemplo, são nomes determinantes para a construção do imaginário de Lisboa por meio do que escreveram em verso ou prosa sobre ela. Mas deteremos nossa atenção, inicialmente, não num poema ou numa narrativa nos quais Lisboa se faz cidade literária, e sim numa obra de outra natureza, um guia de viagem escrito por Fernando Pessoa, provavelmente em 1925.

O turismo, que se ampliava no cenário mundial, no final do século XIX, permitiu aos portugueses compreenderem que o país possuía recursos favoráveis para o estabelecimento de movimento turístico próprio, que traria receitas importantes para o seu desenvolvimento. No início do século seguinte, com a República portuguesa estabelecida, foram realizadas algumas ações para tornar o país um espaço de visitação[4]. Lisboa, especificamente, contava não só com uma boa localização geográfica, mas também com patrimônios

4. A respeito, recomendamos a leitura de CUNHA, 2010, sobre *Desenvolvimento do Turismo em Portugal: Os Primórdios.*

Figura 1 – Lisboa – Portugal. Fonte: Vou na Janela (Disponível em: https://www.vounajanela.com/portugal/hostels-em-lisboa/. Acesso em: 13 mar. 2022).

materiais que poderiam colocá-la na rota dos turistas. Talvez, com a atenção nesse fluxo novo de visitantes, também Fernando Pessoa interessou-se pelo assunto, escrevendo em inglês esse guia intitulado *Lisboa: o que o turista deve ver*[5]. Com a ideia de apresentar Lisboa ao mundo, Fernando Pessoa, no referido guia de viagem, indicou ao turista tudo o que deveria ser visto, tudo o que contribuísse para a divulgação da cidade e para a construção, no estrangeiro, do desejo de retornar. É possível perceber a cidade de Lisboa sendo exaltada logo nos primeiros parágrafos do guia:

> Sobre sete colinas, que são outros tantos pontos de observação de onde se podem desfrutar magníficos panoramas, espalha-se a vasta, irregular e multicolorida massa de casas que constitui Lisboa.

5. Sobre esse guia pessoano, ler artigo de SANTOS, 2009, p. 8-17. O texto original foi escrito em inglês e tinha propósito claramente turístico. Só foi publicado em 1992, em edição bilíngue.

> [...] Lisboa, vista assim de longe, ergue-se como uma bela visão de sonho, sobressaindo contra o azul vivo do céu, que o sol anima. E as cúpulas, os monumentos, o velho castelo elevam-se acima da massa das casas, como arautos distantes deste delicioso lugar, desta abençoada região (PESSOA, 2007, p. 31).

Ao progredir na leitura, constatamos que o turista não possui autonomia para percorrer a cidade, pois tudo o que merece ser visto é sempre imposto pelo guia. Fátima Rufino dos Santos, jovem pesquisadora, comentou em sua dissertação de mestrado que o turista não mantém qualquer tipo de relação com quem habita a cidade. "A Fernando Pessoa apenas interessa mostrar os grandes feitos dos portugueses, as suas grandes construções e não as cotidianas [...] relações que constituem a vida de uma cidade" (SANTOS, 2014, p. 59). A Lisboa apresentada por Fernando Pessoa nesse guia é completamente diferente da Lisboa apresentada pelo escritor em suas construções literárias, como a Lisboa dos heterônimos Álvaro de Campos e Bernardo Soares[6]. E é exatamente essa última Lisboa, cidade literária, lida e escrita, configurada e problematizada, a mais próxima da apresentada pelos poetas portugueses contemporâneos, entre os quais Ana Marques Gastão e Pedro Mexia se encontram.

Renato Cordeiro Gomes, importante pensador da relação entre literatura, vivências/experiências urbanas e representação das cidades e suas derivas, afirmou que é nas dobras da linguagem "que a cidade gera as cifras de seu código. Ler/escrever a cidade é tentar captá-la nessas dobras, é inventar a metáfora que a inscreve, é construir a sua possível leitura" (GOMES, 2008, p. 30). Essa ação de leitura e escrita do mundo – e, mais especificamente, de um recorte temporal e espacial –, de percepção e representação de determinado espaço físico (território geográfico) e/ou espaço social (território simbólico) é, nas palavras de Michel Collot, uma paisagem, uma "imagem de mundo intimamente ligada ao estilo e sensibilidade de um escritor" (COLLOT, 2013, p. 54).

6. Fazemos referência à Lisboa, cidade literária, do poema "Lisboa Revisitada", do heterônimo Álvaro de Campos, e do *Livro do Desassossego*, do semi-heterônimo Bernardo Soares.

A paisagem, na contemporaneidade, tornou-se predominantemente urbana. Vista em seu movimento diário, tal paisagem torna-se elemento provocativo para o pensamento crítico do artista e de quem experimenta determinada obra estética. A poesia também manifesta sua atenção às condições citadinas de viver e de ser, confrontando os limites de sua prática e sentido. Nessa poética muito circunstancial que se lê hoje, praticada por diversos poetas, a cidade torna-se mesmo uma geografia inevitável. Também se torna inevitável citarmos uma passagem do estudo da geógrafa Ana Fani Carlos (2001, p. 328-329) sobre a vivência do espaço urbano numa metrópole como São Paulo, no qual afirma que o *estranhamento* e o *desencontro* são situações decorrentes da relação entre sujeito e espaço modificado constantemente por demandas financeiras e consumistas. Lisboa, por exemplo, por questões turísticas, com o desaparecimento de um tradicional comércio de rua, com a transformação de prédios antigos em hotéis, com a presença de um comércio para seduzir turistas e tornar-se um produto consumível, acaba por perder ou ocultar sua(s) história(s), sua cultura própria para assumir uma identidade globalizada e indiferenciada. A poesia portuguesa mais recente tem manifestado muita atenção a essa temática e vem se realizando como fortemente urbana, muito consciente e questionadora de certos processos e práticas que vão afastando os sujeitos de seus próprios espaços de identidade afetiva.

Joaquim Manuel Magalhães, um dos mais agudos poetas e críticos da cultura massificadora da contemporaneidade, é autor de um poema que, exemplarmente, aborda a perda de uma geografia afetiva e de uma outra cultura de encontro do homem com a terra e com o outro:

> Um mundo silencioso onde passam rebanhos,
> húmidas teias raiadas de poeiras.
> Os trabalhos que remexem as terras,
> as marcas de produtos suicidas
> parecem-te um delírio meu, um recuo
> à tradição bucólica interrompida pelo sentimento ?
> Nas aldeias do norte se te visse seria
> num pátio com o ocre das charruas,

talos de couves para porcos e galinhas,
palhas de colchões onde se deitam burros,
canas de milhão empilhadas numa fraga.
Nesta luz urbana, coitados de nós dois.
(MAGALHÃES, *Os Dias, Pequenos Charcos*, 1981, p. 62).

A Lisboa, cidade literária, de Ana Marques Gastão e Pedro Mexia, é uma paisagem, uma cartografia dinâmica, que configura o ambiente urbano circundante e emite posicionamentos e questionamentos sobre a relação estabelecida entre o espaço físico/social e o sujeito contemporâneo. Fernando Pessoa, em 1925, no seu guia não publicado em vida, apresentou o que se deve ver em Lisboa, mas, os poetas de agora, como se parodiassem o título do guia de viagem pessoano, parecem indicar a "Lisboa: o que o turista (não) deve ver (?)", ou melhor dizendo, a "Lisboa: o que o turista (e, muitas vezes, o habitante) (não) consegue(m) ver (?)". Se "o texto é o relato das formas de ver a cidade" (GOMES, 2008, p. 24), como Ana Marques Gastão e Pedro Mexia veem a cidade lisboeta e representam-na na matéria-emoção[7] poética dos livros *L de Lisboa* (2015) e *Eliot e outras observações* (2003)? É o que evidenciaremos, brevemente, a partir dos poemas selecionados e transcritos a seguir. Começaremos pela explicitação do que comentamos anteriormente, a existência de uma Lisboa múltipla.

LISBOA ESQUIZO

Lisboa não é estereótipo, o da linguagem,
do bilhete-postal e da paisagem, da bica,
de alfama, da cave da fadista masoquista
ou do cambalear d'um guitarrista esquizo;

7. Expressão cunhada por Michel Collot, no livro *A Matéria-Emoção* (edição brasileira, 2018. O original francês é de 1997.), para expressar que a forma e o conteúdo do poema são indissociáveis.

não é mapa orográfico, quiosque, jornal
nem a nata do pastel, a família a fingir de
Natal, vampírica, rebentando pus no Cais
do Sodré. Lisboa não é essa sendo, mas

ainda é traço distinto, algo na história,
extensão polívoca de uma língua oculta
fosso entre este mundo e aquele outro.

(GASTÃO, *L de Lisboa*, 2015, p. 32).

O poema evidencia uma característica recorrente no livro *L de Lisboa* (2015), de Ana Marques Gastão: a cidade de Lisboa explicitamente nomeada e caracterizada de muitas formas. Desde o título "Lisboa Esquizo", cujo adjetivo exprime a noção de divisão, desagregação, percebemos que a cidade é múltipla, formada por partes, o que é confirmado, posteriormente, no corpo do poema. O sujeito lírico afirma que "Lisboa não é estereótipo" e, na sequência, cita todos os estereótipos aos quais está fazendo referência, como o fato de ser uma cidade reconhecida pelo pitoresco ("do bilhete-postal e da paisagem"), pelo patrimônio cultural ("de alfama, da cave da fadista", de um "guitarrista", "quiosque", "Cais do Sodré") e pela gastronomia ("da bica", "nata do pastel"). Em seguida, contudo, afirma que "Lisboa não é essa sendo". Colocando os dois versos lado a lado, conseguimos perceber que existe uma Lisboa estereotipada, mas também existe uma Lisboa que é mais do que uma ideia generalizada, uma Lisboa com "traço distinto", como explícito no nono verso. O poema de Ana Marques Gastão evidencia a polivalência da cidade, as muitas imagens que ela tem. É, ao mesmo tempo, a cidade do estrangeiro e a cidade do poeta, a cidade turística e a cidade cotidiana, com uma realidade humana e social. A respeito dessa cidade múltipla, do eu e do outro, também nos fala Pedro Mexia, no poema a seguir:

LISBOA, CERCA MOURA

É verão e o branco de Lisboa não se cansa
da brancura, o céu de um azul

pálido e constante, na sombra da esplanada.
os pedreiros falam alto, num português bruto,
os estrangeiros, que nunca leram Cesário,
louvam o encanto da lota, as raparigas passam,
melhores que qualquer cidade,
enquanto o vento tempera o calor

lembrando que existe um rio.
Mas a sombra é um parêntesis, a brancura
um parêntesis, o próprio vento e as raparigas
uma suspensão no quotidiano
que teima em desintegrar-se,
em resistir à superfície da escrita.
Nesta cidade que tranquilamente
se deixa ficar nas colinas, quem sabe
se à espera, quem pode saber.

(MEXIA, *Eliot e Outras Observações*, 2003, p. 93).

Assim como Ana Marques Gastão, em *L de Lisboa*, Pedro Mexia igualmente manifesta preferência por nomear, explicitamente, a cidade de Lisboa em títulos dos poemas presentes no livro *Eliot e outras observações*. Em "Lisboa, cerca moura", percebemos a alusão aos vestígios da estrutura defensiva que, na época medieval, protegeu a capital portuguesa. A presença da vírgula, no título do poema, separando o substantivo "Lisboa" do substantivo com um determinante – "Cerca Moura"[8] – evidencia a existência de uma Lisboa fragmentada no tempo e no espaço, assim como o monumento nacional. O sujeito

8. Trata-se de murada que, segundo historiadores, data do final da época romana. Sua função era defender o núcleo urbano da Lisboa medieval até à construção da Cerca Fernandina, no século XIV. Nesse momento, a Cerca Velha perdeu a sua função original, sendo parcialmente destruída, com abertura de novos acessos ou aproveitada como paredes de casas. Informações gerais encontradas na rede a partir de https://pt.wikipedia.org/wiki/Cerca_moura. Acesso em: 22 maio 2022.

lírico, que está percorrendo a cidade e observando o movimento frenético da alta temporada de turismo, o que é evidenciado pela expressão "é verão" e pelo tempo e modo verbal utilizado em "os pedreiros falam alto" e "as raparigas passam", afirma, especificamente no quinto e sexto verso do poema, que "os estrangeiros, que nunca leram Cesário, louvam o encanto da lota". Sabemos que Cesário Verde, poeta de inquestionável força literária, demonstrava em seus poemas um olhar atento para a realidade cotidiana. Em "O Sentimento dum Ocidental", por exemplo, recompôs a Lisboa do seu tempo, marcada por transformações que alteraram o ambiente e o comportamento dos indivíduos. Ao evocar essa voz portuguesa finissecular, o sujeito lírico contemporâneo indica, assim como em "Lisboa Esquizo", a existência de uma Lisboa turística, superficial e agradável ao olhar do estrangeiro, e uma Lisboa cotidiana, íntima, com qualidades e defeitos, mesmo passiva, ao olhar atento do seu habitante. O sujeito lírico parece compartilhar com Cesário Verde o descontentamento com a "cidade que tranquilamente se deixa ficar nas colinas".

Em outro poema de Ana Marques Gastão, abordam-se as transformações de Lisboa e, nela, a do sujeito que a vive como memória entranhada no corpo e na palavra.

MEMÓRIA

Sem uma cidade és um falso átomo,
divides-te, zzzzzzzzzz, multiplicas-te,
és outra na diversidade de ti, espelho
partido em cenas, fragmentos, réplicas.
Como antes da traição. Também tu és
cidade, mas com uma rosa clemente
no núcleo, existes em relação. Sentes-te
um número que, em árabe, significa vazio.

Também a cidade está vazia e manduca
mastiga e não digere. O desejo faz parte
do mecanismo, a probabilidade ajuda à
compreensão. Lisboa deseja, mas não sabe

o que fazer com o que foi já sendo futuro.
Engole, enforcada, a palavra. Não respira,
intoxicada. Segue com as mãos em concha,
a memória sem disco rígido. Leva-a à boca.

(GASTÃO, *L de Lisboa*, 2015, p. 47).

A Lisboa que essa poeta figura nos poemas reunidos nesse livro apresenta-se sob muitos ângulos e relações afetivas. Parte integrante da subjetividade ("Sem uma cidade és um falso átomo"), reflete-se num "espelho / partido em cenas, fragmentos, réplicas." Mas assim como o sujeito partido e perdido, a cidade "Lisboa deseja, mas não sabe / o que fazer com o que foi já sendo futuro. / Engole, enforcada, a palavra. Não respira / intoxicada." A Lisboa – cidade – sujeito defronta-se com os seus descaminhos; o sujeito, com a cidade entranhada, carrega um corpo de memória transfigurado em palavras.

Em outro poema de Ana Marques Gastão, "Saltos Altos" (2015, p. 37), o sujeito observa as passantes, tal qual Cesário Verde. O olhar vai ao rés do chão, observando, com ironia fina, que "Não há mulheres descalças em Lisboa", mas os sapatos elegantes das mulheres num outro momento de experiência urbana mais lenta e mais social ("os sapatos perderam o rumor suave das Lauren, / o meio salto clic, lac, lock afundou-se no som.") foram trocados por sandálias das possíveis turistas ("Quem caminha a vosso lado, mulheres em andas / de escadote, se na calçada de Lisboa nem em vós / vos escorais?"). A cidade percorrida por essas andarilhas sem ligação com uma memória urbana, com um modo de ser lisboeta. ("Para onde sobe essa íngreme subida, / para onde se, em recaída, de onde nem se sabe / de onde o coração?").

Pedro Mexia apresenta, em *Eliot e outras observações*, um poema semelhante, intitulado "Sapatos", no qual o sujeito lírico afirma que "Os pés tomam o hábito dos sapatos, / vão calcorreando as ruas, / os sapatos são novos, as ruas / antigas [...]" (MEXIA, 2003, p. 119). Além de "Sapatos", outros títulos de Pedro Mexia também são bastante sugestivos dessa dinâmica social, como "Consumo" (p. 12), "Escadas Rolantes" (p. 56), "Shopping" (p. 67) e "Loja do Cidadão" (p. 98). Deteremos nossa atenção, contudo, no poema "Metropolitanos":

METROPOLITANOS

Aqui estamos, atravessando
sem saber o nosso destino,
à espera que o próprio caminho
o torne evidente (mas não),
somos todos assim metropolitanos (urbanos),
saímos na estação errada,
lemos cabeçalhos, vemos o envelhecimento
nos rostos que connosco através
de túneis dantescos (cliché),
e pensamos (ou dizemos agora que pensámos)
que há um plano que nos ultrapassa (rodoviário),
um plano (subterrâneo)
de linhas que se cruzam com as linhas
da mão, interceptadas em cores
e com o guarda-roupa do nosso
tempo (capitalismo tardio),
atravessamos (atrasados), sob o sol
que imaginamos em cima (platónico),
interrompidos pelo parêntesis irónico
da consciência que talvez queira fazer
a diferença mas não faz nada (nada).

(MEXIA, *Eliot e Outras Observações*, p. 37).

"Metropolitanos" é um dos poemas de Pedro Mexia que não cita ou faz alusão explícita à Lisboa. Sabemos que o sujeito lírico está falando sobre a cidade portuguesa porque o conjunto da obra poética permite essa compreensão, mas o poema isolado, separado do contexto, permite pensar na situação abordada como intrínseca à dinâmica das capitais e cidades do mundo ocidental. O sujeito lírico está, assim como no poema "Lisboa, Cerca Moura", percorrendo a cidade, o que é evidenciado pelo verso inicial. Dessa vez, no entanto, diferentemente do poema anterior, convoca a presença de um interlocutor, de um TU que compartilha a mesma rotina cotidiana, o que é evidenciado no tempo e modo verbal empregado em "Aqui estamos, atravessando" e "somos todos assim metropolitanos (urbanos)". O poema, como um todo, evidencia sujeitos urbanos que seguem rotinas mecânicas ("sem saber o nosso destino, / à espera que o próprio caminho / o torne evidente (mas não)"), sem aproveitar o tempo ("vemos o envelhecimento / nos rostos que connosco através / de túneis dantescos (cliché)"), vestindo o que a sociedade dita e aprova ("com o guarda-roupa do nosso / tempo (capitalismo tardio)"), imersos em uma aceleração cotidiana ("atravessamos (atrasados), sob o sol"). O "parêntesis irónico da consciência", em uma espécie de monólogo, evidencia os problemas, porém, como explícito no último verso, "não faz nada (nada)".

Ana Marques Gastão e Pedro Mexia, como podemos perceber nessa leitura breve de poemas de caráter urbano, apresentam uma escrita sobre Lisboa que se aproveita de comentários e observações cotidianas, analisando com desencanto a condição urbana e seus descaminhos, em vários níveis. Mas, por outro, aproximam-se muito da cidade para escrever seu movimento, sua memória, a geografia pessoal de cada um. Essa posição do poeta observador do cotidiano urbano é recorrente na escrita de diferentes poetas portugueses contemporâneos, sobretudo a partir dos anos 80 do século XX. Tal olhar observador sobre a urbe remonta a uma tradição poética que encontra em Cesário Verde, na poesia de língua portuguesa, um precursor. O olhar lúcido, descritivo, examinando camadas de sentidos da cidade, como se fosse um palimpsesto (espaços e histórias), evidencia também uma necessidade de comunicabilidade para romper a solidão e a indiferença que molda a vida diária nas grandes cidades.

Ao destacarmos aqui alguns exemplos poemáticos de poetas como Ana Marques Gastão e Pedro Mexia, reconhecemos escritas que figuram Lisboa como uma geografia dupla, exterior e interior. Exteriormente, é metonímia do mundo globalizado, aparentemente sem fronteiras no espaço virtual, e cada vez mais marcado pelo interesse comercial e consumista, que vai progressivamente diluindo as marcas de memória, de experiências e de afetos vividos na relação concreta com as ruas, seus moradores e com os espaços que formam a cidade de cada um. A cidade contemporânea, perdendo seus limites, esvazia-se mesmo de histórias, encontros e de sentidos. É trânsito, é aceleração, é expansão, é desatenção e não pertencimento. Diante disso, suas poéticas figuram uma outra Lisboa, interior e singular, que tem existência viva naqueles que realmente a habitam. Suas poéticas provocam, portanto, um outro modo de ver a cidade, a nossa própria cidade, e a perceber como, no movimento acelerado da vida contemporânea, nos esquecemos dela, ausentes de nós e indiferentes às palavras e aos gestos que a figuram no tempo e no espaço.

Referências

CARLOS, Ana Fani Alessandri. *Espaço-tempo na metrópole*. São Paulo: Contexto, 2001.

CARRILHO, Ana. Lisboa é linda, mas tirem as pessoas e quero ver para que serve. *Rádio Renascença (RR)*, Lisboa, 20 abr. 2016. Disponível em: https://rr.sapo.pt/noticia/pais/2016/04/20/lisboa-e-linda-mas-tirem-as-pessoas-e-quero-ver-para-que-serve/52239/. Acesso em: 5 mar. 2022.

COLLOT, Michel. *Poética e filosofia da paisagem* (trad. Ida Alves *et al.*). Rio de Janeiro: Oficina Raquel, 2013.

COLLOT, Michel. *Matéria-emoção* (trad. Patrícia Souza Silva). Rio de Janeiro: Oficina Raquel, 2018.

CUNHA, Licínio. Desenvolvimento do Turismo em Portugal: Os Primórdios. *Revista Fluxos & Riscos*, Lisboa, p. 127-149, 2010.

DENCKER, Ada de Freitas Maneti; ISSA, Yara Silvia Marques de Melo. *Processos de turistificação*: Dinâmicas de inclusão e exclusão de comunidades locais. In: IV SeminTUR – Seminário de Pesquisa em Turismo do MERCOSUL, 2006, Caxias do Sul, RS. Caxias do Sul: Mestrado em Turismo da UCS, 2006, p. 01-15. Disponível em: https://www.ucs.br/ucs/tplSemMenus/eventos/seminarios_semintur/semin_tur_4/arquivos_4_seminario/GT14-12.pdf. Acesso em: 5 mar. 2022.

FAZZOLARI, Davi. *Olhares sobre Lisboa:* Livro do desassossego e O que o turista deve ver. 2006. 136 f. Dissertação (Mestrado em Literatura Portuguesa) – Universidade de São Paulo, 2006. Disponível em: https://www.teses.usp.br/teses/disponiveis/8/8150/tde-24082007-145007/publico/TESE_DAVI_FAZZOLARI.pdf. Acesso em: 13 mar. 2022.

GAMEIRO, Mafalda. Lisboa é linda. *Rádio e Televisão de Portugal (RTP)*, Lisboa, 10 nov. 2022. Disponível em: https://arquivos.rtp.pt/conteudos/lisboa-e-linda/. Acesso em: 5 mar. 2022.

GASTÃO, Ana Marques. *L de Lisboa*. Porto: Assírio & Alvim, 2015.

GOMES, Renato Cordeiro. *Todas as cidades, a cidade:* literatura e experiência urbana. Rio de Janeiro: Rocco, 2008.

MAGALHÃES, Joaquim Manuel. *Os Dias, Pequenos Charcos*. Lisboa: Presença, 1981.

MEXIA, Pedro. *Eliot e outras observações*. Algés: Gótica, 2003.

PESSOA, Fernando. *Lisboa*: o que o turista deve ver [What the tourist should see]. 4. ed. Lisboa: Livros Horizonte, [1993] 2007.

SANTOS, Fátima Rufina dos. *A Lisboa de Fernando Pessoa* – O olhar do tradutor (Aspectos do escritor multicultural). 2014. 95 f. Dissertação (Mestrado em Literatura e Cultura Portuguesa) – Universidade Aberta, 2014. Disponível em: https://repositorioaberto.uab.pt/bitstream/10400.2/3564/1/TMLCP_FatimaSantos.pdf. Acesso em: 13 mar. 2022.

SANTOS, Gilda. As Lisboas de duas pessoas. *Abril – NEPA/ UFF*, v. 2, n. 2, p. 8-17, 19 abr. 2009. Disponível em: https://periodicos.uff.br/revistaabril/article/view/29816/17357. Acesso em: 13 mar. 2022.

TORRES, Tiago. Tantas Lisboas. In: RODRIGUES, Marco. *Tantas Lisboas*. Disponível em: https://youtu.be/N9Ym5MrMaVU. Acesso em: 6 mar. 2022.

Este livro foi composto em Minion Pro
e impresso em papel pólen natural 70g
pela Editora Vozes Ltda em agosto de 2022